제대로 배우는
인도네시아어 회화 2

실전편

제대로 배우는 인도네시아어 회화 2-실전편

발행일   2018년 9월 7일

지은이   안 봉 수   엮은이   송 창 섭
펴낸이   손 형 국
펴낸곳   (주)북랩
편집인   선일영   편집 오경진, 권혁신, 최예은, 최승헌, 김경무
디자인   이현수, 김민하, 한수희, 김윤주, 허지혜   제작 박기성, 황동현, 구성우, 정성배
마케팅   김회란, 박진관, 조하라
출판등록   2004. 12. 1(제2012-000051호)
주소   서울시 금천구 가산디지털 1로 168, 우림라이온스밸리 B동 B113, 114호
홈페이지   www.book.co.kr
전화번호   (02)2026-5777   팩스 (02)2026-5747

ISBN   979-11-6299-260-9 14730 (종이책)   979-11-6299-261-6 15730 (전자책)
            979-11-6299-257-9 14730 (세트)

이 도서의 국립중앙도서관 출판예정도서목록(CIP)은 서지정보유통지원시스템 홈페이지(http://seoji.nl.go.kr)와 국가자료
공동목록시스템(http://www.nl.go.kr/kolisnet)에서 이용하실 수 있습니다.
(CIP제어번호: CIP2018028923)

2

실전편

인도네시아 우이대학교 한국어과 학과장이 추천한

제대로 배우는
인도네시아어
회화

안봉수 **지음**

송창섭 **엮음**

북랩 book Lab

09 병원 관련 대화

10 병과 약에 대하여

11 병문안, 문상, 배웅

18 직업, 직장, 취업, 근무

Bab 2.
인도네시아 노래

부록.
인도네시아어 관광통역사 면접시험
예상 문제(1~50항)

우리는 IT와 인터넷이 발달한 시대 속에서 살고 있지만, 언어의 중요성은 예나 지금이나 변함
없이 중요하다는 것은 누구나 알고 있는 사실입니다. 아직도 세계 공용어인 영어를 필수적으로
배워야 하는 현실이지만, 점점 제2 외국어도 주목을 받는 시대로 변화하고 있습니다. 그 흐름에
발맞춰 우리는 영어뿐만이 아닌 제2 외국어를 배우는 것이 꼭 필요합니다. 현재 우리나라는 무
역 강대국으로서 세계의 많은 나라와 교류하고 있으며 더 많은 교류를 해야 하는 나라입니다.
이러한 상황에서 세계 4위의 인구 이억 팔천의 인구와 넓은 땅, 풍부한 천연자원을 보유한 나라
로써 많은 전문가가 미래에 4대 경제 대국이 되리라 예측한 인도네시아와의 교류는 무척 중요한
사안이 될 것이 분명합니다. 지난 2017년에는 문재인 대통령과 조코 위도도 대통령이 기존 양국
관계를 '전략적 동반자 관계'에서 '특별 전략적 동반자 관계'로 격상하는 데 합의하였습니다. 앞으
로 우리나라에 있어서 인도네시아는 매우 중요한 국가가 될 것이라 확신합니다. 따라서 여러분
께서 인도네시아어를 공부하는 것이 다가오는 미래를 준비하기에 좋은 선택이 될 것입니다.

현재 시중에는 많은 홀룡한 인도네시아 회화책이 나와 있지만 제대로 공부하기에는 너무 기
본적이거나 적은 양의 내용이 대부분인 실정입니다. 하지만 이 책을 보시면 실생활에서 충분히
쓰일 내용이 방대하게 수록되었다는 것을 볼 수 있을 것입니다. 또한, 우이대학교 한국어과 학
과장을 비롯해 교수 회의에서 우수한 책으로 평가되어 추천을 받았으며, 80여 명의 다양한 지역
출신과 연령층이 녹음에 참여했다는 점에서 다른 책들과의 차별점을 두었습니다. 이 책은 총 3
권으로 이루어졌으며, 1권은 문법과 실제로 하고 싶은 말, 물어보고 싶은 말 등 다양한 상황 속
에서 쓰일 수 있는 단 문장으로 구성되었고 2, 3권은 실제 회화문장과 동화, 뉴스, 여행, 관광, 농
업, 산사태, 무역, 교통, 교훈, 속담, 교육, 사고, 병원, 가족관계, 환경, 일상생활 등 다양한 분야
의 내용입니다. 독자에게 더욱 많은 내용을 전달하기 위하여 그림이나 삽화가 없어서 지루할 수
도 있겠으나 인도네시아를 제대로 공부하기를 원하는 독자분들께는 충분한 책이라고 생각합니
다. 앞으로 인도네시아란 국가의 문화와 산업 등, 각 분야에 관심이 있거나 관련된 일을 하실 분
들께서 이 책을 통해 가장 빠르고 정확하게 본인이 설계한 미래에 도달하시기를 기원합니다.

Korea dan Bahasa Indonesia, Sebuah Pengantar
Eva Latifah, Ph.D
Ketua Program Studi Bahasa dan Kebudayaan Korea, Universitas Indonesia

Era globalisasi telah menghapus batas sekat antarnegara. Hubungan antarindividu tidak lagi terhalang oleh ruang dan waktu. Siapapun dapat berkomunikasi dengan yang lain, kapanpun dan di manapun. Dengan begitu, komunikasi dengan beragam entitas bangsa berbahasa lain menjadi lebih tinggi. Oleh karena itu, kebutuhan akan penguasaan bahasa lain selain bahasa ibu menjadi satu hal yang tidak dapat dihindari.

Dalam hal hubungan Korea dan Indonesia, tentu penguasaan kedua bahasa menjadi alat pengikatnya. Pembukaan jurusan bahasa Indonesia di beberapa universitas di Korea menjadi penanda fenomena itu. Sebut saja, Hankuk University of Foreign Studies (HUFS) telah membuka Jurusan Malaysia-Indonesia sejak tahun 1970an.

Apalagi, dalam acara Korea-Indonesia Bisnis Forum di Jakarta pada tanggal 9 November 2017, Presiden Mun Jae-in menyampaikan pesannya untuk meningkatkan kerja sama kedua negara. Dalam pidatonya, beliau bahkan menyampaikan bahwa meski hubungan diplomatik baru dibangun sejak 1973, hubungan interaksi Korea-Indonesia sudah terjalin sejak 623 tahun yang lalu. Kontak antara Dinasti Joseon dan Kerajaan Majapahit tercatat dalam catatan sejarah Korea.

Di Indonesia, jumlah instansi yang membuka pendidikan bahasa Korea semakin meningkat. Jumlah perusahaan Korea yang berinvestasi di Indonesia pun semakin tinggi. Data Kotra menyebutkan bahwa hingga akhir tahun 2017, jumlah perusahaan Korea di Indonesia telah mencapai 2200.

Sayangnya jumlah orang Korea yang menguasai bahasa Indonesia dan orang Indonesia yang menguasai bahasa Korea masih belum mencukupi. Dengan begitu, pendidikan bahasa Korea dan bahasa Indonesia, begitu juga buku ajarnya masih sangat diperlukan. Atas motivasi itulah, buku ini dibuat.

Buku ini adalah buku bahasa Indonesia bagi para pembelajar bahasa Indonesia. Buku ini terdiri dari tiga seri. Tiap serinya terdiri dari berbagai tata bahasa dan percakapan yang disusun mulai dari yang termudah hingga yang lebih kompleks.

Dengan demikian, buku ini dapat digunakan oleh pelbagai kalangan, baik guru atau dosen, mahasiswa, pelajar, atau kalangan umum.

Buku ini dapat menjadi solusi bagi mereka yang ingin belajar bahasa Indonesia dengan otentik. Contoh kalimat-kalimat dibuat berdasarkan catatan penulis buku ini selama berada di Indonesia. Kelebihan buku ini adalah terletak pada banyaknya contoh situasional. Hal itu sekaligus membedakannya dengan buku-buku bahasa Indonesia terdahulu.

Buku ini juga menjadi buku alternatif bagi orang yang ingin belajar bahasa Indonesia karena dikembangkan dengan melibatkan mahasiswa Indonesia yang secara

sukarela mengulas isi cakapan di dalam buku. Dapat dimengerti bila contoh kalimat-kalimat dan percakapan di dalam buku ini menjadi sangat banyak sekali. Meski begitu, semangat penulis untuk menampilkan sebanyak mungkin situasi kebahasaan perlu diapresiasi dengan baik.

Buku bahasa Indonesia ini dibuat dengan berdasarkan pengamatan orang Korea terhadap Indonesia. Oleh karena itu, situasi kebahasaan yang ditampilkan dalam buku ini adalah situasi kebahasaan yang dekat dengan kehidupan orang Korea di Indonesia. Hal ini akan membantu orang Korea yang ingin tingal di Indonesia.

Satu hal lagi yang menjadi catatan adalah buku ini tidak disertai dengan gambar atau ilustrasi. Ketiadaan gambar atau ilustrasi dapat menjadi kekurangan dari buku ini. Selain proses pembelajaran yang menjadi kurang menarik, ketiadaan ilustrasi juga membatasi imajinasi dan visualisasi yang sangat membantu dalam proses belajar mengajar bahasa. Ternyata, ketiadaan gambar visual disengaja oleh penulis buku ini. Di sinilah saya melihat sedikit perbedaan cara pandang Indonesia dan Korea dalam menilai buku bahasa. Pembelajar Indonesia memandang penting kehadiran gambar, sementara Korea (setidaknya menurut penulis buku ini) lebih mementingkan isi buku.

Akhirul kalam, sebagai penutup, saya menyambut baik hadirnya buku ini. Dengan segala kelebihan dan kekurangannya, buku bahasa Indonesia yang ditulis oleh pemerhati bahasa Indonesia ini dapat menjadi alternative bagi para pembelajar Korea. Tentunya, baik atau tidaknya buku ini dapat dilihat langsung oleh para pembelajar yang menggunakan buku ini. Selamat belajar dan menyelami belantara bahasa Indonesia.

Salam hangat di cuaca yang selalu hangat,

Depok, 30 Mei 2018.

세계화 시대는 이미 나라 간의 경계선을 지워버렸습니다. 개인 간의 관계 또한 장소나 시간에 방해받지 않습니다. 누구든지 언제 어디서나 다른 사람과 의사소통할 수 있습니다. 그러므로, 다른 언어를 가진 여러 민족과의 의사소통은 더 빈번해졌습니다. 그래서, 모국어 외에 다른 언어의 구사력에 대한 필요성은 피할 수 없는 하나의 일이 됐습니다.

한국과 인도네시아의 관계 속에서, 당연히 두 언어의 극복은 그 연결 도구가 됩니다. 한국에 있는 여러 대학에서 인도네시아어학과 개설은 이러한 현상의 신호가 됐습니다. 한국외대는 이미 1970년대부터 말레이-인도네시아어학과를 개설했습니다.

또한, 2017년 11월 9일 자카르타에서 개최된 한국-인도네시아 비즈니스 포럼 행사 때, 문재인 대통령께서는 두 나라 협력을 강화하도록 주문하였습니다. 그 연설에서, 그분은 1973년부터 외교 관계가 이루어졌지만, 한국과 인도네시아의 상호 관계는 이미 623년 전부터 엮여 있다고 말씀하셨습니다. 조선 왕조와 마자파힛 왕조의 친교는 한국 역사 서적에 기록되어 있습니다.

인도네시아에는, 한국어 교육을 개강한 교육 기관의 수가 점점 늘어나고 있습니다. 인도네시아에 투자하는 한국 회사의 수 또한 점점 늘어나고 있습니다. 코트라 통계는 2017년 말까지 인도네시아에 있는 한국 회사의 수는 이미 2,200개에 달한다고 언급하고 있습니다.

안타깝게도 인도네시아어를 구사하는 한국인의 수와 한국어를 구사하는 인도네시아인의 수는 아직도 충분하지 않습니다. 그러므로, 한국어와 인도네시아어 교육 및 교육 책자는 여전히 많이 필요합니다. 그러한 동기로 인해, 이 책은 만들어졌습니다.

이 책은 인도네시아어를 배우는 사람을 위한 인도네시아어책입니다. 이 책은 3가지 시리즈로 구성되어 있습니다. 각각의 시리즈는 가장 쉬운 것부터 더 어려운 것까지 정리된 여러 가지 문법과 대화로 구성되어 있습니다. 그러므로, 이 책은 여러 계층의 사람들, 즉, 선생님, 교수님, 대학생, 학생 또는 일반 계층의 사람들이 볼 수 있습니다.

이 책은 진심으로 인도네시아어를 공부하려는 분들에게 해답이 될 수 있습니다. 예시 문장들은 이 책의 저자가 인도네시아에 거주하는 동안 저자의 기록을 기초로 만들어졌습니다. 이 책의 장점은 여러 상황별 예문이 많이 들어있다는 것입니다. 이것은 동시에 이전의 인도네시아어책들과 차별화하고 있습니다.

또한 이 책은 인도네시아어를 공부하려는 사람에게 대안의 책이 됩니다. 왜냐하면 책 속에 있는 대화 내용을 자발적으로 분석 검토하기 위해 인도네시아 대학생을 참여시키면서 개발했기 때문입니다. 이 책 속에 있는 대화와 문장들의 예가 너무 많다는 것을 알 수 있습니다. 그럼에도 불구하고, 언어적 상황을 최대한으로 표현하려는 필자의 열정은 좋은 평가를 받을 필요가 있습니다.

이 인도네시아어책은 인도네시아에 대한 한국인의 연구가 기초가 되어 만들어졌습니다. 그래서, 이 책에서 제시된 언어적 상황은 인도네시아에 사는 한국인의 삶과 가까운 언어적 상황입니다. 이것은 인도네시아에서 살고 싶어 하는 한국인에게 도움을 줄 것입니다.

한 가지 더 말하자면, 이 책은 그림이나 삽화가 포함되지 않았습니다. 삽화나 그림이 없는 것은 이 책의 단점이 될 수 있습니다. 흥미롭지 않은 학습과정을 제외하고, 삽화가 없는 것은 언어를 가르치거나 배우는 과정에서 많은 도움이 되는 상상력과 시각화를 제한합니다. 사실, 시각적인 그림이 없는 것은 이 책 저자가 의도적으로 한 것입니다. 여기에서 저는 언어 책을 평가할 때 한국인과 인도네시아인의 보는 관점이 약간 다르다는 것을 보았습니다. 인도네시아 학습자는 그림이 있는 것을 중요하게 바라봅니다만, 한국 학습자는 (적어도 이 저자의 생각은) 책의 내용을 더 중요시하는 것 같습니다.

마지막 결론으로, 저는 이 책의 출판을 정말 환영합니다. 모든 장단점과 더불어, 인도네시아어에 관심이 있는 사람이 저술한 인도네시아어책은 한국 학습자들에게 대안이 될 수 있습니다. 당연히, 이 책의 좋고 나쁨은 이 책을 보는 학습자들이 직접 확인할 수 있습니다. 열심히 공부하시고 인도네시아의 광활함을 깊이 연구하시길 바랍니다.

늘 따뜻한 기후 속에서 따뜻한 안부 전해드립니다,

2018년 5월 30일, 데뽁에서

§ 축사 §

    지난 십 년간 수많은 학생에게 인도네시아어를 가르쳐 오면서 많은 보람을 느껴 왔습니다. 이번에 제자 중 한 명이 부 저자로 참여하게 된 인도네시아어 회화책의 출판에 기쁜 마음으로 축하의 말을 건넵니다.

    이 책이 인도네시아의 문화와 산업 등 각 분야에 관심이 있거나 관련된 일을 하실 분들에게 큰 도움이 되었으면 좋겠습니다.

한국외국어대학교 말레이-인도네시아어 통번역학과 교수 송승원

Bab 1.
Percakapan
sehari-hari

일반적인 대화와 문장 1

1. 삼촌 집에서

Di Rumah Paman

Di rumah paman **mémang banyak sekali mainan.** Ada yang sudah jadi dan **ada yang belum jadi.** Semuanya **bagus bagus** dan **lucu-lucu. Aku senang sekali** mendapat penjelasan paman. **Dengan memanfaatkan barang-barang bekas,** saya dapat menjadi orang berhasil seperti paman.

삼촌집에는 **정말 많은 장난감이** 있었다. 이미 완성된 것도 있고 **아직 안 된 것도** 있었다. 모두가 **정말 근사하고 귀여웠다.** 나는 삼촌의 설명을 듣고는 **매우 기뻤다.** 고물들을 사용함으로써, 나는 삼촌처럼 성공한 사람이 될 수 있다.

|심층 공부|	
menyusul	뒤따르다
mengikuti	따라가다, 함께하다, 말을 따르다
mengejar	쫓다
menyusuri, menelusuri	가장자리를 따라가다
baru bekerja, baru saja masuk kerja	바로 일하다, 바로 근무하다

2. 고물상 아이

Anak Pemulung

Orang tua bekerja **sebagai pemulung.** Kadang kadang meréka **membawa buku bekas.** Buku buku itu **aku baca berkali kali. Sayang,** aku tak bisa sekolah. **Penghasilan mereka tak cukup** untuk membayar biaya sekolah. Aku **terpaksa putus sekolah** karena tak ada uang. Suatu hari, **aku ikut ibu** memulung sampah. **Di sebelah pos ronda** kami istirahat. **Sambil istirahat,** aku membaca buku bekas. Seseorang melihat ketekunan aku. Orang itu **menawari béasiswa** untuk aku. Aku tidak lupa **tentang perhatian orang itu.**

부모님은 **고물상으로** 일하신다. 가끔 그들은 **헌책을** 갖고 오신다. 그 책들을 **나는 여러 번** 읽었다. 안타깝게도 나는 학교에 갈 수 없다. **부모님의 소득은** 학교 회비를 내기엔 **충분치 않다. 나는** 돈이 없어서 **어쩔 수 없이** 학교를 그만두었다. 어느 날, 나는 고물을 줍는 **엄마를 따라갔다.** 경비 초소 옆에서 우리는 쉬었다. **쉬면서,** 난 헌책을 읽었다. 어떤 사람이 나의 근면함을 보았다. 그 분은 나를 위해 **장학금을 내놓았다.** 나는 그분의 관심에 대하여 잊지 않았다.

|단어 공부|

telantar	버려진, 관심 밖의
saring	여과하다
khasiat	특성, 명물
lelucon	농담, 익살, 해학(humor)
bervariasi	다양한, 변화하다, 변이형을 갖다
jahil	무지함, 우둔한, 나쁜(jahat)
mesin las	용접기

---

3. 이 책을 네 동생에게 전해 줘라
Berikan Buku Ini Kepada Adikmu

A : Bajumu bagus ya.
　　Harganya kira-kira berapa?

B : Aku beli baju ini dengan harga
　　5 ratus ribu rupiah.

A : Baju itu mahal sekali.

B : **Tergantung mutunya (kualitasnya).**

A : Tadi kamu di mana?

B : Tadi aku di kafé.
　　Aku menemukan buku ini di kafé.
　　Buku ini **buku siapa ya?**

A : **Mungkin** itu buku adikku.

네 옷 좋구나.
가격이 대충 얼마니?

나는 이 옷을
500.000 루피아에 샀어.

그 옷 정말 비싸구나.

그 옷의 품질에 달렸지.

조금 전 넌 어디에 있었니?

조금 전 난 카페에 있었지.
나는 카페에서 이 책을 찾았어.
이 책은 **누구 책이지?**

아마도 그것은 내 동생 책일 거야.

B : Dia di mana sekarang?   동생은 지금 어디 있니?

A : Mungkin dia di rumah sekarang.   아마 동생은 집에 있을 거야.

B : Kalau begitu, berikan kepadanya nanti.   그러면, 나중에 동생에게 줘.

|단어 공부|

giling	곡식을 빻다
menggandakan	배가시키다
rangkuman, kesimpulan, ringkasan, singkatan	요약
memungkinkan	가능하게 하다
perihal	일, 문제, 사건
sependapat	같은 의견
spanduk	현수막

4. 삼촌 집을 방문하다

Berkunjung ke Rumah Paman

Paman bekerja **sebagai wiraswasta,** sedangkan **bibi sebagai guru.** Di sebelah rumah paman, ada bangunan yang lebih kecil. Di tempat itu, **penuh dengan barang-barang éléktronik.** Sebagian besar barang itu, **sudah tidak utuh lagi.**

삼촌은 **개인 사업자로서** 일하시고, 반면에 **숙모님은 선생님으로서** 일하신다. 삼촌의 집 옆에는, 더 작은 건물이 있었다. 그곳은, **전기 자재들로 가득 차 있었다.** 대부분의 그 물건들은, **이미 온전한 상태가 아니었다.**

A : Paman, **ini tempat apa?**   삼촌, 이곳은 뭐하는 곳이에요?

B : Oh, ini **béngkél éléktronik.**   오, 이곳은 **전기 공장이야.**

     Di sinilah, paman dan para karyawan   여기선, 삼촌과 직원들이

     memperbaiki barang éléktronik yang rusak.   고장난 전기 제품을 수리한단다.

A : Jadi, paman bukan bekerja   그래서, 삼촌은

     sebagai pegawai negeri?   공무원으로 일하시는 게 아니에요?

B : Paman berwiraswasta.   삼촌은 자영 사업가로 일해.

     Paman, kan **lulusan STM** jurusan éléktronik. 삼촌은 전기과 **STM 졸업자**잖아.

     Paman mengembangkan usaha   **삼촌은** 이 전기 제품을 고치는

memperbaiki barang éléktronik ini.
Untunglah hasilnya cukup.
Paman ikut memberi peluang kerja
kepada orang lain.

A : Jadi, kita **harus punya keterampilan, ya?**

B : Betul! Kita harus punya keterampilan.
Dengan memiliki keterampilan,
kita tidak akan sulit mencari nafkah.
Meréka yang menganggur biasanya
karena tidak memiliki keterampilan.

회사를 성장시켰어.
다행히 그 수입은 충분해.
삼촌은 다른 사람에게
일할 기회를 함께 준단다.
그래서, 우리는 **기술을 가져야 한
다는 거죠?**
맞아! 우리는 기술을 가져야 해.
기술을 가지고 있으면, 우리는
먹고 사는데 어렵지 않을 거야.
실직한 그들은 보통
기술을 갖고 있지 않기 때문이야.

|단어 공부|

bius	마취된
prasyarat	전제 조건
perantara, broker, makelar	중개업자
diaré	설사
kuman	세균, 진드기
wasir	치질
payudara	유방
berserat	섬유질을 가진
berubah	변화하다

5. 너는 아유를 아니?

Kamu Kenal Ayu?

A : **Apakah kamu kenal Ayu?**
B : Ayu yang mana ya?
Yang péndék dan sedikit gemuk?
A : **Iya. Ayu yang sering diéjék**
waktu sekolah dulu.
B : Oh iya, aku tahu.
Ada apa **dengan dia?**

너는 아유를 아니?
어느 아유 말하는 거니?
작고 조금 뚱뚱한 애 말하니?
그래. 전에 학교 다닐 때
자주 놀린 아유 말이야.
오 그래, 내가 알지.
그녀에게 무슨 일 있어?

A : Dia sekarang sudah cantik
dan menjadi suksés. 그녀는 지금 예뻐졌고 성공도 했어.

B : Benarkah? 정말이야?

Bagaimana bisa begitu? **어떻게 그렇게 될 수 있어?**

Dia sudah operasi? **그녀는 수술했니?**

A : **Mungkin begitu.** **아마도 그런 것 같아.**

Tapi dia pintar. 하지만 그녀는 똑똑해.

Karena itu, **dia juga suksés.** 그래서, 그녀는 성공도 했어.

 kenal 사람을 알다 **ketahui** 주로 물건 등 일반적인 것을 알다로 많이 사용합니다.
tahu 양쪽 다 사용합니다.

|단어 공부|

berganti	바꾸다
perih	고통스러운
lemak	지방
pendahulu	전임자, 선구자
koruptor	부정을 저지르는 자
memperingan	경감하다
memperkecil	작게 하다
menyulam	수를 놓다

6. 짐을 싸다

Mengemasi Barang Barang

Lebaran tahun lalu, keluarga kami **berlebaran** di rumah paman. Sebelum berangkat, orang tuaku **menyiapkan barang** yang akan dibawa. Ayah **mengikat erat erat** dus barang. Ibu **mengemasi pakaian.** Ibu memasukkan pakaian ke dalam tas pakaian. Aku membawa tas sedang, adik membawa **tas kecil.** Saat kami sampai di rumah nenek, sudah ada paman dan bibi. **Betapa senangnya** kami bisa berkumpul bersama.

지난 르바란 때, 우리 가족은 삼촌 집에서 **르바란을 보냈다.** 출발 전, 부모님은 가져갈 **짐을 준비하셨다.** 아버지께서는 물건 박스를 **단단히 묶었다.** 어머니는 **옷을 쌌다.** 어머니는 **옷 가방 속으로** 옷을 넣었다. 나는 보통 가방을 가져갔고, 동생은 **작은 가방을** 가져갔다. 우리가 할머니 집에 도착했을 때, 삼촌과 숙모가 이미 있었다. 우리는 같이 모일 수 있어서 **얼마나 기뻤는지 모른다.**

|심층 공부|

menjemput	마중하러 가다
mengantar, mengantarkan	배웅하다, 데려다주다 / 물건을 배달하다, 배달 해주다 할 때도 사용
formal, résmi	공식의, 정식의, 형식에 맞는
baju formal	양복, 정복
menentukan, memutuskan	결정하다

---

7. 아버지의 심부름

Pesan (suruhan) Ayah

A : Selamat pagi, Réssi! Ada apa?
B : **Ayah menyuruh** saya ke sini.
  Nénék sakit, paman.
  Paman **diminta ke sana**.
A : Baik, paman akan ke sana.

안녕, 레시! 무슨 일 있어?
아버지께서 저보고 여기로 **가라고 했어요.**
할머니께서 아프시대요, 삼촌.
삼촌보고 **거길 가라고 하셨어요.**
알았어, 삼촌이 거기로 갈게.

 suruhan yang kecil-kecil 잔 심부름

|단어 공부|

menyongsong, menyambut	환영하다
setidaknya, paling sedikit	아무리 적어도
menyadarkan	깨우쳐 주다
kesadaran	의식
menggugah	잠에서 깨우다, 기상시키다, 마음을 건드리다, 일깨우다
sama sekali	전혀

8. 한 마을의 풍경

Suasana Sebuah Désa

Aku tinggal di dusun (désa). Kampungku bersih dan indah. Jalannya **rapi** dan **bersih**. **Di kanan kiri jalan** banyak pohon. Di depan setiap rumah, **ada tempat sampah**. Air got **mengalir lancar**. Sebulan sekali, **penduduk kerja bakti**. Pohon dirapikan, **got dibersihkan**. Aku senang kampungku. Aku **betah tinggal** di dusun.

 dusun, desa, kampung 시골

나는 시골에 산다. 내 시골은 깨끗하고 아름답다. 길은 **잘 정리되고 깨끗하다.** 길 좌우에는 나무가 많다. 각각의 집 앞에는, **쓰레기통이 있다.** 도랑물은 **잘 흐른다.** 매달 한 번, **주민들은 봉사 활동을 한다.** 나무가 정리됐고, **도랑은 청소됐다.** 나는 나의 시골을 좋아한다. 나는 시골에 **사는 게 익숙했다.**

|단어 공부|

simpatik	동정심을 느끼는
simpati	동정, 연민
mengidéntifikasi	신원을 확인하다
idéntitas	신원
obat bius	수면제, 마취약

---

9. 한 작가와 인터뷰하기

Mewawancarai Seorang Penulis

A : Halo, silakan duduk!   안녕하세요, 앉으세요!
    Mau minuman dingin atau panas?   찬 음료나 따뜻한 음료 드릴까요?
B : Oh, **jangan répot-répot.**   오, 신경 쓰지 않으셔도 돼요.
A : Ah, tidak apa-apa.   괜찮아요.
B : Kalau begitu, **air putih saja.**   그러시다면, 물 한잔 주세요.
A : Tunggu sebentar ya. Silakan diminum!   잠시 기다리세요. 물 드세요!
    Pasti haus, kan?   목 마르셨죠?
B : Makasih. Apakah bisa kita **wawancara?**   고마워요. 우리 **인터뷰**할 수 있어요?
A : Silakan!   시작하세요!

B : Saya dengar, Bapak sedang membuat **novél terbaru,** ya?

제가 듣기론, 지금 선생님께선 **신작 소설을** 만들고 있죠?

A : Ya, novél saya **akan selesai** akhir Maret ini.
Mungkin bulan depan kamu bisa beli buku saya.

네, 제 소설은 이번 3월 말에 **끝마칠 예정입니다.**
아마도 다음 달 당신은 제 책을 살 수 있을 거예요.

B : Oh, begitu.
Ada berapa halaman dan **jenis novél** apa?

오, 그래요.
몇 페이지이고 소설의 장르가 뭐예요?

A : Ada 250 halaman dan novél komedi.

250페이지이고, 코믹 소설입니다.

B : **Ada harapan** tentang novél ini?

이 소설에 대해서 **바람이 있습니까?**

A : Mudah mudahan novél saya laris dong.

제 소설이 잘 팔리기를 기대합니다.

B : Kapan mulai **promosi?**

판촉은 언제 하시죠?

A : Mungkin mulai minggu depan.
Saya akan mengadakan **acara peluncuran buku.**
Jangan lupa beli buku saya, lalu **perkenalkan kepada orang lain.**

아마도 다음 주부터예요.
저는 **출판 행사를** 열 것입니다.
제 책 사는 것 잊지 마세요, 그리고 **다른 사람에게 소개 부탁해요.**

B : Oh, pasti!
Karena saya **penggemar** novél Bapak.

네, 물론이죠!
전 선생님 소설 **팬**이기 때문이죠.

|단어 공부|

melompat turun	뛰어내리다
papan iklan	광고 간판
kantor pajak	세무서
angkat tangan	손을 들다
usus halus	소장
3 hari 2 malam	이박 삼일
sedang musimnya	제철이다
selain itu, di samping itu	그 외에, 그 밖에

\# 필자는 약 6년 전 우연히 아들과 함께 인도네시아어 공부를 시작했습니다. 열심히 노력한 결과, 관광통역 안내사 시험에 합격을 했고, 직업 때문에 고민하던 아들은 1년 공부 후, 현지 한국계 회사에서 5년 차 근무를 하고 있습니다. 여러분은 아직 젊기 때문에 노력만 하신다면 저보다 훨씬 빨리 언어를 습득할 수 있을 것입니다. 인도네시아는 기회가 무궁무진한 나라이니 꼭 한번 도전해 보세요. 현지에서 성공하려면 언어 숙지는 필수이니 꼭 마스터하셔야 합니다. 59세의 늦은 나이부터 지금까지 열심히 공부한 저는, 지금은 이렇게 책을 쓸 수도 있고, 뉴스, 드라마 등 거의 이해가 가능합니다. 그러니 여러분도 할 수 있습니다. 파이팅 하세요!!

10. 자랑스러운 내 그림

Lukisanku yang Membanggakan

Lukisanku **tak begitu indah** dan **ternama**. Namun, **aku bangga** dan **senang** karena **itu hasil karya terbaikku**. Dan karena **itu ungkapan jiwaku**. Kamu sungguh **jenaka** dan **lucu**. Membuatku **tertawa lepas**.

내 그림은 그렇게 아름답거나 알려지지 않았다. 그러나, 나는 자랑스럽고 즐겁다 왜냐하면 그것은 나의 가장 좋은 작품이기 때문이다. 그리고 그것은 나의 혼의 표현이기 때문이다. 너는 정말 재미있고 웃긴다. 나를 맘 놓고 웃게 만든다.

ternama, terkenal 알려진, 유명한 **jenaka, lucu** 우스운, 재미있는

단 문장 및 간단한 대화문자 읽으시면서 배울만한 것인지 아닌지 본인이 느끼면서 공부하세요. 평소 대화 시 꼭 필요한 문장들이니 잘 익히세요.

|심층 공부|

saya kira, saya rasa, menurut saya	내 생각에는 ~라고 생각하다
Baik A maupun B, maupun	~뿐 아니라 ~도
berusaha dengan keras, berusaha sebaik mungkin, kerjakan sebaik-baiknya, berasaha yang terbaik	최선을 다하다

11. 집들이

Selamatan Rumah Baru

A : Sedang apa, Ton? 뭐하고 있어, 똔?

B : Ini··· sedang buat **kotak pos (tempat surat).** 이거··· **우편함** 만드는 중이야.

A : Untuk apa **membuat itu?** 뭐 하려고 **그걸 만드니?**

B : Untuk rumah baru. 새집을 위한 거지.

A : Eh, Ton. Bagaimana rumahmu? 참, 똔. 너의 집은 어떻게 되어가니?
   Sudah jadi, belum? **이미 다 됐어, 아직 안됐어?**

B : Ya, 95 persénlah. **Sekarang sedang dicat.** 응, 95 퍼센트 됐어. **지금 칠하고 있어.**

A : Wah, aku penasaran! 와, 궁금하다!

Kapan selamatannya?	언제 집들이 하니?
B : **Rencananya** Sabtu depan.	계획은 다음 주 토요일.
Kamu mau lihat?	너 보고 싶어?
Aku mengundang teman teman kantor.	나는 회사 친구들을 **초대할 거야.**
A : Betul, tentu saja mau.	그래, 당연히 가고 싶지.
Sabtu depan? Jam berapa?	다음 주? 몇 시에?
B : Jam makan siang. Ada waktu?	점심 시간에. 시간 있어?
A : Ada kok.	당연히 있지.
Jika aku enggak ada, **enggak akan seru**.	만일 내가 없으면, **재미없을 거야.**
Yang lain **sudah diberi tahu?**	다른 사람에게 **이미 알렸어?**
B : Belum.	아직.
A : Kalau begitu, **aku saja yang beri tahu.**	그러면, **내가 연락하도록 할게.**
B : Makasih banyak, ya.	정말 고마워.
Teman-teman yang lain nggak énak,	다른 친구들이 좋아하지 않으면,
bagaimana?	어떻게 하니?
A : Ah, enggak masalah.	아, 문제가 안되지.
Biar saja seleranya.	**그들 취향에 맞게 두자.**
Oh ya, alamatnya di mana?	오 그래, 주소는 어디니?
B : Mudah, kok. Rumahku di pinggir jalan.	쉬워. 내 집은 길가에 있어.
Hm, sebentar. Jalan raya Margonda.	흠, 잠깐. 마르곤다 라야 거리.
Apartemén Margonda Résidence.	마르곤다 레지던스 아파트야.
A : Aku tahu Margonda Résidence.	난 마르곤다 레지던스를 알아.
B : Oh, gitu. **Kamu pernah mampir?**	오, 그래. **너 들른 적 있었어?**
A : Belum. **Hanya léwat saja jalan itu!**	아직. **오로지 그 길을 지났을 뿐이야!**
Kapan pindahnya? Ada yang bantu?	언제 이사하니? 도울 사람은 있어?
B : Minggu bésok pagi.	다음 주 일요일 아침.
Tidak ada kecuali kamu.	**너 말곤 없어.**
A : Jam berapa?	몇 시?
B : Pagi, Pukul 9 atau pukul 11.	아침에, 9시 아니면 11시.
Kalau ada waktu, datanglah.	시간되면, 와.

 selamatan 제사음식, 종교적 음식, 잔치, 하례   **selamatan rumah baru** 집들이

|단어 공부|

medan perang	전쟁터
alat persatuan	통일기구
bahasa persatuan	통일 언어
zaman purba	원시 시대
cangkir	커피잔
industri rumah tangga	가내 공업
prosés penyambungan	연결 과정
adat istiadat (kebiasaan), tradisi	관습, 풍습
sabuk pengaman	안전벨트
rata-rata	평균, 일률적으로
kaléng	캔
barang bawaan	수화물
suara desing	윙윙하는 소리
paduan suara	합창

일반적인 대화와 문장 2

1. 입맛이 없다

Tak ada nafsu makan

A : Kenapa kamu **makan sedikit?**

B : **Saya kurang nafsu makan.**
 Entahlah apa alasannya.

 Saya cuma sedikit capai, tetapi
 saya tidak bisa tidur **sepanjang malam.**

A : Kenapa begitu? Minumlah jus ini dulu.

B : Saya tidak haus.
 Kalau bisa, boléhkah saya ke museum
 besok siang?

A : Boléh. **Dengan siapa** kamu pergi?

B : Dengan **teman sekantor (rekan)** saya.

A : Oh gitu.
 Dia pernah mampir ke rumah kita?
 Benar kan?
 Dia juga ganteng dan tampan ya.

B : Ya benar.

A : Kamu suka dia, kan?
 Kamu jatuh cinta padanya.

B : Ah, mama ini, aku malu sekali
 bila mama bicara begitu.

왜 너는 밥을 조금만 먹니?

저는 입 맛이 없어요.

그 이유가 뭔지 모르겠어요.

저는 조금 피곤할 뿐인데,

저는 **밤새** 잠을 잘 수 없었어요.

왜 그렇지? 먼저 이 주스 마셔봐.

저는 목이 마르지 않아요.

만일 된다면, 내일 오후 박물관

가도 돼요?

가능해. **누구와** 갈 거야?

제 **회사 동료와** 같이요.

오 그래.

그는 우리 집에 들른 적이 있지?

그렇지?

그는 멋지고 잘생겼지?

네 그래요.

넌 그를 좋아하는구나, 그렇지?

넌 그에게 사랑에 빠졌구나.

아, 엄마, **엄마가 그렇게 말하시니**

너무 부끄럽잖아요.

perjalanan pulang	돌아오는 여정
daya angkut	화물능력
pom bensin	주유소
sebagian	일부분
bagian	부분
sebesar-besarnya	최대한 크게
botol	병
secukup cukupnya	최대한 충분히
tidak jadi, membatalkan	취소하다
minta maaf, mohon maaf	죄송합니다, 미안합니다
pengaduan	고소, 싸움
sistem	체제, 체계, 시스템
sistem pengaduan	민원 시스템
tadi malam, semalam	어젯밤
tadi pagi, pagi ini	오늘 아침
tadi siang	오늘 낮
nanti malam	오늘 밤

2. 가짜 배터리
Baterai Palsu

Aku ingin mengganti baterai mobil-mobilan baruku. Di perjalanan, **ada pedagang asongan** yang menjual baterai. **Aku pun meminta ibu** untuk membelikan baterai itu. Ibu pun membeli baterai itu. Setelah sampai di rumah, **aku segera menyalakan mobil-mobilan** dengan baterai yang dibeli tadi. Ternyata mobil-mobilan itu **tidak menyala**. Aku pun **mencoba menggantinya** dengan baterai yang lain. Wah, ternyata baterai itu **palsu..**

나는 나의 새 장난감 차 배터리를 **바꾸려 했다.** 길에는, 배터리를 파는 **행상인이 있었다. 난** 엄마께 배터리를 사달라고 **부탁했다.** 엄만 또한 배터리를 샀다. 집에 돌아온 후, **나는 즉시** 조금 전 산 배터리로 **장난감 차를 켜 보았다.** 사실 장난감 차는 **켜지지 않았다.** 나는 다른 배터리로 **그것을 갈아 끼워 보았다.** 와, 사실 그 배터리는 **가짜였다.**

인도네시아는 나라가 크고 넓어서 중부 자와섬을 중심으로 동쪽과 서쪽으로 2시간의 시차가 있습니다.

그래서 중부 표준시를   WITA(Waktu Indonesia Tengah)
서부 표준시를   WIB(Waktu Indonesia Barat)
동부 표준시를   WIT(Waktu Indonesia Timur)로 표시합니다.

3. 무도장에서 여성과 친해지다
Berkenalan Dengan Seorang Perempuan Di Tempat Joget

A : Boléh saya duduk di sini?

여기 앉아도 됩니까?

B : Silakan. Anda sendiri?

앉으세요. 혼자입니까?

A : Tidak. **Saya ke sini** dengan teman.

아뇨. **저는 친구와 같이 여기 왔어요.**

Ketika saya melihat Anda dari sana,

저는 저기서 당신을 보았을 때,

saya langsung jatuh cinta.

저는 바로 반했어요.

Anda **sangat pintar menari.**

당신은 **춤을 매우 잘 추시네요.**

Boléhkah saya jogét dengan Anda?

당신과 춤을 춰도 될까요?

B : Saya malu ya.

전 부끄러워요.

Saya belum pernah jogét

나는 친구를 제외하곤 다른 사람과

dengan orang lain kecuali teman.

춤을 춘 적이 없어요.

A : Jangan malu. Di sini,

부끄러워 하지 마세요. 여긴,

suasananya nyaman dan **bagus.**

분위기가 안락하고 좋네요.

Saya tertarik pada Anda.

저는 당신에게 반했어요.

Sesudah selesai, **saya ingin berkencan**

끝나고, **저는 당신과**

dengan Anda.

데이트 하고 싶어요.

B : Nanti saja. Hari ini harus pulang.

나중에 해요. 오늘은 돌아 가야 해요.

Harinya sudah larut malam.

이미 늦은 밤이에요.

A : **Boléhkah saya minta nomor HP kamu?**

당신 핸드폰 번호 좀 부탁해도 됩니까?

B : Bagaimana ya?

어떡하지?

Saya bingung, bisa tidak.

저는 혼란스러워요, 줘야될지 말아야 될지.

A : **Tolonglah.**

제발 부탁해요.

menginjak	밟다
melumuri	더럽히다, 진흙을 바르다
lumpur	진흙
membenci	싫어하다
enggan	하기 싫다
menelan	삼키다
tipu daya	속임수, 책략
menggoyang goyang	흔들다
sepontan, segera, langsung	즉시, 바로

4. 개인 신상에 대해서 질문하다
Bertanya Tentang Identitas Pribadi

A : Berapa umur Anda? 몇 살이세요?

B : Umur saya 40 tahun. Anda? 제 나이는 40살이요. 당신은요?

A : Saya 42 tahun. 전 42살이요.

B : Anda **sendiri** atau **berkeluarga?** 당신은 **혼자사세요** 아님 **가족이 있나요?**

A : Saya sendiri. Keluarga Anda berapa orang? 혼자예요. 당신 가족은 몇 명 이예요?

B : Enam, **termasuk saya.** **나 포함,** 여섯이에요.

A : Orang tua Anda masih hidup? 당신 부모님은 아직 계십니까?

B : Tidak. 3 tahun yang lalu, **ayah meninggal** 아뇨. 3년 전, **아버진** 아파서
　　karena sakit, ibu masih ada. **돌아가셨고,** 어머니께서는 아직 계세요.

A : Saya **ingin tahu** tentang anak Anda? 전 당신 아이에 대해서 **알고 싶네요?**

B : **Yang pertama** perempuan **첫째는** 여자고
　　umurnya 19 tahun, **dia mahasiswa UI.** 19세, **우이대학생입니다.**
　　yang kedua laki laki, **14 tahun, SMP** 둘째는 아들이고, 14살, 중학생이에요.
　　yang bungsu **céwék, 5 tahun, TK.** 막내는 여자이고 **5살,** 유치원생입니다.

|단어 공부|

dengan napas terengah engah	숨을 헐떡거리면서
omel	불평하다, 꾸짖다
melekat, menémpél, merekat	딱 달라붙다, 고착하다, 붙이다, 접착되다
melepas tangan	손을 풀다
mengulurkan tangan	손을 내밀다
menjabat tangan	손을 잡다
bagian rumpang	빈 부분
panjang lébar, lebih lanjut	상세하게, 길고 넓게
ajaib, anéh, gaib	이상한, 신비한
keinginan, cita cita, kemauan, harapan	꿈, 희망, 바람

인도네시아에서 공부하는 한국인 학생 중에는 외국어 대학에서 오는 교환학생도 많지만, 인도네시아어를 처음 공부하는 사람도 많습니다. 후자의 경우에는 대부분 첫 수업 때 많이 당황합니다. 이유는 교수가 오로지 인도네시아어로 수업을 진행하기 때문입니다. 그래서 수업을 따라가려면 결국 예습을 하거나 혼자 공부하는 시간이 매우 중요합니다. 이 책의 난이도는 우 이 대학에서 가르치는 수준 정도입니다. 총 세 권의 책을 10번 이상 읽고, 녹음 파일을 반복하여 청취하고, 뉴스를 자주 듣는 습관을 들이신다면 인도네시아어를 빨리 정복할 수 있으리라 생각됩니다.

책의 내용을 독서하듯이 계속 읽으시면 됩니다. 많은 단어와 긴 문장을 무조건 자주 봐야 실력이 늡니다. 꼭 성취하세요!!

일반적인 대화와 문장 3

1. 직원 소개를 부탁하다
Minta Dikenalkan Pegawai

Aku minta dikenalkan dengan seorang cewek pintar **yang bisa dijadikan sebagai pegawai. Berapa pun gajinya** akan aku bayar **jika tidak berlebihan. Yang penting** harus cantik, langsing, baik hati serta harus bisa berbicara bahasa Korea..

나는 직원이 될 수 있는 똑똑한 여자를 소개받길 원한다. 봉급이 얼마든 내가 지급할 것이다 과하지만 않다면. 중요한 것은 예쁘고, 날씬해야 하고, 착하고 그리고 한국어를 할 수 있어야 한다.

Aku minta dikenalin dengan mahasiswa pintar **yang bisa mengajar bahasa Indonesia. Berapa pun biayanya akan aku bayar.** Yang penting harus **ikhlas dan baik hati.** Jika dia mau belajar bahasa Korea **aku bisa mengajarinya** sambil berteman. Jika mahasiswinya cantik **lebih baik.** Ha ha ha.. Itu hanya bercanda saja.

나는 인도네시아어를 가르칠 수 있는 똑똑한 대학생을 소개받기를 원한다. 그 비용이 얼마든 내가 지급할 것이다. 중요한 것은 진지해야 하고 착해야 한다. 만일 그녀가 한국어를 배우고 싶다면 친구로 사귀면서 내가 가르칠 수 있다. 만일 예쁜 여대생이면 더욱 좋지. 하하. 그냥 농담한 거야.

2. 음료 공장에 방문하다
Berkunjung ke Pabrik Minuman

Aku dan teman-teman **yang didampingi oléh guru kelas** tiba di pabrik. **Meréka disambut** oléh manajer pabrik itu. Meréka lalu dikumpulkan **di auditorium.** Pak manajer menjelaskan **secara singkat** sejarah pabrik. Setelah itu, meréka diberi kesempatan **untuk melihat prosés pembuatan minuman.** Mulai dari mencampur bahan sampai menjadi minuman kemasan. Buruh pabrik **hilir mudik** mengangkat minuman **yang sudah jadi.**

학급 선생님은 나와 친구들과 동행하여 공장에 도착했다. **그들은** 그 공장 매니저에게 **환영받았다.** 그러고 나서 그들을 강당에 모았다. 매니저는 **간단하게** 공장 역사를 설명했다. 그 후에, 그들은 **음료 제조 과정을 보도록** 기회를 받았다. 재료를 섞는 것으로부터 포장 음료가 될 때까지. 공장 노동자들은 **이미 완성된** 음료를 들고 **이리저리 왔다 갔다 했다.**

3. 세계를 흔드는 사람
Orang yang Mengguncang Dunia

A : Ali! Kali ini,
   ada satu permintaanku kepadamu.
   Begini Ali, kamu tahu dunia?
   Tugasmu sekarang,
   kamu **harus mengguncang** dunia.
   ─ Ali tertawa terpingkal-pingkal. ─

A : Apa **yang kamu tertawakan?**

B : **Karena tak mungkin**
   dia bisa melakukannya.
   Jika dia tak sanggup,
   tentu harus dihukum, Baginda!

C : Sabar sedikit, menteri.
   Jika hanya mengguncang dunia,
   mengapa harus hamba yang
   melakukannya?
   Anak-anak saja
   bisa mengguncang dunia.

B : **Perintahkan saja dia**
   untuk membuktikannya.
   Jika tidak bisa membuktikan,
   berarti dia telah menghina Paduka.

알리! 이번에,
너에게 **청할 것이 하나 있구나.**
사실은 말이야 알리, 너는 지구를 아느냐?
이제부터 너의 임무는,
너는 지구를 **뒤흔들어야 할 것이야.**
─ 알리는 박장대소 했다. ─

너는 뭐가 우스운거냐?

짐작하건대 그는 그 일을
해낼 수 없기 때문입니다.
만일 그가 할 수 없다면,
당연히 벌을 받아야 합니다, 폐하!

조금 참으세요, 장관님.
만약 단지 지구를 뒤흔드는 일이라면,
무슨 까닭에 그 일을 소인이 해야할까요?

아이들도
역시 지구를 흔들 수 있습니다.
그것을 증명하도록
그에게 명령합시다.
만일 증명 할 수 없다면,
그는 폐하를 이미 경멸했다는 뜻이에요.

Ali harus dihukum, Baginda!

C : Baik, hamba akan buktikan sekarang juga.
Jika terbukti, apa balasan Tuan?

B : **Terserah, kamu minta berapa?**

C : Oh, jika uang,
aku tak membutuhkannya.
Cukuplah **dengan kamu**
berjalan merangkak dari tempat
aku dapat membuktikannya.
Ya, merangkak menuju istana.
Bagaimana?

B : Baiklah!

C : Sekarang juga hamba
akan membuktikannya.

알리는 벌을 받아야 합니다, 폐하!
좋아요, 소인이 지금 또 증명해 드리겠습니다.
만일 증명이 되면, 주인님의 보답은 무엇
입니까?
마음대로 해라, 너는 얼마를 바라느냐?
오, 돈이라면,
저는 돈이 필요하지 않습니다.
제가 그것을 증명할 수 있는
장소에서부터 **당신이 기어가는 것으로**
충분합니다.
네, 궁궐을 향해 기어가는 것입니다.
어떠세요?
좋아!
지금 소인이
그것을 증명해 보이겠습니다.

Kemudian, ia keluar dari istana. Setibanya di pondok, dia memanggil anak-anak asuhnya. Lalu, dia berjalan menuju méja. Anak-anak **mengiringinya (mengikutinya).** Di atas méja itu, **terdapat bola dunia.** Ali pun memégangnya.

그 후, 그는 왕궁에서 나왔다. 오두막집에 도착하자마자, 그는 교육원의 아이들을 불렀다. 그리고, 그는 책상을 향해 걸어갔다. 아이들은 **그를 따랐다.** 그 책상 위에는, **지구본이 있었다.** 알리는 그것을 잡았다.

C : Kalian tahu, anak anakku,
bola yang kupégang ini?
— Bola dunia! Teriak anak-anak itu hampir serentak. —
지구본! 그 아이들은 거의 동시에 함성을 질렀다.

너희들 알지, 애들아,
내가 잡고 있는 이 공을?

C : Nah, sekarang,
di hadapan kalian ada raja dan menteri.
Sekarang siapa di antara kalian
yang dapat mengguncang dunia ini?
— Saya ! saya! Teriak anak anak itu **serempak.** —
저요! 저요! 아이들은 **동시에** 소리 질렀다.

자, 지금,
너희들 앞에는 왕과 장관이 계신다.
지금 너희들 중에서 누가
이 지구를 흔들 수 있느냐?

C：Nah guncangkanlah!　　　　　　　　자 흔들어라!

Ali berkata **sambil memberi aba-aba.** Dalam waktu singkat, anak-anak itu sudah berhamburan mendekati méja. **Alat peraga** yang ada di atas méja itu **meréka ambil.** Kemudian, meréka guncang-guncang **secara bergantian.**

알리는 **신호를 주면서** 말했다. 짧은 시간에, 그 아이들은 이미 책상으로 몰려 다가갔다. 그 책상 위에 있는 **교구를 그들이 가져왔다.** 그런 후, 그들은 **교대로** 마구 흔들었다.

D：Saya bisa mengguncang dunia, pak?　　저는 지구를 흔들수 있어요, 아저씨?
C：Ya, kalian bisa mengguncang dunia, ya.　그래, 너희들은 지구를 흔들 수 있구나.
　　Kalian pintar.　　　　　　　　　　　너희들은 똑똑하구나.

Ali berkata **sambil melirik** ke arah menteri. Menteri itu **pucat pasi.** Dia merangkak berjalan. Raja hanya tersenyum melihat **kecerdikan Ali.**

알리는 장관 방향으로 **눈을 흘기면서** 말했다. 장관은 **창백해졌다.** 그는 쪼그려 기어갔다. 왕은 그저 **알리의 현명함**을 보고 미소 지었다.

상기 얘기는 실제로 회화에 응용할 문장이 많이 있습니다. **강조 부분 특히 유의하시고** 세심히 살피세요. 우리도 인생을 살면서 이런 재치와 지혜로 살도록 노력합시다. 급박한 일이 생겼을 때 대처 능력은 그 사람의 능력을 보여 주는 것입니다.

|도, 군, 읍, 면, 리 그리고 단체장 이름|

provinsi, propinsi 도	gubernur 도지사, 주지사
kota 시, 도시	wali kota 시장
kabupaten 군	bupati 군수
kelurahan 읍	lurah 읍장
kecamatan 면	camat 면장
desa, dusun 마을	kepala desa 이장
R/W : rukun warga 동	ketua RW 동장
R/T : rukun tetangga 반	ketua RT 반장

mata 눈	hidung 코	mulut 입	bibir 입술
pipi 뺨	lidah 혀	gigi 이빨	leher 목
dahi 이마	lengan 팔	rambut 머리카락	hati 간
tenggorokan 목구멍	kepala 머리	tangan 손	kaki 다리
jari tangan 손가락	lutut 무릎	jari kaki 발가락	pinggang 허리
dada 가슴	payudara 유방	perut 배	punggung 등
jantung 심장	pantat 엉덩이	usus 장, 내장	ginjal 신장
muka, wajah 얼굴	telapak tangan 손바닥	telinga 귀	

 신체 부위는 이 정도는 알아야겠죠? 기타 부위는 차차 외웁시다.

4. 아부 나와스는 비를 맞을 수 없다
Abu Nawas Tidak Bisa Kehujanan

A : Hai Ali, mengapa kamu terlambat?
야 알리, 왜 너는 늦었니?

B : **Ampun seribu ampun,** tuan!
제발 용서하세요, 주인님!

Saya terlambat karena ketika hendak berangkat, tamu datang dari negeri lain.
제가 늦었어요 왜냐하면 출발하려 할 때, **외국에서** 손님이 왔습니다.

Saya harus menghormati tamu dulu.
저는 먼저 손님에게 예를 갖추어야 했습니다.

A : Alasanmu **tidak dapat aku terima.**
너의 변명을 **나는 받아줄 수가 없구나.**

Sekarang, kamu harus menerima hukuman **atas keterlambatanmu ini.**
지금, 너는 **이 지각으로** 벌을 받아야 해.

B : Siap, pengurus!
알았습니다, 주인님!

A : **Antarkan** buku dan alat tulis ini kepada diréktur **di tempat peristirahatannya.**
이 책과 필기도구를 그의 휴양처에 **계시는** 나리께 **전해 드려.**

Buku ini **kamu antar sekarang** dengan keledaimu.
이 책을 **네가 지금** 네 노새를 타고 **운반하거라.**

Kamu tidak boléh pulang untuk mengambil tas atau payung.
너는 가방이나 우산을 가지러 **돌아가서는 안돼.**

Nanti, **saat tiba di hadapan diréktur,**
나중에, **나리 앞에 도착했을 때,**

kamu dan alat tulis ini
harus dalam keadaan kering.
Jika sampai buku dan alat tulis ini
kena hujan, kamu akan dihukum
lebih berat lagi.

너와 이 공책이
마른 상태로 있어야 해.
만일 책과 공책이 비를 맞기라도 한다면,
너는 훨씬 더 무거운
벌을 받을 것이야.

— 중략 —

B : **Ampun, diréktur yang saya hormati!**
Izinkanlah **saya menghadap** dan
menyerahkan bungkusan ini kepada diréktur.

용서하세요, 제가 존경하는 나리!
제가 나리를 만나서 이 봉투를 나리께
드릴 수 있도록 허락해 주세요.

C : Baik, Ali! Bungkusan **kami terima.**
Kamu sudah melaksanakan tugas
dengan baik.
Akan tetapi, saya ingin tanya,
bagaimana kamu dapat bébas
dari air hujan, padahal,
hari ini **hujan angin** terus-menurus?

좋아, 알리! 봉투를 우리가 받겠네.
너는 이미 올바르게
임무를 수행했어.
하지만, 나는 물어 보고 싶어,
어떻게 너는 비를
피할 수 있었느냐, 더욱이,
오늘은 비 바람이 계속 왔잖아?

B : Oh, bagi saya, **itu mudah,** tuan!
Waktu hujan turun,
saya lepas semua pakaian,
lalu **saya lipat bersama** bungkusan itu.
Kemudian, **saya duduki**
sehingga tidak terkena air hujan.
Jika hujan reda,
pakaian **saya pakai kembali.**
Demikian **saya lakukan berulang-ulang**
hingga sampai saya di sini.

네, 저에게, **그것은 쉽습니다,** 나리!
비가 내릴 때,
저는 모든 옷을 벗었습니다,
그리고 **저는** 그 봉투를 **함께 접었습니다.**
그 후에, **저는 앉았습니다**
그래서 빗물에 젖지 않았습니다.
만일 비가 잠잠해지면,
옷을 **제가 다시 입었습니다.**
그렇게 **저는 반복했습니다**
제가 여기 올 때까지.

|단어 공부|

institut, instansi	학원, 학회 연구소, 기관
basa basi, sopan	예의범절
basa basi	겉치레, 실속이 있는, 허례허식이 아닌
gegabah	무모한, 음탕한
kategori, bagian, golongan	범주, 분류, 층, 부분
jadwal menu	식단표
limbah	오물
limpah	넘치는, 풍부한
hasil buatan	가공품
mégah	웅장한
berkejar-kejaran	서로 쫓다
fakir miskin	매우 가난한

5. 네 가방은 정말 엉망이다

Tasmu Jelék Sekali

A : Nit, tas kamu jelék sekali. 　　　　　넛, 너의 가방은 너무 엉망이야.
　　Banyak tambalan. 　　　　　　　　고친 데 (때운 데) 도 많아.
　　Warnanya **juga sudah pudar.** 　　그 색도 **이미 변색됐어.**
　　Kamu tidak malu **pakai tas seperti itu?** 너는 **그런 가방을 사용해도** 부끄럽지 않니?
　　Minta, dong, kepada orang tuamu. 　네 **부모님께 부탁해.**
　　Tas sudah jelék, kok dipakai. 　　　가방이 엉망인데, 왜 사용하니?
B : **Aku tidak téga untuk meminta.** 　　**나는 차마 부탁할 수 없어.**
　　Aku kasihan kepada meréka. 　　　나는 그 분들을 안타깝게 생각해.
C : Sudah, **jangan mengéjék orang.** 　　됐어, **사람 놀리지 마.**
　　Jika kamu punya banyak tas, 　　　만일 네가 많은 가방을 갖고 있으면,
　　berikan satu untuk Nita. 　　　　니따를 위해 하나 줘.

ayo, mari kita	자 ~ 합시다
warna mérah **tua**	짙은 붉은색
warna mérah **muda**	옅은 붉은색

muda와 **tua**를 사용하여 색상의 옅고 짙음을 표시합니다.

6. 보호와 안전

Keamanan dan Keselamatan

A : Anak-anak, sebaiknya anak-anak perempuan 애들아, 여자 아이들은 학교 **갈 때**
    tidak memakai perhiasan ke sekolah, ya.   **액세서리를 사용하지 않는** 것이 좋아.

B : Mengapa, Bu?   왜 그래요, 선생님?

A : Demi **keamanan dan keselamatan**   너희 자신의 **보호와 안전**을
    kalian sendiri.   위해서야.

C : Keamanan dan keselamatan bagaimana, Bu?   보호와 안전이요, 선생님?

A : Begini, Bom.   사실은 말이야, 봄.
    Kemarin, seorang siswi kelas 6 **ada**   어제, 6학년 한 여학생이
    yang dijambrét kalung dan **antingnya.**   **목걸이와 귀걸이를 날치기당한** 일이
        있었어.

    Kejadiannya waktu pulang sekolah.   그 일은 학교에서 돌아올 때였었지.

D : Wah, kasihan betul, Bu!   와, 정말 안됐네요, 선생님!
    Ih, saya jadi takut!   으, 전 무서워요!

E : **Saya tahu ceritanya, Bu!**   **저는 그 얘기를 알아요, 선생님!**
    Kebetulan anak kelas 6 itu tetangga saya.   우연히 그 6학년 아이는 저의 이웃이에요.
    Namanya Ayu.   그녀의 이름은 아유예요.
    Dia suka memakai perhiasan.   그녀는 액세서리 착용하는 것을 좋아해요.

D : Bagaimana ceritanya, Tun?   그 얘기는 어떻게 된 거니, 뚠?

E : Kemarin, **dia pulang sekolah sendirian.**   어제, 그녀는 혼자 학교에서 돌아왔어.
    Waktu sedang jalan **di tempat sepi,**   **한적한 장소**에서 걷고 있을 때,
    tiba-tiba ada laki-laki   갑자기 넝쿨 속으로
    yang menariknya ke semak-semak.   **그녀를 잡아당기는** 남자들이 있었어.

Lalu, laki laki itu **mengambil paksa**
anting dan kalungnya.

그리고, 그 남자들은 귀걸이와
그녀의 목걸이를 **강제로 가져가 버렸어.**

C : Diambil paksa begitu, **kok diam saja, sih?** 그렇게 강제로 뺏기면서, **왜 가만히 있어요?**

E : Bagaimana tidak mau
kalau diancam dengan pisau?

칼로 **위협을 받는데,**
어떻게 싫다고 하니?

Pisaunya diacung acungkan ke mukanya! 칼이 얼굴로 향했는데!

Setelah berhasil,

(강도질) 성공한 후,

penjahat itu langsung pergi.

그 악당들은 바로 가 버렸어.

C : Lalu, **siapa yang menyelamatkannya,** Yun?그 후에, **누가 그를 구해 주었니, 윤?**

E : Waktu ia menangis,

그녀가 울고 있을 때,

seorang bapak menemukannya.

한 아저씨가 그녀를 발견했지.

Kemudian, ia diantar ke kantor polisi.

그 후에, 경찰서로 그녀를 데리고 갔어.

Oléh Pak polisi, **ia diantar pulang.**

순경 아저씨가 **그녀를 데리고 돌아갔지.**

A : Nah, itulah **salah satu contoh** akibat
memakai perhiasan **dengan berlebihan.**

그래, 그것이 **과하게** 치장을 한
결과 **중의 하나야.**

Oléh sebab itu,

그래서,

sebaiknya kalian menghindari hal hal
yang dapat mengancam keamanan
dan keselamatan kalian sendiri, ya.

너희들은 너희 자신의 보호와
안전을 위협할 수 있는 **일들을**
피하는 게 좋아.

E : Baiklah, Bu. Mulai bésok kami tidak
akan memakai perhiasan ke sekolah.

네, 선생님. 내일부터 우리는 학교 갈 때
치장을 하지 않을 거예요.

A : **Boléh saja memakai,**
asalkan tidak berlebihan.

치장을 해도 괜찮아,
과하지만 않다면.

E : Baik. Kami akan ingat pesan Ibu.

네, 저희는 선생님의 교훈을 기억할 거예요.

|단어 공부|

keranda, peti	관
jenazah, mayat	시체
bugar	몸이 건강한
segar	싱싱한, 시원한
mengangsur, mencicil	분할, 할부하다
berjalan-jalan, bepergian, berwisata, bertamasya	여행하다
keinginan, kemauan, permintaan	원하는 것, 바람

04

약속하기

1. 학교에 가지 않겠어요
Tidak Jadi Mogok Sekolah

A : Asyik, ayah ibu pulang!   신난다, 아빠엄마 돌아오셨다!

　　Bawa apa, bu?   무엇을 갖고 오셨어요, 엄마?

　　(sambil membuka plastik belanjaannya)   (비닐봉지를 열면서)

　　Mana mainan pesananku bu?   내가 부탁한 장난감은 어디 있어요 엄마?

　　Aku menunggu mainan itu dari tadi.   저는 아까부터 그 장난감을 기다렸어요.

B : Wah, ibu lupa, ya, Dud.   아, 엄마가 잊어렸구나, 둣.

A : Aduh, bagaimana, sih ibu!   아이고, 어떡해요, 엄마!

　　Ibu kan sudah janji, **hari ini akan**   엄마는 이미 약속 했잖아요, **오늘**

　　membelikanku mobil-mobilan.   저에게 장난감 차를 사 주시겠다고.

　　Kalau begitu, aku tidak mau sekolah.   그렇다면, 저는 학교 안 갈 거예요.

B : Dudi, bésok, kan, bisa.   두디, 내일, 사줄 수 있잖니.

　　Seperti tidak ada waktu lain saja.   다른 시간이 없는 것처럼 그러는구나.

A : Tapi, kan, ibu kemarin sudah janji.   하지만, 엄마가 어제 이미 약속 했잖아요.

B : **Ya, ibu mémang sudah janji.**   **그래, 엄마가 정말로 약속했지.**

　　Tapi, **kalau lupa bagaimana?**   하지만, **까먹었는데 어떻게 할 거야?**

A : Lihat, bu!   보세요, 엄마!

　　Teman temanku semua sudah punya.   내 친구들 모두는 이미 갖고 있어요.

　　Hari ini, kan aku mau ikut   오늘 말이에요, 나는

　　balap mobil-mobilan.   **자동차 경주**에 참가하기로 했는데.

　　Mana mobilnya?   자동차가 어디 있어요?

　　Pokoknya, jika tidak dibelikan sekarang,   아무튼, 만일 지금 안 사주시면,

　　aku tidak mau sekolah.   저는 학교 안 갈 거예요.

C : Bagaimana, Rin, **adikmu ngambek.**   어떡하니, 린, **네 동생 토라졌다.**

D : **Biarkan saja,** ayah!   **그냥 놔둬요,** 아버지!

B : **Kita tidak bisa membiarkannya!**   우리는 그를 그냥 놔둘 수가 없구나!

Kamu, kan tahu **ancaman Dudi itu**
selalu dia laksanakan.
Kamu ingat, kan Rin!
Dulu **Dudi pernah membantah**
tidak mau makan.
Setelah permintaannya dipenuhi,
baru mau makan lagi.

D : Lalu bagaimana, bu?

B : Kamu pergilah ke kota
dan belikan mobil-mobilan.

D : **Apa tidak ayah saja, bu?**

B : Ayah kecapaian.
Sudah, kamu saja, ya!
Ibu minta tolong.

D : Mobil-mobilan **yang rémote, kan?**

너 알잖니, **두디의 협박은**
항상 실천한다는 걸.
기억 안 나니, 린!
전에 **두디는** 밥 먹지 않겠다고
떤지 걸은 일이 있었어.
그의 요구가 충족된 후에,
바로 다시 먹겠다고 했지.

그러면 어떡해요, 엄마?

네가 시내로 가서
장난감 자동차를 사 줘라.

아버지가 가시면 안 돼요, 엄마?

아버지는 너무 피곤해서.
됐어, 네가 가주렴!
엄마가 부탁할게.

리모컨 있는 자동차 말하는 거죠?

 rémote 레몬으로 읽으세요.

Harganya lumayan mahal, bu!

C : Rin, Rin, Rin! sini!

D : Ada apa, yah?
Ini kunci mobil!
Buka dan ambillah tas plastik
yang ada di jok belakang!

D : Ini apa, yah?

C : Coba tebak!
Bu, Dudi, **kumpul semua sini!**
Sekarang, coba buka, Rin!

D : Oh, mobil rémote **yang dipesan Dudi!**

A : Terima kasih, ya.
Mogok sekolahnya **tidak jadi déh!**

가격이 제법 비싸요, 엄마!

린, 린, 린! 여기로 와 주겠니!

무슨 일 있으세요, 아버지?
이거 차 열쇠야!
차 문 열고 **뒤 좌석에 있는**
비닐봉지를 가져와라!

이게 뭐예요, 아버지?

맞춰봐라!
여보, 두디, **여기 모두 모여보자!**
지금, 열어 봐라, 린!

오, **두디가 주문한** 리모컨 자동차!

고마워요.
학교에 가지 않겠다는 말은 **취소예요!**

2. 친구와 대화

Percakapan dengan Teman

A : Réssi, nanti soré **kamu ada acara, tidak?** 레시, 오늘 오후에 너 일 있어, 없어?

B : **Saya ada janji menonton film** dengan pacar. 난 애인과 **영화 보기로 한 약속이 있어.**

A : Kalau begitu, **ada waktu** jam berapa? 그렇다면, 몇 시에 **시간 있니?**

B : **Setelah itu ada.** Mungkin pukul 3, Kenapa? 그 후에 있지. 아마 3시, 왜?

A : Saya mau ke TMII 나는 그림 전시회에 참석하러
　　untuk ikut paméran lukisan. 따만미니에 가려고 해.

B : Di sana **ada paméran lukisan?** 거기서 그림 전시회가 있는 거야?
　　Kamu mendapat informasi dari mana? 어디서 **넌 정보를 얻었니?**

A : Saya memperoléh berita itu 나는 오늘 아침 신문에서
　　dari koran pagi ini. 소식을 들었어.

B : Pukul berapa paméran itu dimulai? 몇 시에 전시가 시작되니?

A : Jam 5-7 soré. 5시에서 7시 오후까지.

B : Oké, kalau begitu pada jam 3-4 siang 오케이, 그러면 세 네 시에
　　kita ketemu di depan bioskop. **우리 극장 앞에서 만나자.**

A : Ya, sampai bertemu saat itu ya. 그래, 그때 보자.

memperoléh, mendapat 얻다, 받다 　　　**memperoléh berita** 소식을 받다
mendengar berita라고 해도 무방하겠죠?

|심층 공부|

cermat, teliti, saksama 세밀한, 정확한, 분명한　　secara berkala 주기적으로
mengakali 저울을 속이다　　　　　　　　　　memadukan 통합시키다, 일치시키다
bahan tertawaan 웃음거리　　　　　　　　　menertawakan 놀리다

sama라는 단어는 **같은**의 뜻을 갖고 있지만 dengan ~와 함께, kepada, pada ~에게
뜻으로 굉장히 많이 쓰이고 있으니 각별히 유념하세요. 정말 매우 중요합니다.

Saya belum tahu **ingin jadi apa** 저는 **무엇이 되고 싶은지** 아직도 모르겠어요

---

3. 또 취소됐어요?
Tidak Jadi Lagi?

A : **Tidak jadi lagi?** Aduh, sebal sekali.　　또 취소 됐어요? 아우, 정말 열 받네.
B : Sabar ya, sayang.　　　　　　　　　　참아라, 얘야.
　　Ayah kan masih sibuk.　　　　　　아버지는 아직도 바쁘시잖니.

Ibu membujuk(merayu) Mia. Mia **ngambek** dan pergi ke kamar.
Di perjalanan menuju sekolah, Mia berpikir. Ayah berangkat pagi-pagi sekali
hingga Mia tidak bisa bertemu. **Pulang kerja pun** sudah larut malam. Ayah
pasti capék. **Dalam hati,** Mia berjanji. Mia **tidak akan menyusahkan** ayah
lagi. **Tak terasa,** hari Minggu pun tiba. Mia tidak ngambek lagi dan tidak
minta pergi ke pantai.

엄마는 미아를 달랬다. 미아는 **토라져서** 방으로 가버렸다. **학교로 가는 길에서,** 미아는 생각해봤다.
아버진 정말 일찍 출발하셨다 미아가 만날 수 없을 만큼. **퇴근조차도** 이미 한밤중이다. 아버진 정말
피곤하실 거야. **마음속으로,** 미아는 약속했다. 미아는 다시 아버지를 **어렵게 하지 않을 거라고. 느낄
새도 없이,** 일요일이 되었다. 미아는 다시는 토라지거나 바다로 가자고 요구하지 않았다.

A : **Kalau ayah masih sibuk,**　　　만일 아버지께서 아직도 바쁘시면,
　　kita tidak usah ke pantai.　　　우리는 해변으로 갈 필요 없어요.
C : **Wah, anak Ayah pintar!**　　　와, 아버지 아들 똑똑하네!
　　Itu tandanya Mia sudah besar.　그것은 미아가 성장했다는 그 표시야.

Sebagai hadiahnya,
hari ini **jadi pergi** ke pantai.

그 선물로써,
오늘 바다로 **가게 되는 거야.**

|심층 공부|

padu, padat 빽빽한, 밀집한
mendatangkan ~을 들여오다
menyerobot antréan, menyela antréan, memotong antréan 줄을 세치기하는
meniadakan, mengabaikan 소홀히 하다

mana mungkin, tidak mungkin 불가능한
mengimpor, melakukan impor 수입하다

abai, lalai, lengah 게으른, 태만한

---

4. 돈을 빌려 주다
Pinjamkan Uang

A : **Aku perlu bantuan kamu.**

B : Bantuan apa?

A : Anakku sakit. Dia di rumah sakit.
Aku hanya perlu uang sejuta
untuk bayar pengobatan.

B : Kalau aku tidak ada? Bagaimana?

A : Jika kamu tidak ada?
Aku tak tahu **harus meminta bantuan**
pada siapa.

B : Jadi, orang harus selalu menabung
agar bisa dipakai saat mendadak.
Oké, ini uangnya.
Tapi kamu **harus cepat kembalikannya.**
Jika ingkar janji, aku tidak akan
meminjamkan uang lagi.
Karena, hampir semua orang yang
pinjam uang **tidak ingin**
mengembalikannya, lalu tidak kelihatan.
Lalu, sampai kabur ya.
Saat mengalami peristiwa seperti itu

나는 너의 도움이 필요해.

무슨 도움?

내 아이가 아파. 그는 병원에 있어.
나는 **약물 치료 값을 지불하기 위하여**
오직 10만 루피아의 돈이 필요해.

만일 내가 없다면? 어떡할거니?

너가 없다면?
나는 **누구에게 도움을 부탁해야 할지**
모르겠어.

그래서, 사람은 항상 저금을 해야 해
급할 때 사용할 수 있도록.
알았어, 여기 돈이야.
하지만 **너는 빨리 갚아야 해.**
만일 약속을 어기면, 다시는 돈을
빌려주지 않을 거야.
왜냐면, 돈을 빌린 사람은
거의 대부분이 **갚으려고 하지 않고,**
그리고 보이지도 않아.
그 후에, 도망가기까지 하거든.
그와 같은 일을 경험했을 때

aku merasa sedih.

Karena itu **aku jarang meminjamkan uang.**

A : Oh ya, **aku pasti menepati janji.**

Jangan khawatir, terima kasih ya.

나는 슬픔을 느껴.

그래서 **나는 돈을 잘 빌려주지 않아.**

아 그래, **나는 확실히 약속을 지킬게.**

걱정하지마, 고마워.

|단어 공부|

huruf, abjad, alfabét	문자, 글자
hélm	헬멧
buta huruf	문맹
donasi, sumbangan, kontribusi, dana	기부금, 의연금
gambaran	묘사
pedalaman	오지, 내륙
menunaikan	현금으로 지불하다
sepanjang kerja	작업 내내
membaut	볼트 채우다
menarik napas lega	한가하게 숨을 쉬다
memarkir	주차하다

5. 친구와 약속
Perjanjian dengan Teman

A : **Kamu ada acara tidak,** soré ini?

B : Kenapa? Ada apa?

A : **Jika ada waktu** datanglah ke rumahku.

Kita main bersama ya.

Kamu telépon Tedi ya!

B : Ya, nanti saya bersama Tedi

langsung ke sana.

A : Halo, **apakah benar ini rumah Bapak Ali?**

B : Ya, benar.

A : Bisa bicara dengan Angga?

B : Ya, **saya sendiri.** Ini siapa?

A : Saya Tito.

오늘 오후에, **너 계획이 있어 없어?**

왜? 무슨 일 있어?

시간 있으면 우리 집으로 와.

우리 같이 놀자.

너가 떼디에게 전화해라!

그래, 나중에 내가 떼디와 함께

바로 그리로 갈게.

여보세요, **여기가 알리 씨의 집이 맞나요?**

네, 그래요.

앙가와 통화할 수 있나요?

그래, **나야.** 누구니?

나 띠또야.

Bagaimana?
Jadi tidak Kamu ke rumahku?
B : Jadi! Tapi sebentar.
    Sepédaku baru dipakai kakakku.
    Nanti jika kakakku pulang aku segera
    ke rumahmu.
A : Benar ya? Saya tunggu!
    Lalu, **bawa buku** yang kamu pinjam ya.

어떻게 된 거야?
너 우리 집에 **오는 거야 안 오는 거야?**
간다! 잠깐만.
내 자전거를 방금 형이 타고 갔어.
나중에 내 형이 돌아오면 난 즉시
네 집으로 갈거야.
정말이지? 기다린다!
그리고, 네가 빌려간 **책을 가져와 줘.**

 saya sendir 나야, 나다의 표현을 잘 기억하세요   **segera, langsung** 즉시

|단어 공부|

mengamalkan	봉사 등을 이행하다
memeriahkan	분위기를 띄우다
pagar hidup	생나무 울타리
terburu buru, tergesa-gesa, bergegas	서두르다

---

6. 만남
Meeting

A : Selamat pagi Santi.
B : Selamat pagi, Pak.
A : **Apa jadwal (kegiatan) saya hari ini?**
B : Jam 10.00 **bapak ada internal meeting,**
    Kemudian setelah makan siang,
    jam 14.00 ada meeting
    dengan direktur perusahaan Krakatau Steel.
    Seharusnya ada meeting jam 17.00
    dengan Bapak Rudi dari konsultan pajak juga,
    tapi tadi pagi beliau telepon
    dan **minta meetingnya ditunda** jadi
    besok jam 11.00.

안녕 산띠.
안녕하세요, 선생님.
오늘 내 일정이 무엇이니?
10시에 **사장님은 내부 회의가 있습니다,**
그리고 점심 식사 후, 2시에
국영철강회사
사장님과의 미팅이 있습니다.
당연히 5시에 세금 상담사인
루디씨와 **미팅이 있습니다만,**
오늘 아침 그 분이 전화하여
미팅을 내일 11시로
연기하자고 했습니다.

A : Jadwal saya kosong jam 11.00 besok? 내일 11시에 내 일정은 비어 있니?

B : Iya Pak, kebetulan besok 예 사장님, 마침 내일은
belum ada **jadwal meeting.** 미팅 일정이 아직은 없습니다.

A : Oke, kalau begitu **jadwalkan meeting** 그래, 그렇다면 11시에
dengan konsultan pajak jam 11.00. 세금 상담사와 미팅을 잡아줘.
Tempat meetingnya dimana ya? 만날 장소는 어디로 할까?

B : **Beliau minta meeting di kantornya** 그 분은 빠사르밍구 지역에 있는
di daerah Pasar Minggu. 본인 사무실에서 만나자고 부탁했어요.

A : Kalau daerah pasar minggu **sedikit macet ya.** 빠사르밍구 지역이라면 **조금 막히잖아.**
Bisa tidak **beliau datang ke kantorku?** 그 분이 내 사무실로 올 수 있어 없어?

B : Baik Pak, **akan saya coba tanyakan.** 알았어요 사장님, 제가 물어봐 드릴게요.

A : **Kalau beliau tidak bisa ke sini,** 만일 그분이 여기로 올 수 없으면,
kita meeting di kafe daerah Depok saja. 데뽁지역 카페에서 만나자고 해줘.

B : Baik Pak, **akan saya sampaikan ke beliau.** 예 사장님, 제가 그 분께 전하겠습니다.

A : Oke, terima kasih ya. 오케이, 고마워.

B : Sama-sama Pak. **Nanti akan saya** 천만에요 사장님. **나중에 미팅을 위해 제가**
siapkan juga mobil Bapak untuk meeting. **차 또한 준비시켜 놓겠습니다.**

|단어 공부|

déskripsi sifat	성격 묘사
lepas tangan	손을 놓다, 관여하지 않다
bermanis muka	앞에서 좋아하는 척하다

05

친구 관련 대화

1. 터미널에서 새 친구를 만나다

Bertemu Teman Baru di Terminal

Ali berkenalan dengan seorang perempuan **di ruang tunggu terminal bus.**
Meréka mau pulang **ke tempat tujuan masing-masing.**
알리는 **버스 터미널 대합실에서** 한 여자와 알게 됐다. 그들은 **각자의 목적지로** 돌아가려 했다.

A : Maaf, **sekarang** pukul berapa, ya?　　　　미안한데, **지금** 몇 시에요?

B : Em, **sekarang** Jam 8.30.　　　　　　　음, **지금** 8시 30분요.

　　Kamu juga menunggu bus?　　　　　　당신도 버스를 기다려요?

A : Iya. Kamu mau ke mana?　　　　　　　네. 당신은 어딜 가려 하나요?

　　Saya mau ke Dépok.　　　　　　　　저는 데뽁 갈려고 해요.

B : Saya **Ke Jakarta Selatan.**　　　　　　저는 **남부 자카르타로 가요.**

　　Tapi, saya **kuliah** di sini.　　　　　그런데, 저는 여기 **대학에 다녀요.**

A : Oh gitu. Saya tinggal di Bandung,　　오 그래요. 저는 반둥에 살지만,

　　tapi saya kuliah di UI.　　　　　　　우이대학에 다녀요.

B : Wah, kamu pintar sekali, ya.　　　　와, 당신은 정말 똑똑하군요.

　　Masa bisa masuk ke UI.　　　　　**우이대학에 입학할 수 있다니.**

A : Tidak, hanya beruntung saja.　　　　그렇지 않아요, 그냥 운이 있었을 뿐이에요.

　　Kamu **jurusannya** apa?　　　　　　당신은 **전공**은 무엇이에요?

B : Jurusan saya marketing, Kamu?　　　제 전공은 마케팅이에요, 당신은요?

A : Saya kuliah Fakultas hukum.　　　　저는 법학 대학에 다녀요.

　　Kenalkan, Nama saya Ali.　　　　　**인사할게요,** 제 이름은 알리예요.

B : Saya Yulia. **Panggilan** saya Lia.　　저는 율리아. **부르는 이름은** 리아예요.

A : Eh. Lia.　　　　　　　　　　　　　아. 리아.

　　Bus ke Jakarta **sudah datang.**　　　자카르타로 가는 버스가 **이미 도착했네요.**

　　Kamu naik dulu aja.　　　　　　　　당신 먼저 타세요.

　　Bus saya belum datang.　　　　　　제 버스는 아직 오지 않았어요.

Sebentar lagi akan datang.　　　　조금 후에 도착할 거예요.

B : Ya, saya naik dulu ya. Dada…　　　네, 저는 먼저 탈게요. 잘가요…

 masa 단어는 가끔 ~하다니 라고 하는 감탄을 표현할 때 자주 사용합니다.

|심층 공부|

serba kekurangan 모든 것이 부족한　　　　　asal usul, asal mula 원래의

mempersembahkan ~을 바치다, 헌상하다　　begitu saja 그저 그렇다

mana는 의문문에서 **어떻게**란 뜻도 있습니다.　mana cukup? 어떻게 충분하니?

hamba 종이란 뜻도 있지만 **저**라는 뜻도 있습니다.

di luar dugaan 예상 밖에　　　　　　　　mengawal 경호하다, 호위하다

---

2. 친구의 문제를 해결해 주다

Menyelesaikan Masalah Teman

A : Kamu lagi apa?　　　　　　　　　　　너 뭐하고 있니?

B : Aku bingung.　　　　　　　　　　　　나는 혼란스러워.

　　Tinggalkan saja aku sendiri.　　　　나를 혼자 **있게 해줘.**

　　(Biarkan saja **saya sendiri).**

A : Memang kamu kenapa?　　　　　　　　너 정말 왜 그러는 거야?

　　Ada apa?　　　　　　　　　　　　　　무슨 일 있어?

　　Tolong ceritakan saja **terus terang** padaku. 솔직히 나에게 얘기 해봐.

B : Ya. **Ceritanya begini.**　　　　　　　그래. **이야기는 이래.**

　　Nilai tugas aku jelék.　　　　　　　　내 근무 평가가 엉망이야.

　　Aku takut **ditegur atasan.**　　　　　나는 **상사에게 잔소리 들을까 봐** 두려워.

A : Oh gitu. Begini saja.　　　　　　　　아 그래. 이렇게 하자.

　　Kamu betemu dengan atasan dahulu,　　너는 상사를 먼저 만나,

　　lalu minta pada atasan　　　　　　그런 후 상사에게 다시 한 번

　　agar bisa berikan kesempatan sekali lagi. 기회를 주도록 부탁하는 거야.

　　Mungkin akan ada peluang lain.　　　아마도 다른 기회가 있을 거야.

Jangan khawatir ya. 걱정 하지마.

B : Kalau begitu, **dia mau mengabulkan** 만일 그렇게 하면,

keinginanku? **그는 내 부탁을 들어줄까?**

A : **Pasti dia akan mengabulkan** 확실히 그는 너의 부탁을 들어

permintaanmu. **주실 거야.**

Kalau hatimu ikhlas. 네 마음이 진실하다면.

B : Oké. Terima kasih **atas nasihat kamu.** 알았어. **너의 충고** 고마워.

---

3. 친구와의 대화

Percakapan Dengan Teman

A : Katanya, Réssi berwisata ke Koréa? 듣자하니, 레시가 한국으로 여행 간다며?

B : Serius? **Masa?** Kapan? 정말이야? **그럴리가?** 언제?

A : Benar. Percayalah. 정말이야. 믿어라.

Masa kamu tidak percaya aku. **네가 나를 믿지 않다니.**

Aku sangat kesal. 나는 정말 기분 나빠.

B : Tidak. Kemarin aku ketemu Réssi, 아니. 어제 나는 레시를 만났어,

tapi dia tidak cerita tentang itu. **하지만 그는 그것에 대해 얘기하지 않았 었어.**

Jadi, aku hanya tidak percaya 그래서, 나는 네 말을

kata katamu. 믿지 않았을 뿐이야.

Maaf ya! 미안해!

A : Tidak apa apa! 괜찮아!

B : **Dengan siapa** dan ke mana saja **누구랑** 그리고 한국 여행지 중에

di antara tempat wisata Koréa? 어디로 가는 거야?

A : Aku tidak tahu **selebihnya. (lebih dari itu)** 나는 그 이상은 몰라.

(Aku tidak tahu **selain itu**) **(그 외에는 몰라)**

B : **Kenapa** kamu tidak bertanya **lebih lanjut?** 왜 더 상세히 물어보지 않았니?

A : **Karena itu soal pribadi,** aku tidak bisa 　그건 개인적인 일이기 때문에,

　 tanya lebih lanjut. 　나는 상세한 것을 물어볼 수가 없었어.

　 Lalu, Réssi terlihat sibuk. 　그리고, 레시가 바빠 보였어.

　 Jadi aku **tidak téga bertanya lagi.** 　그래서 **차마 다시** 물어볼 수 없었어.

 Saya tidak dapat menggajinya lebih dari itu. 나는 그에게 그 이상의 봉급을 줄 수 없다.

|단어 공부|

beracun	독이 있는
musuh, lawan	적, 상대방
melemah	약해지다, 힘이 없어지다
pantulan	반사
memecahkan	부수다, 해결하다
kerikil	조약돌

|전치사와 방향 단어 공부하기|

di atas	위에
di bawah	아래에
ke mana	어디로
dari mana	어디로부터
di mana	어디에
di samping, di sebelah	옆에
di depan, di hadapan	앞에
belakang	뒤
ke kiri	왼쪽으로
ke kanan	오른쪽으로
di seberang	건너편에
di sebelah kiri	좌측에
di antara dua	둘 사이에
di sekitar	근처에, 가까이
sekitar	대략, ~정도

 상기 전치사와 관련된 단어를 잘 외우세요. 정말 중요합니다. 문장 속에서 세밀히 살펴보세요.

4. 친구에게 돈을 빌리다

Pinjam Uang kepada Teman

A : **Boléh saya minta tolong?**

B : Silakan.

A : **Kalau tidak keberatan,**
boléhkah aku pinjam uang sedikit?

B : Ada masalah apa?

A : Ya. Anak saya **sakit mendadak.**
Jadi, **perlu biaya obat.**
Nanti suamiku pulang,
aku akan langsung kembalikan.
Boléh enggak?

B : Kebetulan **ada uang sedakit.**
Perlu berapa?

A : Hanya seratus ribu Rupiah.

B : Oh, gitu. Ini uangnya.

부탁 좀 해도 되니?

그렇게 해.

힘들지 않으면,
내가 돈 조금 빌려도 되니?

무슨 문제 있어?

그래. 아이가 **갑자기 아퍼.**
그래서, **약값이 필요해.**
나중에 남편이 돌아오면,
내가 바로 갚을게.
되니, 안되니?

다행히 **돈이 조금 있어.**
얼마가 필요해?

십만 루피아만 줘.

아, 그래. 여기 돈이야.

|단어 공부|

teladan	모범
meneladani	모범을 보이다
berbalik	되돌아서다
hujan buatan	인공비
memperingatkan, mengingatkan	경고하다, 주의를 주다
dasar air	물 바닥
mengarungi lautan	대양을 가로지르다
setelah jadi	된 후에

---

5. 친구 집에 잠깐 들르다

Mampir ke Rumah Teman

A : Kamu sedang apa?

B : Aku hanya duduk saja.

너 뭐하고 있어?

나는 그냥 앉아만 있어.

Aku sedih sekali **karena orang tuaku**
meninggalkan aku sendirian di rumah.
Kalau ada waktu sebentar
tolong temani aku.
Jangan tinggalkan aku sendirian.
A : Ya, **aku mau temani kamu.**
　　Jangan khawatir, tapi hanya sebentar.
　　Aku ada janji jam 2 di mal Detos.

나는 **부모님께서 나를 혼자**
집에 두고 가서서 정말 슬퍼.
잠시 시간이 있으면
나와 같이 좀 있자.
나를 혼자 내버려 두지 마.
그래, **내가 너와 함께 있을게.**
걱정하지 마, 하지만 잠시 만이야.
나는 데또스 몰에서 1시에 약속이 있어.

|단어 공부|

rendah hati 겸손한 마음
bersamaan dengan itu 그것과 동시에
cadangan air 물 비축
madu lebah 벌꿀
jadi penasaran 궁금해지다
secara runtut 화목하게
acara perpisahan 졸업 행사

---

6. 우연히 친구를 만나다

A : Kamu Ayu, kan? Benar?　　　　　　　　너 아유지? 그렇지?
B : Ya. Aku Ayu. Kamu siapa ya?　　　　　그래. 내가 아유야. 너는 누구니?
B : Aku Réssi. Teman sekelas SMP.　　　　나 레시야. 중학교 같은 반 친구.
A : Oh, kamu Réssi. Aku ingat.　　　　　　오, 너 레시구나. 나는 기억해.
　　Sudah lama kita tidak bertemu.　　　**오랜만이네(오랫동안 우리 못 만났네).**
　　Aku hampir lupa kamu ya.　　　　　　나는 너를 거의 잊을 뻔 했어.
B : Ya, sudah lama ya.　　　　　　　　　그래, 오래 됐다 야.
　　Ada tempat nongkrong di sekitar sini?　이 주변에 **얘기 할 곳 있니?**
　　Kalau ada waktu, **aku mau ngobrol.**　시간이 있다면, **얘기 좀 하고 싶어.**
A : Mari kita ke coffee shop **yang ada di sana.** 우리 저기 있는 커피숍으로 가자.

di antara dua	둘 사이에
di sekitar	근처에, 가까이
sekitar	대략, ~정도
di dalam	안에
di luar	밖에
di antara	~사이에
léwat, melalui	~을 통하여, ~을 지나다
via	~을 통하여
menjelang	~할 즈음
tentang, mengenai, terhadap, akan	~에 대하여
sepanjang	~내내, 쭉
pada awalnya, pada mulanya	애초에, 당초에, 처음에
arah	방향
menuju	향하다
kepada	~에게

7. 친구와 대화
Percakapan dengan Teman

A : **Jam berapa** kamu bangun dan tidur?

몇 시에 너는 일어나고 자니?

B : Aku bangun jam 6.30 dan
tidur jam 10 malam.

나는 6시 30분에 일어나고
밤 10시에 자.

A : Setelah bangun pagi,
apa yang akan kamu lakukan?

오늘 아침에 일어난 후,
넌 무엇을 하려고 하니?

B : Setelah bangun, aku mandi, sarapan,

일어난 후에, 나는 목욕을 하고, 아침을
먹고, 그 후에

lalu ke pantai bersama teman sekantor.

사무실 직장 동료들과 해변으로 갈 거야.

A : Jam berapa pulang?

몇 시에 돌아오니?

B : **Mungkin kira-kira** jam 6 soré.

아마도 대충 6시에 돌아올 거야.

A : Sesudah pulang, **kamu ngapain?**

돌아와서, **너는 뭘 할거야?**

B : **Kita nonton bersama** pertandingan
sépak bola di TV, bagaimana?

우리 같이 TV 축구경기를
같이 보자, 어때?

A : **Idé yang bagus,** aku setuju.

좋은 생각이야, 나는 동의해.

Tapi akan menonton di mana?

근데 어디서 볼 거야?

B : Di rumahku saja, bagaimana?

우리 집에서 보자, 어때?

Kebetulan hari ini ayah ibu pulang

마침 오늘 아빠 엄마가

pada malam hari.

밤에 돌아오셔서.

A : Ok, nanti pada jam 6 soré aku akan

좋아, 나중에 오후 6시에

ke rumahmu.

너희 집에 갈게.

Sampai nanti ya.

나중에 보자.

|단어 공부|

sepanjang jalan	길 가, 길을 따라서
sampai pertigaan	삼거리까지
sampai perempatan	사거리까지
jalan terus	길을 계속 가다
jalan lurus	곧장 가다
sampai	~까지
timur	동
barat	서
selatan	남
utara	북
pada masa itu	그 시절에는
berhubungan dengan, berkaitan dengan, sehubungan dengan	~와 관련하여

---

8. 강에 거의 빠질 뻔했다

Hampir Terjatuh ke Sungai

Umumnya, anak kota menganggap **anak kampung rémeh.** Apalagi kalau anak kampung itu **tidak bersekolah.** Mulanya, aku pun mempunyai **perasaan demikian.** Aku menganggap **Salim tidak ada apa-apanya.** Ia sering kuajak berkelahi dan **kumaki,** tetapi ia **tidak pernah melawan.** Pada suatu soré, aku berenang di sungai. Salim datang dan mengingatkan aku.

보통, 도시 아이는 **시골 아이를 하찮게 생각한다.** 더욱이 만약 그 시골 아이가 **학교에 다니지 않으면.** 처음에, 나 역시 **그런 감정을** 가졌다. 나는 살림이 **아무것도 없다고** 생각했다. 그에게 내가 자주 말다

툼 하자고 하고 **욕을 했지만**, 그는 **대항한 일이 없었다.** 어느 날 오후, 나는 강에서 수영했다. 살림이 다가와서는 나에게 주의를 주었다.

A : Jika kamu ingin berenang di sungai ini,   만일 너가 이 강에서 수영하고 싶으면,
    sebaiknya jangan terlalu ke tengah.   **너무 가운데로 가지 않는게 좋아.**
    Di tengah **arusnya sangat deras.**   중간에는 물 흐름이 매우 세거든.
B : Lim, aku jago berenang.   림, 나는 수영 챔피언이야.
    Nilai berenangku di sekolah **sembilan,**   내 수영 점수 학교에서 **9점이야,**
    tahu nggak?   알았니 몰랐니?

— 중략 —

Namun, tiba-tiba **ada yang menarik tanganku** ke tepi sungai. Ternyata, **yang menolongku** adalah Salim. Di dalam hatiku berkata, **aku anak yang sombong, sok jago, dan sok pintar.**

그러나, 갑자기 강가로 **내 손을 당기는 사람이 있었다.** 사실, **나를 도운 사람은** 살림이었다. 마음속으로 나는 말했다, **나는 건방지고, 잘하는 척하고, 똑똑한 척하는 아이다.**

B :   Maafkan aku, Lim.   나를 용서해, 림.
    Aku malu karena bersikap sombong.   나는 건방스럽게 행동했기에 부끄러워.
    Aku juga terlalu angkuh   나는 또한 너무 건방졌고
    dan sering menghinamu.   **자주 너를 괴롭혔어.**
    Sekali lagi, aku minta maaf.   다시 한번, 나는 용서를 바랄게.
A : Tidak apa-apa.   괜찮아.
    Aku tidak pernah marah padamu, kok?   나는 너에게 화낸 일이 없잖아, 그렇지?
    Tanpa diminta pun,   **부탁하지 않더라도,**
    aku sudah memaafkanmu.   나는 이미 너를 용서했어.
    Jika ada masalah selama tinggal di sini,   여기 사는 동안 문제가 있으면,
    kapan saja minta tolong padaku.   **언제든지 나에게 도움을 요청해.**
    Jangan malu dan **ragu ragu ya.**   부끄러워하거나 **주저하지마.**
B : Jika kamu sering bicara begitu,   너가 자꾸 그렇게 말하면,
    aku jadi malu.   **난 부끄러워.**

 sok, pura-pura ~인 척하다, 속어로 가끔 사용합니다.

|단어 공부|

pada	(시간, 행사, 장소 등의 앞에 사용) ~에
pada tahun ini	올해에는
pada zaman dahulu	옛날에는
tanpa	~없이
sampai, hingga	~까지
selama	~동안
buat	~을 위한, ~에게
bagi	~에게 있어서, ~에게
untuk, demi, agar, guna	~하기 위해, 하도록, ~와 관련하여

 상기 전치사와 관련된 단어 잘 외우세요. 정말 중요합니다. 문장 속에서 세밀히 살펴보세요.

06 안부 전화, 편지, 메시지, 연락하기

1. 핸드폰 통화 중

Nomormu sedang sibuk

인도네시아에서 핸드폰 전화 시, 통화 연결이 안 되고 갑자기 멘트가 나올 때, 무슨 내용인지 몰라서 많이 당황하셨을 겁니다. 그 내용을 실었으니, 다음에는 정확히 알아 들으실 수 있길 바랍니다.

1. **Nomor yang anda tuju** sedang tidak aktif.
   Cobalah beberapa saat lagi.

   당신이 통화하는(지향하는) 번호는 지금 작동하지 않습니다.
   조금 후에 다시 시도해 보세요.

2. **Nomor yang anda tuju** sedang berada di luar jangkauan.
   Cobalah beberapa saat lagi.

   당신이 통화하는 번호는 지금 통신이 미치지 않는 곳에 있습니다.
   조금 후에 다시 시도해 보세요.

3. Nomor yang anda tuju **sedang dialihkan.**
   Mohon menunggu.

   당신이 통화하는 **번호는** 바뀌고 있습니다.
   기다리시기 바랍니다.

 전화가 두 대 있는데 다른 하나의 전화로 옮겨 가고 있다는 말을 하고 있습니다.

4. Nomor yang Anda tuju **sedang sibuk.**
   Silahkan hubungi beberapa saat lagi.

   당신이 통화하는 번호는 **지금 통화 중입니다.**
   잠시 후 통화하세요.

5. Maaf. nomor yang anda tuju tidak dapat menerima
panggilan anda.

최송합니다. 당신이 통화하는 번호는
당신의 호출을 받을 수 없습니다(전화를 받지 않습니다).

6. Nomor yang anda tuju **tidak terdaftar.**
Mohon periksa kembali nomor tujuan Anda.

당신이 통화하는 번호는 **등록되지 않았습니다.**
당신의 대상 번호를 **다시 확인해 보세요.**

7. Nomor yang anda tuju **tidak dapat dihubungi.**
Cobalah beberapa saat lagi.

당신이 통화하는 번호는 **연결될 수 없습니다.**
잠시 후에 다시 시도하세요.

2. 안부 전화

Telépon Salam

A : **Bagaimana kabar** ayah dan ibu?	아버지 어머니는 **어떠하세요?**
B : Ayah dan ibu baik-baik saja.	아버지와 엄마는 괜찮아.
Kabarmu bagaimana?	넌 어떠니?
Keadaan paman dan bibi **bagaimana?**	삼촌과 숙모의 상태는 **어떠니?**
A : Paman dan bibi séhat.	삼촌과 숙모님은 건강해요.
Tadi pagi, aku dan bibi ke sawah	오늘 아침, 저와 숙모는
untuk melihat penggilingan padi.	**벼 찧는 것을 보러** 논으로 갔어요.
Sekarang saya sudah tahu **asal mula beras.**	지금 저는 **쌀의 출처를** 알았어요.
B : Bagus, kamu harus hati hati, ya.	좋아, 너 조심해야 해.
Jangan merépotkan paman.	**삼촌을 귀찮게 하지마.**
Sudah, ya. **Salam untuk paman dan bibi.**	됐어. **삼촌과 숙모에게 안부 전해 주거라.**

3. 친구 집으로 전화하다

Menelepon ke Rumah Teman

A : Halo, selamat siang.

B : Bisa berbicara dengan Ressi?

A : Oh, **Ressi masih tidur.**

B : Maaf, aku berbicara dengan siapa ya?

A : Saya Lili, teman kantor Ressi.

B : **Apakah perlu Ressi dibangunkan?**

A : Oh, tidak usah, bu.

Hanya titip pesan saja untuk Ressi.

Acara mendaki gunung diadakan

pada jam 6 pagi besok.

Tempatnya di kantor.

B : Ok, jika nanti Ressi bangun,

saya sampaikan.

안녕하세요.

레시와 통화할 수 있나요?

오, 레시는 아직 자고 있어요.

미안하지만, 저와 얘기하고 있는 분은
누구세요?

저는 릴리예요, 레시의 사무실 동료예요.

레시를 깨울 필요가 있나요? (깨워 줄까?)

그럴 필요 없어요, 부.

그냥 레시에게 메시지를 남기면 돼요.

등산 행사가 내일 아침 6시에

개최된다고요.

장소는 사무실에서요.

네, 나중에 레시가 깨면,

제가 전할게요.

|심층 공부|

 véntilasi, lubang angin 환기장치, 환풍구

pancasila 인도네시아의 5대 규범

bermacam macam, beranéka ragam, berbagai macam, beranéka
여러가지 종류란 단어 참고하세요.

konservasi 보존

diperkirakan tinggal 남은 것으로 생각된다

terdapat, ada 존재하다, 있다

pencak silat 인도네시아의 고유 무술

dengan adanya hutan 숲이 있음으로써

terancam punah 멸종 위기에 처했다

4. 삼촌으로부터 온 전화

Télépon dari Paman

A : Rani, **ini paman Sadin** dari Jambi.

라니, **난** 잠비에서 온 **사딘 삼촌이야.**

B : Oh, paman. Apa kabar?

오, 삼촌. 어떻게 지내셨어요?

A : Baik-baik saja.

잘 있었지.

Begini Rani, paman ingin ke Jakarta **pada liburan nanti.**

라니, 사실은 말야, 삼촌이 **이번 휴가 때** 자카르타에 가려고 해.

B : Oh, ya, paman. Kapan, paman?

오, 그래요, 삼촌. 언제요, 삼촌?

A : Tanggal 15 bulan ini.

이 달 15일.

B : **Siti juga ikut?**

시띠도 함께 와요?

A : Ya, dia ikut, bibimu juga ikut.

그래, 시띠가 따라 간대, 너의 숙모도 오신단다.

Sudah lama paman tidak ketemu kamu, juga orang tuamu.

오랫동안 삼촌은 너를 못 봤어, 네 부모님도.

Paman sudah rindu.

삼촌은 이미 그리웠어.

Rani, ayahmu sudah pulang?

라니, 네 아버지 돌아오셨니?

B : Ya, paman, **sejak Rani masih kecil** paman sudah pergi bertransmigrasi.

그래요, 삼촌, **라니가 아직 어릴 때부터** 삼촌은 이주하셨잖아요.

Ayah belum pulang.

아빠 아직 안 돌아오셨어요.

Biasanya ayah tiba di rumah pukul tujuh malam.

보통 아버진 밤 7시에 집에 도착하세요.

A : Kalau begitu, sampaikan kepada ayahmu **bahwa paman memerlukan jemputan** di bandara sekitar pukul enam soré karena banyak oléh oléh **yang paman bawa.**

그러면, 아버지께 전하거라 **삼촌이 마중이 필요하다는 것을** 오후 6시쯤에 공항에서 **삼촌이 가져올** 선물이 많아서 그래.

Sekian dulu Rani, sampai jumpa!

라니 여기까지 하자, 다음에 또 보자!

B : Ya, paman. Rani **sudah mencatat** pesan paman untuk ayah.

네, 삼촌. 라니는 이미 아빠를 위해 삼촌의 **메시지를 적었어요.**

— Percakapan di atas **berlangsung cukup lama.** —

위에 있는 **대화는 제법 오래 지속됐다.**

lagi 단어는 **동사와 결합하여** sedang ~ **하는 중이다**의 뜻으로 많이 사용하니 꼭 기억하세요.

tengah 단어도 ~ **하는 중이다** 뜻으로 사용되기도 합니다.

dalam sepuluh tahun terakhir **최근 십 년 동안**   yang jadi masalah **문제가 되는 것은**

nurani **깨끗한, 순수한, 양심**   jangka, masa **기한, 시간, 기간**

browsing **접촉**   berlangganan **구독하다, 고정 거래를 하다**

harapan hidup **평균 수명**

Jangan jual mahal ya **비싸게 팔지 마라 야(비싸게 굴지 마라).**

ngumpulin, mengumpulkan에서 처럼 **Kan** 접미사는 **in**으로 사용할수 있습니다.

5. 친구의 전화

Menélépon Teman

A : Apa kabar?	잘 있었어?
B : Ya, kabarku makin hari makin baik saja **tidak kurang suatu apa pun.**	응, 내 소식은 하루하루가 좋을 뿐이네 **무엇 하나 부족함 없이.**
A : Sekarang, kamu menélépon saya **mau tanya apa?**	지금, 너는 **무엇을** 물어 보려고 나에게 전화했니?
B : Ah, Anto. **Saya tidak mau apa-apa.** Saya hanya ingin ngobrol denganmu saja. Kita kan tidak ketemu tadi pagi. Boléhkah ngobrol **panjang lébar** denganmu?	아, 안또. **나는 아무것도 바라는 게 없어.** 나는 오직 너와 이야기하고 싶을 뿐이야. 우리 말이야 오늘 아침 못 만났잖아. 너와 **장황하게** 얘기해도 되니?
A : Maaf, kebetulan saya sedang belajar.	미안해, 우연히 나는 지금 공부 중이야.
B : Anto. **Masa ngobrol saja tidak punya waktu.** Ngobrol dulu, déh, **belajarnya nanti saja.**	안또. **얘기만 하자는데 시간이 없다고 할 수가 있니.** 먼저 얘기 좀 하고, **공부는 나중에 하도록 해.**
A : Maaf, ayah saya sudah memanggil. Sekali lagi maaf.	미안해, 아버지께서 이미 부르셨어. 다시 한번 미안해.

6. 나는 내 집으로 전화했다

Saya Menélépon ke Rumahku

A : Ini Tino? Aku Firman.

B : Ya, betul, Man.

Aku ke sini, **tapi kamu tidak ada.**

A : Ya, Kamu sudah lama, No?

B : Baru, man. Kata Bibi,

kamu ikut ayah ibumu.

Bibi meminta aku menemaninya

sampai kamu kembali.

Apakah kamu mau bicara sama Bibi?

A : Tak usah.

Aku titip pesan saja padamu.

B : Apa pesanmu? Akan kucatat.

A : Tolong beritahukan Bibi.

Jika mau masak,

tunggu ibuku pulang.

B : Ya, déh. Masih ada pesan lain?

A : Oh, ya, tolong beri tahu Bibi,

untuk aku **dibuatkan**

bubur ketan hitam kesukaanku.

B : Ya, ya, **akan kusampaikan nanti.**

A : Éh, tunggu! Bésok antar aku, ya?

띠노니? 나 삐르만이야.

그래, 맞아, 만.

나는 여기 왔었는데, **넌 없었어.**

그래, 넌 온지 얼마나 됐어, 띠노?

지금 바로 왔어, 만. 이모가 말하길,

너는 아빠 엄마를 따라 갔다고 하더구나.

이모가 나에게 너가 돌아올 때까지

자기와 함께 있어달라고 했어.

너는 이모와 얘기하려는 거지?

그럴 필요 없어.

내가 너에게 말만 남길게.

무슨 말? 내가 메모 할게.

이모께 전해드려.

만일 요리를 하시려고 하면, **엄마가**

돌아올 때까지 기다리시라고.

그래, 아직 다른 할 말 있어?

어, 그래, 이모께 좀 전해줘,

나를 위해 **내가 좋아하는 검은**

찹쌀죽을 만들어 달라고.

그래, 그래, **내가 나중에 전달할게.**

아, 기다려! 내일 나를 데려가 줄 수 있니?

B : Ke mana?

A : Bésok aku mau mengembalikan buku
ke perpustakaan.
Kita sama-sama saja.
Setelah ke perpustakaan, **kita ke koperasi.**
Mau beli buku gambar.

B : Ya, déh. **Bésok aku temani.**

어디로?

내일 나는 도서관으로 책을
반납하려고 해.
우리 같이 가자.
도서관에 간 후에, **우리 협동조합에 가자.**
그림 책을 사고 싶어.

알았어. **내일 내가 동행해줄게.**

|단어 공부|

persegi	정방형의, 정사각형, 평방의, 제곱의
bintik (bercak) mérah	붉은 반점
menyerang	공격하다
beradaptasi, menyesuaikan diri, betah	적응, 순응하다
berdarah	피를 흘리다
bersahutan	서로 질의 응답하다

---

7. 메시지를 남기다
Titip Pesan

A : Ka! Rika! Tunggu!

B : Hei, La! Ada apa, nih?
Sampai lari-larian begitu!

A : Ka! **Rumahmu, kan dekat dengan
rumah Edo, ya?**

B : Iya. Mémang kenapa?

A : **Aku mau titip pesan dong, buat Edo.**
Penting juga, sih!

B : Oh, boléh! Apa pesannya?

A : Tadi kan, dia pulang cepat
karena harus pergi dengan ayahnya
Jadi, **dia tidak tahu ada PR** untuk bésok.

B : Oh, ada PR buat bésok, begitu?

까! 리까! 기다려!

헤이, 라! 무슨 일 있어?
뭘 그렇게 뛰기까지 하니!

까! **너희집은 에도 집과
가깝잖아?**

그래. 정말 왜 그러는 거야?

나는 에도에게 말을 전해주려고 해.
중요한 내용이기도 해!

오, 좋아! 그 말이 뭐니?

조금 전 말이야, 그는 아버지와
함께 가야 하기 때문에 빨리 가버렸어.
그래서, **그는 내일 숙제가 있는지를 몰라.**

오, 내일의 숙제가 있다는 거구나, 그렇지?

A : Ya. **Tolong beri tahu dia.**
　　PR itu tentang bagaimana cara
　　penanganan sampah di kota.
B : Ya, akan kusampaikan nanti padanya.
A : Eh, ada lagi, Ka. Penting juga, nih!
　　Bilang padanya supaya membawa buku
　　cerita milikku **yang kemarin dia pinjam.**
B : Ya, Sudah? **itu saja?**
　　Atau, **masih ada pesan lain?**
A : Sudah, **itu saja.** Cukup.
　　Nanti kamu nggak kuat lagi,
　　karena keberatan pesanan! Ha.. ha!

그래. **그에게 좀 알려줘.**
그 숙제는 도시에 있는 **쓰레기 처리를**
어떻게 해야 하는 지에 대한 것이야.
알았어, 내가 나중에 그에게 전해줄게.
야아, 또 있어, 까. 역시 중요한 내용이야!
어제 그가 빌려간 내 이야기 책을
가져오도록 **그에게 말해줘.**
그래, 됐어? **그것뿐이야?**
아니면, **다른 전할 말이 아직도 있는 거야?**
됐어, **그것뿐이야.** 충분해.
나중에 너는 힘이 빠질거야,
부탁한 게 너무 부담스러워서 말이야!
하. 하!

|단어 공부|

celengan babi	돼지 저금통
hémat, irit	절약하다
makan pagi, sarapan	아침
rincian	세부사항
téori	학설
kepuhahan	멸종

8. 편지를 쓰다

Menulis Surat

(장소와 편지 날짜)	Jakarta. 10 Januari 2016
Kepada 에게	(받는 사람)
Sahabatku Réssi 내 친구 레시	(받는사람 이름)
Jalan Mawar Nomor (길 이름)	
Pekanbaru (도시이름)	
Sahabatku tercinta 가장 사랑하는 내 친구(시작 인사)	

Dengan surat ini, Ali kabarkan **bahwa Ali bersama keluarga** séhat. Semoga Réssi beserta keluarga **juga demikian.** Réssi, pada surat ini, aku akan bercerita sedikit **tentang tempat tempat hiburan** di Jakarta. Taman Impian Jaya Ancol **merupakan tempat rékréasi** yang berada **di pinggir Pantai Ancol.** Di Taman Impian Jaya Ancol **ada Dunia Fantasi** dan Sea World. Dunia Fantasi adalah **tempat yang memiliki bermacam wahana** dan **permainan.**

이 편지와 함께, 알리는 **알리와 가족은** 건강하다는 것을 전해. 아무쪼록 레시는 가족과 함께 **또한 그렇기를 바라.** 레시, 이 편지에서, 나는 **자카르타에 있는 휴양지에 대해서** 조금 얘기하려 해. 다만 임뻬안 자야 안쫄은 **안쫄 해변에 있는 오락 장소야.** 다만 임뻬안 자야 안쫄에는 **두니아 판따시와** 씨 월드가 있어. 두니아 판따시는 **여러 가지 탈 것과 게임이 있는 장소야.**

Adapun Sea World merupakan **tempat semacam kebun binatang.** Akan tetapi, binatang-binatang yang ada di Sea World **hanya binatang-binatang laut saja. Seperti kita melihat ikan** di dalam akuarium. Taman Mini Indonésia Indah **merupakan miniatur** dari kebudayaan Indonésia. Di sana, kita bisa melihat **anéka ragam** kebudayaan Indonésia dari Sabang sampai Merauké. Réssi, **cukup sekian** surat dari Ali. **Salam untuk keluarga Réssi.** Ali mendoakan semoga Réssi bisa segera berkunjung ke Jakarta.

또한 씨 월드는 **동물원과 같은 종류의 장소야.** 그러나, 씨 월드에 있는 동물들은 **오직 바다 동물뿐이야.** 아쿠아리움 속에서 **우리가 고기를 보는 것처럼.** TMII 는 인도네시아 문화로부터 온 **소형 모형이야.** 거기에서, 우리는 사방부터 머라우께까지 여러 가지 인도네시아 문화를 볼 수 있어. 레시, 알리로부터의 편지는 **여기까지 할게. 레시 가족에게 인사 전해 주라.** 알리는 레시가 바로 자카르타로 방문할 수 있기를 기도할게.

Sahabatmu. 너의 친구(마침 인사)

Ali (보내는 사람)

인도네시아는 sabang 이란 서쪽 끝 섬과 merauké 라고 하는 동쪽 끝 섬까지의 광대한 영토로 이루어져 있으니 두 지명 정도는 알아 놓으면 좋겠죠?

 상기 문장은 편지 쓰는 형식이니 이렇다는 것만 알고 있으세요. 내용은 잘 기억하세요.

9. 내 친구 레놀에게
Buat Sahabatku Rénol

di Medan 메단에 있는
Rénol. 레놀

Bagaimana kabarmu sekarang? Mudah mudahan baik-baik saja ya! Keadaanku di Makassar **baik-baik saja. Cukup lama kita tidak berkirim kabar.** Karena itu, **aku menyempatkan diri** menulis surat ini **di séla-séla kesibukan.** Di Makassar, aku sekolah di SD Gowa. Banyak pengalaman mengesankan **selama aku menjadi murid di sekolah ini. Di antaranya aku pernah dicubit guruku** karena **melepas sepatu sembarangan.** Aku juga **pernah dimarahi** karena berenang di sungai.

지금 너는 어떠니? 아무쪼록 좋기를 바란다! 마까사르에 있는 나의 상황은 **좋아. 오랫동안 우린 소식을 전하지 못했어.** 그래서, **나는 바쁜 와중에** 이 편지를 쓰려고 **스스로 시간을 냈어.** 마까사르에서, 나는 고와 초등학교에 다녀. **나는 이 학교에서 학생이 된 동안 추억에 남는 경험이 많아. 그 사이에 나는 선생님께 꼬집힌 일이 있어** 왜냐하면 **아무렇게나 신발을 벗었기** 때문이야. 또한 강에서 수영을 했기 때문에 **야단맞은 일도 있어.**

Selain itu, aku juga pernah menjadi juara pertama **lomba lari** 100 meter. Aku pun pernah menjadi juara pertama **lomba melukis tingkat kota.** Sebenarnya, banyak **yang ingin aku ceritakan kepadamu.** Akan tetapi, cukup sekian dulu. Lain waktu **kita sambung lagi.** Semoga engkau **dalam lindungan Tuhan.** O, ya, aku hampir lupa. **Liburan seméster nanti,** aku akan ada rencana ke médan.

그 외에, 나는 또한 100m **달리기 대회** 우승을 한 일이 있어. 나는 또한 **그림 그리기 도대회에서 1등** 한 적이 있어. 사실, **나는 너에게 얘기하고 싶은 게** 많아. 그러나, 여기까지 쓸게. 다음에 **우리 다시 연락하자.** 아무튼 네가 **하나님의 보호아래 있기를** 바라. 오, 야, 내가 거의 잊을뻔 했네. **이번 학기 휴가에,** 나는 메단으로 갈 계획이 있어.

10. 자카르타

Jakarta

Li. Jakarta **mémang kota yang hébat!** Gedungnya bagus bagus. Semua yang kita perlukan **ada di sini.** Pokoknya, **mau apa saja** ada déh! **Asalkan ada uang, lo! Tempat rékréasi (hiburan) pun** asyik-asyik. Misalnya, Dunia Fantasi. Aku sudah dua kali ke sana. **Cuma sebalnya,** Jakarta sangat macet! Lalu lintasnya **semrawut.** Mobilnya banyak, sih! Itulah sebabnya. Jakarta **bising (berisik)** dan **tinggi polusinya. Udara pun** jadi kurang segar. Selain itu, **sampahnya juga** banyak dan bau.

리. 자카르타는 **정말 대단한 도시야!** 건물은 정말 좋아. 우리가 필요로 하는 모든 것은 **여기에 있어.** 아무튼, **무엇을 원하든** 있다는 거야! **만일 돈이 있다면** 말이야! 오락 장소 또한 정말 재미있어. 예로, 두니아 판타시. 나는 이미 거기에 두 번이나 갔었어. **단지 열 받는 것은,** 자카르타는 매우 막혀! 교통은 **혼잡스럽고.** 차는 많아! 그것이 그 이유야. 자카르타는 **소음으로 시끄럽고 공해가 심해.** 공기 또한 신선하지 않게 된거야. 그 외에, **쓰레기 또한** 많고 냄새가 나.

Sepertinya, masyarakat di sini **kurang menyadari kebersihan déh! Begitulah pengalamanku sebulan** di Jakarta. **Bagaimanapun juga,** aku senang senang, sih! Di sini fasilitasnya lengkap dan **serba ada. Maklum,** ibu kota negara kita, kan? Mudah mudahan **kamu enggan bosan** membaca **océhanku (omonganku) ini. Kalau sempat, balas, ya. Ceritakanlah pengalamanmu selama ini** dengan teman-teman setelah aku pindah ke Jakarta. Oh, ya, **kirim salam** untuk **keluargamu,** teman-teman dan Pak guru.

아마도, 여기 있는 주민은 **청결을 깨닫지 못하는 것 같아!** 자카르타에서 **한달의 내 경험은 이래. 어떻든 간에,** 나는 매우 즐거워. 여기는 시설이 완벽하고 **모든 게 다 있어. 알다시피,** 우리나라 수도잖아? 아무쪼록 **너가 나의 잔소리를 읽은 것을 지겨워 하지 않기를** 바라. **만일 시간이 있으면, 답해줘.** 내가 자카르타로 이사한 후 친구들과의 **이 동안 너의 경험을 얘기해봐.** 참, **가족,** 친구들 그리고 선생님에게 안부 전한다.

|심층 공부|

bergaris bawah 아래 밑줄친
berwenang, berhak ~할 권리를 갖다, 관할하다
maling, pencopét 도둑, 소매치기
mengumpulkan 소집하다, 모으다
mengerahkan 투입하다
bareng, bersama 함께
mondar-mandir, bolak-balik, hilir mudik 왔다 갔다 하다

규칙과 길 안내

1. 노새와 공중전화

Keledai dan Télépon Umum

A : Ah, iya. Aku harus meneléponnya.　　아, 그래. 난 그에게 전화해야 해.
(Keledai **celingukan mencari** télépon umum)　(노새는 공중전화를 찾으러 두리번거렸다)
Nah, itu dia!　　그래, 저기 있구나!

B : Singa sudah memakai télépon　　사자는 **이미 한 시간 넘게**
lebih dari satu jam.　　전화를 사용하고 있었어.

A : **Mengapa tidak ada** yang menegur singa?　　왜 사자를 나무라는 동물이 없어?
Itu kan télépon umum　　그것은 말이야 공중 전화지
bukan télépon pribadi.　　개인 전화가 아니잖아.

C : Apa? Menegur singa?　　뭐라고? 사자를 혼낸다고?
Kamu saja yang menegur　　그에게 할퀴어서 **멍들고 싶으면**
jika **ingin babak belur** dicakarinya.　　네가 혼내줘.

D : Lihat, **beruang saja**　　봐라, 곰도 사자를
tidak berani menegur singa.　　감히 나무라지 않잖아.

E : **Aku sebenarnya sudah kesal,**　　나는 사실 이미 짜증났지만,
tapi aku terlalu takut pada singa.　　난 사자가 너무 두려워.

A : Jika aku berhasil **membuat singa berhenti**　　만일 내가 **사자가 전화하는 것을**
menelépon, boléhkah aku menggunakan　　**멈추게 만드는데** 성공한다면,
télépon lebih dulu?　　내가 먼저 전화를 사용해도 될까?

B : Boléh, kamu boléh pakai duluan.　　그래, 너가 먼저 사용해도 돼.

keledai berpura pura duduk dan menangis di sebelah télépon. Awalnya, **singa hanya melirik saja**. Keledai semakin keras tangisnya.
그는 전화 옆에서 앉아 우는 척했다. 처음엔, **사자는 그냥 곁눈질만 했다.** 노새는 점점 강하게 울었다.

F : **Hai, kenapa kau ini,** keledai?　　야, 너 왜 그래, 노새야?

A : Maafkan aku, rajaku.

　Aku sedang sedih sekali.

F : Ya sudah, jangan menangis. Ada apa?

A : Aku sangat sedih

　dengan nasib rakyatmu itu.

　Meréka takut memintamu

　untuk berhenti menélepon.

　Padahal kamu kan raja kami.

　Kamu kan baik hati dan bijaksana.

　Kamu pasti **mau mengalah.**

— 중략 —

F : Kalian tidak perlu(usah) takut.

　Aku kan raja kalian.

　Kalau kalian ingin memakai telépon ini,

　kenapa tidak bilang?

　Aku kan baik hati dan bijaksana.

A : Ini telépon umum.

　Semua binatang tidak boléh

　seénaknya menggunakannya.

　Silakan kamu duluan beruang.

　Kamu kan sudah mengantré dari tadi.

나를 용서하세요, 나의 임금님.

저는 지금 너무 슬퍼요.

그래, 됐어, 울지 마라. 무슨 일 있어?

저는 **당신 백성들의 운명을 보고**

정말 슬픕니다.

그들은 전화를 끊도록 **당신에게**

부탁하는 것을 두려워합니다.

반면에 당신은 우리의 왕이잖아요.

당신은 마음씨 좋고 현명하잖아요.

당신은 확실히 **양보할 거예요.**

너희들은 두려워 할 필요 없어.

나는 너희들의 왕이잖아.

만일 너희가 이 전화를 사용하고

싶었다면, **왜 말하지 않았니?**

나는 마음씨 좋고 현명하잖아.

이건 공중전화입니다.

모든 동물은 **자기 마음대로**

전화를 사용해서는 안돼요.

곰, 당신 먼저 전화하세요.

당신이 전부터 이미 줄을 섰잖아요.

|심층 공부|

mendesak 밀어붙이다, 강권하다

bukan kepalang, bukan main 장난이 아니다

luar biasa 대단하다

pasal 조, 법 조항

datang ke rumah 와 pergi ke rumah 뜻이 같음, 그러나

datang ke rumah 을 더 자주 사용합니다.

membatalkan, tidak jadi 취소하다

monopoli, pemborongan 독점, 매점

akrab, karib 친한

2. 규칙간판
Papan peraturan

Di dalam stasiun ini, **dilarang membawa** benda tajam, minuman keras, **obat berbahay**a serta rokok. Di tempat umum, **ada peraturan** yang harus ditaati. **Orang yang melanggar** akan mendapat sanksi (hukuman).

이 역내에서는, 날카로운 물건, 술, **위험한 약** 그리고 담배를 **반입하는 걸 금지한다**. 공공장소에서는, 지켜야 하는 **규칙이 있다**. **어기는 사람은** 벌을 받을 것이다.

 | **sanksi, hukuman** 벌, 처벌, 형벌   **hukum** 법, 법률

|단어 공부|

mendampingi	동행하다
pérak	은
air bah, banjir	홍수
memamérkan	전시하다
meméntaskan	공연하다
menyongsong, menyambut	환영하다

3. 역에서 줄을 서다
Mengantré di Stasiun

Dua minggu yang lalu, aku, ayah dan ibu pergi ke stasiun keréta api. **Kami sekeluarga** hendak mengunjungi nénék di Yogyakarta. Setibanya di stasiun, aku ikut ayah membeli tikét (karcis). Ibu menunggu **di ruang tunggu**. Begitu sampai di lokét, ternyata sudah **banyak orang yang mengantré.**

2주 전, 나, 아버지와 어머니는 기차역으로 갔다. **우리 가족 모두는** 족자에 계시는 할머니를 방문하려고 했다. 역에 도착해서, 나는 표를 사려는 아버지를 따라갔다. 엄마는 **대합실에서** 기다렸다. 그렇게 매표소에 도착했는데, 사실 **줄을 선 사람이 이미 많았다.**

Kata ayah, **karena sedang musim liburan** maka banyak orang **yang hendak pulang kampung.** Aku dan ayah kemudian **ikut mengantré.** Saat mengantré, seorang laki-laki mendekati (menghumpiri) ayah. Laki-laki itu menawarkan

karcis pada ayah, tetapi ayah menolaknya.

아빠 말씀이, **지금 휴가철이기 때문에** 그래서 **시골로 돌아가려는** 사람이 많다고 하셨다. 나와 아빠는 그러고 나서 **함께 줄을 섰다.** 줄을 섰을 때, 한 남자가 아버지께 다가왔다. 그 남자는 아빠에게 **표를** 사라고 흥정했지만, 아빠는 거절했다.

A : Siapa laki-laki itu, yah?　　　　　　그 남자는 누구예요, 아버지?
B : Laki-laki itu **calo tikét.**　　　　　그 남자는 **암표상이야.**

Laki-laki itu kemudian **menawarkan karcis** pada orang lain. Akan tetapi, tidak ada penumpang **yang mau membeli tikét darinya.** Tidak lama kemudian, **terjadi keributan** antara calo karcis **dengan** seorang penumpang. Calo tikét itu **memaksa** penumpang untuk membeli tikét darinya. Beberapa menit kemudian, seorang polisi **datang menangkap** calo tikét itu.

그 남자는 그러고 나서 다른 사람에게 **표를** 팔려고 흥정했다. 그러나, **그에게서 표를 사려는** 승객은 없었다. 오래지 않아서, 암표상과 한 승객 사이에 **분쟁이 발생했다.** 암표상은 자기에게 표를 사도록 승객에게 **강요했다.** 몇 분 후, 한 명의 경찰이 **와서** 암표상을 **체포했다.**

A : Ayah, kenapa calo tikét itu ditangkap?　　아버지, 왜 그 암표상이 체포됐어요?
B : Calo tikét itu ditangkap　　　　　　　　그 암표상은 **법을 어겼기**
　　　karena melanggar hukum.　　　　　**때문에** 체포되었어.
　　　Dia telah menjual tikét **secara tidak resmi**　그는 이미 **불법으로**
　　　dengan harga yang lebih mahal.　　　　더 비싼 값으로 표를 팔았어.
　　　Akibatnya, penumpang **dirugikan.**　　그 결과, 승객은 **손해를 봤어.**

Setelah calo tikét itu ditangkap, suasana stasiun **kembali menjadi tenang.** Penumpang **kembali mengantré** dengan tertib. Meskipun capék, aku tetap bersabar. Ini adalah pengalaman pertamaku **ikut antré** di stasiun.

암표상이 체포된 후, 역의 분위기는 **다시 조용해졌다.** 승객은 질서 있게 **다시 줄을 섰다.** 비록 피곤했지만, 나는 여전히 참았다. 이것이 역에서 **함께 줄을 선** 나의 첫 경험이었다.

기차역에서 줄서고 암표상을 만나는 과정 잘 읽어보세요. 위 이야기 자체가 대화입니다.
　단어의 쓰임을 잘 보시고 소설 읽듯이 넘어가세요.

janda	과부
duda	홀아비
kombinasi	조합, 묶음, 조화
mengawétkan	절이다, 오래 유지시키다
kehadiran, kemunculan, kedatangan	나타남, 출현, 참석
trotoar	인도, 보도
mengganggu gugat	문제시하다, (과장) 문제를 만들다

4. 대로에서의 규칙을 지키다

Berdisiplin(menjaga peraturan) di Jalan Raya

1. **Pahami dan patuhi** rambu-rambu lalu lintas. 교통신호를 알고 준수해라.
2. Selalu gunakan trotoar **untuk berjalan kaki.** 걸어가려면 항상 인도를 이용하라.
3. Menyeberanglah **di tempat yang sudah** 이미 준비된 장소에서 건너라,
   disediakan, seperti **jembatan penyeberangan** 고가 다리나 횡단보도와
   dan **zébra cross.** 같은 장소처럼.
4. Jika menyebrang **di persimpangan** 만일 교통 신호등 교차로에서
   lampu lalu lintas(lampu merah), pastikan 건넌다면,
   lampu lalu lintas berwarna mérah. 교통 신호등이 빨간색인지 확인해라.
5. **Gunakan halte** saat menunggu bus 버스나 다른 일반 차량을
   atau **angkutan umum** lainnya. 기다릴 때에 정거장을 이용해라.
   Dengan memperhatikan aturan-aturan di atas, 위에 있는 규칙들을 주의함으로써,
   mudah-mudahan kita **bisa terhindar** 아무쪼록 우리가 사고로부터
   dari kecelakaan. 피할 수 있기를 바란다.

vérsi terbaru	새로운 버전(유행), 방식, 형태
benda penghalang	장애물
tekanan darah tinggi	고혈압
pangkalan	정박소, 선창, 부두, 저장소, 기지
pangkal, landasan	기초
iringan alat musik	악기 반주
film kartun	만화영화
seléra dan émosi	취향과 감성
awet muda, tampak muda, terlihat muda	젊어 보인다

5. 만다리 회사의 직원 규정

Tata Tertib Pegawai Perusahaan Mandiri

Sebagai tempat kerja, perusahaan ini membutuhkan suasana **tertib dan tenang.** Untuk menciptakan suasana itu, setiap pegawai **wajib menaati** hal hal di bawah ini.

작업 공간으로써, 이 회사는 **규칙적이고 조용한** 분위기가 필요하다. 그 분위기를 만들기 위하여, 모든 직원은 이 아래의 것들을 **따를 의무가** 있다.

1. **Pegawai yang berhalangan hadir**
   harus memberi kabar kepada atasan.

   출근하는데 문제가 있는 직원은
   상사에게 소식을 전해 주어야 한다.

2. Pegawai yang terlambat **boléh mengikuti pekerjaan** setelah mendapat izin dari atasan.

   늦은 직원은 상사로부터 허가를 받은 후에 **작업에 참여하는 것이 가능하다.**

3. Setiap pegawai **wajib hadir** paling lambat 10 menit sebelum mulai bekerja.

   모든 직원은 아무리 늦어도 작업 시작 10분 전에 **출근할 의무가** 있다.

4. Setiap karyawan **wajib menjaga** ketertiban di perusahaan.

   모든 직원은 회사의 규정을 **지킬 의무가** 있다.

5. Setiap karyawan **wajib menjaga** kebersihan dan keamanan.

   모든 직원은 청결과 안전을 **지킬 의무가** 있다.

6. Pakaian seragam **harus rapi dan bersih.**

   작업복은 **정결하고 깨끗해야 한다.**

7. Setiap karyawan **wajib melaksanakan** tugas perusahaan.

   모든 직원은 회사 임무를 **이행할 의무가** 있다.

8. Setiap karyawan harus melapor kepada atasan, **jika merasa pusing atau sakit.**

모든 직원은 **어지럽거나 아프면,** 상사에게 보고해야 한다.

9. Setiap karyawan harus menjaga **barang bawaan kalian masing-masing.**

모든 직원은 **각자 자기들 짐들을** 지켜야 한다.

10. **Pegawai yang melanggar tata tertib di atas** akan mendapat **peringatan** atau **teguran** dari atasan atau kepala diréktur.

위의 규칙을 어기는 직원은 상사나 사장님으로부터 **주의** 혹은 **질책을** 받을 것이다.

Demikian tata tertib ini dibuat. Semua pegawai **harap mematuhinya.**

이와 같이 이 **규칙은** 만들어졌다. 모든 직원들은 그 **규칙을** 따르기를 **바란다.**

 memastikan, menentukan 확정하다   **memastikan** 확실히 말하다, 단언하다, 확인하다

위 문장은 회사 공문 형태입니다. 잘 읽고 숙지하세요.

|단문장 공부|

mencapai, menggapai	손을 뻗다, 다다르다, 이르다
arisan	계 모임
pasién	환자
rukun, damai	화목한, 융화하는
busa	거품
mencocokkan, menyesuaikan	~을 맞추다, 어울리게 하다, 일치시키다, 비교해 보다
kadar	척도, 함량
sembuh, pulih	회복하다
pasta gigi, odol	치약
berkumur	입을 헹구다
ubin	타일

---

6. 집 주인에게 길을 묻다
Bertanya Jalan Kepada Pemilik Rumah

Ali menghampiri **mobil yang memarkir** di depan rumahnya.

알리는 자기 집 앞에 **주차한 차에** 다가갔다.

A : Bapak, tolong jangan parkir di sini.
Mobil mengganggu **jalan masuk.**

아저씨, 여기 차를 세우지 마세요.
차가 **입구를** 방해 하잖아요.
(출입구를 막고 있잖아요.)

B : Oh, ya ya… maaf!
Sebetulnya saya tidak mau parkir,
hanya mau menanyakan jalan.

오, 네 네… 미안해요!
사실 저는 차를 주차하려는 게 아니고,
그냥 길을 물어 보려고 했어요.

A : Mau tanya apa, Pak?

무엇을 물어 보려고요, 아저씨!

B : Jalan ini jalan apa ya, bu?

이 길이 무슨 길이에요, 사모님?

A : Ini jalan Margonda.

이 길은 마르곤다 거리예요.

B : Jalan Margonda?
Wah, **saya tersesat (kesasar) dong ya!**

마르곤다 거리?
와우, 제가 길을 잃어버렸나 봐요!

A : Bapak mau ke mana?

아저씨는 어디 가려고 해요?

B : Saya **mencari rumah teman**
di jalan Kelapa.
Kata teman, rumahnya dekat
dengan kantor polisi.

나는 끌라빠 거리에 있는 **친구 집을**
찾고 있어요.
친구 말로는, 그의 집은 **경찰서와**
가까이 있다고 했어요.

A : Ya, betul. **Di sana ada kantor polisi.**

네, 맞아요. **거기에** 경찰서가 있어요.

B : **Untuk ke sana bagaimana, ya?**

거길 갈려면 어떻게 해야 하나요?

A : Dari sini **bapak jalan terus saja**
sampai pertigaan, lalu **bélok kanan**
di perempatan.
Kira-kira 200m dari perempatan
ada kantor polisi.
Itu **ada di sebelah kiri.**
Jaraknya nggak jauh dari perempatan.

여기서 **아저씨는** 삼거리까지
계속 걸어가세요, 그리고 사거리에서
오른쪽으로 꺾으세요.
사거리에서 약 200m 가면
경찰서가 있어요.
경찰서는 **왼쪽 편에 있습니다.**
그 **거리는** 사거리에서부터 **멀지 않아요.**

 현지인들의 일상 회화이니 잘 숙지하세요. 많이 사용하는 회화죠.
길을 묻고 답을 들을 수 있어야겠죠? 많이 연습하세요. 중요한 대화입니다.

mendalam	깊어지다
bilas	그릇 등을 헹구다
perkembangan	경제 발전, 발전 상태
kekebalan, imunitas.	면역력
imunisasi, pengebalan	면역, 예방주사
kukuh, kuat, tangguh	강한
segitiga	삼각형
persegi panjang	직사각형
persegi	정방형의, 제곱의, 평방의

7. 길을 가르쳐 주다

Menunjukkan Jalan

Mulai dari balai désa berjalan ke arah selatan! **Jika sampai perempatan,** béloklah ke kanan! 100 méter dari perempatan **ada bélokan** ke kiri. **Jalanlah terus** sampai lapangan sépak bola. **Di seberang lapangan** itulah **letak gedung** pak Ali.

마을 사무실로부터 출발하여 남쪽으로 걸어라! 만일 사거리에 도착하면, 오른쪽으로 꺾어라! 사거리로부터 100m 지점에는 왼쪽으로 가는 **커브가 있다.** 축구장까지 **계속 걸어라.** 운동장 건너에 있는 건물이 알리 씨의 **건물 위치이다.**

Untuk menuju balai kota, ikuti petunjuk ini! Dari terminal bus **berjalanlah ke arah timur. Sampai pertigaan**, bélok ke kiri, **kira kira 200 méter** dari pertigaan, itulah **letak balai kota.**

시청으로 가기 위해서는, 이 설명서를 (지시를) 따라라! 버스 터미널로부터 **동쪽 방향으로 걸어라.** 삼거리에 도착하면, 왼쪽으로 틀어라, 삼거리에서 **약 200m를 가면,** 그곳이 **시청의 위치이다.**

8. 공원에서 자전거를 타다

Bersepéda di Taman

A : Teman-teman, **bagimana kalau**
nanti soré kita bersepéda di taman?

친구들, 오늘 오후 우리 공원에서
자전거 타는 게 **어때?**

B : Setuju!
Aku sudah lama ingin bersepéda di taman,
tetapi aku tidak tahu letaknya.

찬성이야!
나는 이미 오래전에 공원에서 자전거를
타고 싶었지만, **나는 공원 위치를 몰랐어.**

C : **Jauh tidak** dari rumahku?

내 집으로부터 **멀어 안 멀어?**

D : Aku tahu **letak taman itu.**
Taman itu tidak jauh dari rumahmu.

나는 **그 공원 위치를 알아.**
그 공원은 내 집에서 멀지 않아.

B : **Kamu gambar saja dénahnya,**
agar aku dan Mita tidak kesasar.

네가 그 약도를 그려봐,
나와 미따가 길을 잃지 않도록.

D : Letak taman itu **dekat**
dengan lokasi sekolah kita.

그 공원 위치는
우리 학교 위치와 가까워.

B : Iya, lebih baik **kamu menggambar**
dénahnya.

그래, 네가 그 **약도를 그리는** 게 낫겠다.

D : Baiklah, **aku akan menggambarkan**
dénahnya agar kalian bisa ke sana.

좋아, **내가** 너희들이 거기에
갈 수 있도록 **그 약도를 그려 줄게.**

C : Dengan dénah, aku yakin
kita tidak akan tersesat (kesasar).

약도가 있으면, 나는 우리가
길을 잃지 않을 거라고 확신한다.

|심층 공부|

film dokuménter 전쟁 기록영화
bermenung, termenung 곰곰이 생각하다, 묵상하다
terjemah, menerjemahkan 번역하다
penerjemah, translator 번역가
tidak akan memuaskan 만족을 주지 않을 것이다
asal saja, asalkan, jika saja 만일 ~이라면 이라는 뜻도 있습니다.

jangankan 말할 것도 없이
ruang auditorium 방청석
terjemahan, penerjemahan 번역

---

9. 미라 선생님 집
Rumah Ibu Guru Mira

Ibu guru Mira **tidak masuk mengajar.** Hari ini, Pak Ali **menggantikan** ibu Mira. Kata Pak Ali, ibu Mira sakit sehingga tidak bisa mengajar.

미라 선생님은 **수업하러 오지 않았다.** 오늘, 알리 선생님이 미라 선생님을 **대신했다.** 알리 선생님 말씀이, 미라 선생님은 아파서 공부를 가르칠 수 없다고 말씀했다.

A : Ibu Mira terkena demam
karena kemarin kehujanan.

미라 선생님은 **어제 비를 맞아서**
열병에 걸리셨어.

B : Kami boléh menjenguknya, Pak?

우리가 선생님을 병문안 가도 됩니까, 선생님?

A : Sepulang sekolah,
kami bisa bersama-sama ke sana.

학교를 마친 후에,
우리는 같이 그곳에 갈 수 있어.

B : Tapi, kami belum pernah
ke rumah Mira, Pak.

하지만, 우리는 아직 미라 선생님
집으로 가 본 적이 없어요, 선생님.

A : Oh, coba kalian **catat saja alamatnya.**
Rumah ibu Mira ada di Jalan Mahoni.

그래, 너희들 **선생님의 주소를 메모하거라.**
미라 선생님 집은 마호니 거리에 있어.

C : Apakah **yang berada di belakang**
pusat kebugaran itu, Pak?

건강 센터 뒤에 있는 것이
그 집입니까, 선생님?

A : Betul, kalau dari sini,
kalian harus berbélok ke kanan.
Terus saja hingga kalian melihat taman.

그래, 만일 여기에서 가면,
너희들은 오른쪽으로 꺾어야 해.
너희들은 공원이 보일 때까지 **직진해.**

Kemudian, bélok kiri. 그 후에, 왼쪽으로 꺾어라.

Di sana, kalian carilah nomor 37 C. 거기서, 너희들은 37C 번호를 찾아라.

Rumah ibu Mira **bercat putih.** 미라 선생님의 집은 **흰색으로 칠해져 있어.**

Di depannya, banyak pohon kemuning. 그 앞에는, 꺼무닝 나무가 많아.

Pagarnya **bercat hijau tua.** 그 울타리는 **짙은 녹색으로 칠해져 있어.**

C : Wah, terima kasih, Pak. 와, 고마워요, 선생님.

Tito, apakah kamu 띠또, 너는 그 약도를

sudah menggambar dénahnya? **다 그렸니?**

D : Oké. (Tito menyerahkan dénahnya.) 그래. (띠또가 그 약도를 주었다.)

C : **Nanti kita ke sana bersama sama, ya.** 나중에 우리 같이 거기로 가자.

|단문장 공부|

pidana, kriminal, kejahatan	범죄
menghambat	방해하다, 억제하다
IPK	학점
lagi-lagi	또다시, 더욱이
solusi	용해, 해결, 해답, 출처
kawasan	지역
reuni	친목회, 동창회
prospek, kemungkinan, harapan	전망, 기대, 가망, 가능성, 비전

10. 박물관으로 가는 길을 물어보다

Menanyakan Jalan ke Museum

A : Permisi, boléh saya tanya? 실례합니다, 뭘 좀 물어봐도 될까요?

Dari sini ke Museum Nasional, 여기서 모나스로 가려면,

saya harus naik apa? **무엇을 타야 합니까?**

B : Kamu naik keréta di sini 당신은 여기서 기차를 타세요

dan **turun di stasiun Gambir.** 그리고 **감비르 역에서 내리세요.**

A : Dari sana, saya naik apa lagi? 거기서, 저는 다시 무엇을 타야 하나요?

B : Dari sana, kamu jalan kaki ke arah barat. 거기서, 당신은 서쪽으로 걸어가세요.

Lalu jalan terus sampai halte bus. 그리고 버스 정거장까지 계속 걸어가세요.

Di sana kamu bisa melihat gedung **dengan patung gajah.**

거기서 당신은 **코끼리 조각상이 있는** 건물을 볼 수 있어요.

|단어 공부|

takjub, kagum	감탄하다
klien	고객, 클라이언트
kondéktur	버스 차장
berawal, bermula	시작되다
memboléhkan, mengizinkan	허락하다
rekan, mitra, partner	동료, 동업자

교통, 교통사고, 부상 등

1. 도로 이용자는 교통질서를 지켜야 한다

Pemakai Jalan Harus Mematuhi Peraturan

Semua pemakai jalan mematuhi peraturan. Banyak pengendara **yang tidak mematuhi rambu rambu lalu lintas.** Akibatnya, sering terjadi kemacétan di jalan raya. **Tidak hanya pengendara saja** yang harus tertib. **Pejalan kaki** juga harus **berjalan** dan **menyeberang** di tempat yang sudah disediakan, seperti **di jembatan penyebrangan** dan **zebra cross.**

모든 도로 이용자는 규칙을 따른다. 교통 신호표시를 지키지 않는 운전자는 많다. 그 결과, 대로에서 자주 체증이 발생한다. 규칙을 지켜야 하는 사람은 **운전자뿐만 아니다.** 보행자는 또한 이미 준비된 장소에서 **걷고 건너야** 한다, 육교나 **횡단보도와** 같은.

Pengendara sepéda motor **tewas seketika** di lintasan keréta api. **Tepatnya** di lintasan keréta api jalan Blok D, Senin kemarin. Kecelakaan ini adalah **yang kedua kalinya dalam bulan ini** di lintasan yang sama. Pengendara sepéda motor **yang nahas (naas) itu** meninggal seketika **di tempat kejadian.** Sepéda motornya hancur. **Kecelakaan tersebut terjadi** karena kesalahan pengendara sepéda motor. Pengendara sepéda motor itu **nékat léwat** meskipun **pintu lintasan keréta** telah ditutup.

오토바이 운전자가 기차 건널목에서 **급사했다.** 정확히 말하면 지난 월요일, D 블록 길 기차 건널목에서. 같은 건널목에서의 이 사고는 **이번 달에만 두 번째이다.** 그 불쌍한 오토바이 운전자는 **사고 장소에서** 즉사했다. 오토바이는 박살 났다. 그 사고는 오토바이 운전자의 잘못으로 **발생했다.** 오토바이 운전자는 **열차 건널목 문이** 이미 닫혔는데도 불구하고 **무모하게 건넜다.**

bercanda, bersenda gurau	농담하다
hutang, utang	채무, 외상
mengandung, hamil	임신하다
bunting	(동물이) 새끼를 가진
rawa, semak	늪
asam, kecut	시큼한

2. 폭죽 놀이

Permainan Petasan

Saat menyalakan petasan, tiba tiba **petasan itu meledak.** Ledakannya **mengenai tangannya.** Tangannya **berlumuran darah.** Aku takut **mengalami peristiwa** seperti temanku. Sekarang aku hanya suka **permainan lain. Hanya kadang kadang saja.**

화약에 불을 붙였을 때, 갑자기 **화약이 폭발했다.** 그 폭발은 **그의 손을 관통했다.** 그의 손은 **피범벅이 됐다.** 나는 친구와 **같은 일을 경험하기가** 두려웠다. 지금 나는 그냥 **다른 놀이를 좋아한다. 그냥 가끔 할 뿐이다.**

pelopor	개척자
sambutan	연설, 영접
komunitas	사회, 사회 공동체
hutan lindung	보호림
terpusat, terfokus	집중되다
narapidana, penjahat	죄수
ditunda, diundur	연기되다

3. 우리의 천막이 거의 불탈 뻔했다

Ténda Kami Hampir Terbakar

A : Win, Kemarin malam **ténda kami
hampir terbakar (kebakaran).**

B : Ih, seram! Apa penyebabnya?

A : Ya, gara-gara kompor minyak **meledak.**
Kompor itu ada **di samping ténda.**
Nah, apa yang harus kita lakukan
kalau terjadi kebakaran seperti itu?

B : Ya, **mematikan api** dengan air.

A : Dengan air? **Apakah tidak berbahaya?**

B : Maksudku, **basahi karung** atau **handuk**
dengan air.
Kemudian, **tutupkan** karung atau
handuk basah itu ke atas kompor.

A : Bagaimana kalau **tidak ada air?**

B : **Gunakan** pasir atau tanah.

A : Wah, kamu benar-benar pintar, déh!
Apa yang harus kita lakukan
agar ténda kita bébas
dari gangguan binatang seperti ular?

B : **Taburkan saja garam** di sekitar kémah.

A : Ih, kamu tahu saja, sih!

윈, 어젯밤 **우리의 천막이**
거의 불탈 뻔했어.

으, 으스스하다! 그 이유가 뭐야?

가스레인지가 **폭발했기** 때문이야.
그 스토브는 천막 옆에 있었어.
그러면, **그와 같은 화재가 발생하면**
우리가 무엇을 해야 하니?

그래, 물로 **불을 꺼.**

물을 가지고? **위험하지 않아?**

내 뜻은, 자루나 수건을
물로 **적시라는 거야.**

그런 후, 그 젖은 자루나 수건을
가스레인지 위로 **덮으라는 거야.**

물이 없으면 어떻게 하니?

모래나 흙을 **사용해.**

와, 너는 정말로 똑똑하구나!
우리의 천막이 뱀과 같은
동물의 방해로부터 피하려면
우리가 해야 할 것이 무엇이니?

천막 주위에 **소금을 뿌리도록 해.**

와, 너 또한 알고 있네!

---

meledak, meletus 폭발하다   **taburkan** 뿌려라
mengadukan 이의를 제기하다, 제소하다, 고소하다

4. 택시를 타다

Naik Taksi

A : Selamat siang bu. Mau ke mana?
   (Tujuannya ke mana?)

B : Ke mall Senayan City. Bapak tahu kan?

   Kira-kira dari sini berapa lama?

A : Maaf bu. Saya belum tahu.
   Kebetulan **saya baru bekerja.**
   Tapi katanya, kalau tidak macet
   biasanya sekitar 1 jam.

B : **Mana yang lebih cepat,**
   jalan tol atau jalan biasa?

A : Léwat tol lebih cepat **jika tidak macet.**
   Bu mau léwat tol atau jalan biasa?

B : Iya, **kalau gitu** léwat tol saja.
   Bapak tahu stasiun Cawang?

A : Ya, tahu.

B : Kita pergi sampai stasiun Cawang dulu.
   Di sana tolong tanyakan **orang lain ya.**

안녕하세요. 어디 가세요?
(목적지가 어디세요?)

스나얀 시티 몰로 가주세요.
아저씨 아세요?

여기서 **대략** 얼마나 걸려요?

미안해요. 사모님. 아직 몰라요.
사실, **일 시작한 지 얼마 안 됐어요.**
하지만, 만일 안 막히면
보통 약 한 시간 걸린대요.

어디가 더 빨라요,
고속도로 또는 일반 도로?

막히지 않는다면 톨을 지나면 더 빠르죠.
고속도로 갈까요 일반 도로로 갈까요?

네, **그러시면** 고속도로로 가요.
아저씨 짜왕 역 아세요?

네, 알아요.

먼저 우리는 짜왕역까지 갑시다.
거기서 **다른 사람에게** 물어 보세요.

인도네시아어는 내가 뭘 하겠다고 표현할 때 본인을 강조하기 위해 주어+ **yang** +동사 문장형태로 많이 표현합니다.

Nanti Aku yang jelaskan. (나중에 내가 설명 할 것이다. 설명할 사람은 나다)

이 문장처럼 많이 사용하고 매우 중요합니다. 우리 언어와 다른 부분이죠. 이런 경우 **yang** 은 없다고 생각하고 해석하세요. 아무튼 문장 속에서 **yang** 단어는 없다고 생각하고 해석할 때가 많습니다.

Aku **yang** traktir.	한 턱 내는 사람은 나야. (내가 한 턱 낼게.)
Aku **yang** mengantar kamu.	널 바래다 주는 사람은 나야. (내가 널 바래다 줄게)

|단어 공부|

sobék, robék	어진
berdampingan, bersebelahan	나란히 하다, 인접하다
perkiraan	추측, 생각
murung	슬픈, 우울한
anjuran, saran, usul	제안
écéran	소매
grosir	도매
bangsawan	귀족
kebangsawan	귀족사회, 국적

---

5. 교통 정보 프로
Acara Info Lalu Lintas

Penyiar di stasiun radio swasta sedang membawakan acara informasi kemacetan lalu lintas.
사립 라디오 방송국에서 진행자가 교통 체증 정보 프로를 전달하고 있다.

A : Selamat soré, para pendengar Radio Dépok 안녕하세요, 데뽁 라디오 시청자 여러분.
    Di sini, saya Anton akan menemani   여기서, 저 안톤은 여러분들과 함께
    Anda sekalian selama 40 menit   교통 정보 프로에서
    dalam acara info lalu lintas.   40 분 동안 **함께 할 것입니다.**
    Seperti biasa, **saya menunggu**   여느 때처럼, **저는** 7474673 번호에서
    partisipasi Anda sekalian di 7474673.   **여러분들의 참여를 기다립니다.**

A : Ya.. Selamat soré, **dengan siapa, nih?**

예…. 안녕하세요, **누구세요?**

B : Ya, selamat soré.
Ini dari Ali **di jalan Margonda.**

네, 안녕하세요.
마르곤다 길에 있는 알리라고 합니다.

A : Ya, silakan Bapak Ali.

네, 시작해 보세요 알리 선생님.

B : Ya. Lalu Lintas di sini **agak macet,**
terutama **di lampu mérah**
ke arah Pasar Minggu.
Selain itu, **mulai gerimis nih.**

네. 여기의 교통은 **조금 막힙니다,**
특히 빠사르 밍구 방향으로 가는
교통 신호등에서요.
그 외에, **이슬비가 내리기 시작합니다.**

A : Pak Ali, **dari mana** dan
hendak ke mana?

알리 선생님, **어디서 오셨고**
어디로 가시려 합니까?

B : **Saya dari Bogor**, menuju daérah Cawang.

저는 보고르에서 왔고, 짜왕 지역을 향합니다.

A : Terima kasih **atas infonya,**
hati-hati di jalan ya.

정보에 대해서 감사합니다,
길 조심하세요.

— Kring···kring —

A : Halo! Selamat soré. **Anton di sini**
Siapa nih?

여보세요! 안녕하세요. **여긴 안톤입니다.**
누구십니까?

B : Saya Ressi nih, Bang Anton.

저는 레시에요, 안톤 씨.

A : Ya. Bu Ressi.

네. 레시 사모님.

B : Saya ada di Jalan Sudirman, **mau**
menginformasikan situasi di jalan ini.

저는 수디르만 길에 있고요,
이 길에서의 **상황을 전달하려고 합니다.**

A : Ya, silakan Bu Ressi.

네, 전해 주세요 사모님.

B : Wah, di sini **macet total.**
Ada tabrakan di depan kantor polisi.

와, 여기는 **완전 막혔어요.**
경찰서 앞에서 **충돌이 있었어요.**

A : Tabrakan apa Bu?

무슨 충돌요 사모님?

B : **Saya belum tahu pasti,** tapi sepertinya
mobil pribadi dengan **bus kota.**
Dan sepéda motor dan juga truk ya

저는 아직 확실히 알수 없지만,
아마도 자가용과 시내버스인 것 같아요.
그리고 오토바이와 트럭도 있는 것 같아요.

A : Halo.. halo.
Ibu masih ada di lokasi kejadian?

여보세요..여보세요.
사모님은 여전히 사고 현장에 **계십니까?**

B : Ya··· ya, masih ada di sini.
Di sini semua kendaraan

네… 네, 여전히 여기 있어요.
여긴 모든 자동차가

nggak bisa bergerak karena
jalan diblokir aparat kepolisian.
Jadi, jika para pendengar
yang hendak pulang, **sebaiknya
menghindari Jalan Sudirman.**
Khususnya di sekitar Jembatan Semanggi.

움직일 수가 없어요 왜냐하면
경찰 요원이 길을 봉쇄했기 때문이에요.
그래서, 만일 돌아가시려는 청취자
분들은, **수디르만 길을**
피하시는 게 좋습니다.
특히 스망기 육교 근처에서요.

A : Baiklah. Ibu Ressi terima kasih
atas informasinya.

좋습니다. 사모님
정보 감사합니다.

B : Sama-sama!

천만에요!

A : Ya. Nah, pendengar, **kita selingi dulu**
acara ini **dengan sebuah lagu**
yang cukup romantis.
Lagu ini saya kirimkan untuk semua
pendengar Radio Dépok.
Baik yang sudah berada di rumah
maupun yang masih berada di jalan.
Bagi para pendengar **yang masih berada**
di jalan berhati-hatilah dan jangan lupa
gunakan **sabuk pengamanan** Anda.

네. 자, 시청자 여러분,
우리는 매우 낭만적인 **한 곡의 노래로** 이 프로를
먼저 대신 하겠습니다(잠시 끼워 넣겠습니다).
이 노래를 제가 라디오 데뽁 모든 청취자
분들을 위하여 **보내 드리겠습니다.**
아직도 집에 계시는 분 **뿐만 아니라**
여전히 길에 계시는 분 **들까지도.**
아직도 길에 계시는 시청자분들은
조심하시고 당신의 **안전 벨트를**
사용하는 것을 잊지 마세요.

\# TV 뉴스나 교통 방송 라디오를 들으면 이런 표현이 자주 나옵니다. 잘 숙지하셔서 여러분들이 알아 들을 수 있다면 얼마나 기분이 좋을까요?

|단어 공부|

serupa, mirip	닮은, 같은
mayoritas, semua, seluruh	대부분, 많은
kian lama kian	~할수록
gunung berapi	화산
puting susu sapi	소 젖꼭지
sakit jantung	심장병

6. 교통 체증

Kepadatan Lalu Lintas

Makin hari **kendaraan makin bertambah**. Akhirnya, jalan raya semakin ramai. **Apalagi pada waktu sibuk**, yaitu sekitar pukul 7.00-8.00. Pada saat itu **lalu lintas** sangat padat. **Kepadatan lalu lintas** disebabkan oléh banyaknya kendaraan **yang bersamaan waktu** dan **tujuannya**. Ada yang ingin pergi ke sekolah, ke kantor, maupun ke pasar. Setelah pukul delapan, kepadatan lalu lintas mulai berkurang.

날이 갈수록 **차량은 점점 늘어났다.** 결국, 큰길은 점점 복잡해졌다. **더욱이 바쁜 시간에**, 예로 대략 7시에서 8시. 그때에는 **교통이** 매우 복잡하다. **교통 체증은 목적지와 같은 시간대의** 차량의 증가가 원인이 된다. 학교에 가려는 사람과 사무실 그리고 시장에 가려는 사람도 있다. 8시 이후에는, 교통 체증은 줄어들기 시작한다.

Para pemakai jalan sudah sampai di tempat tujuannya. **Kepadatan lalu lintas** akan terjadi lagi **saat para pemakai jalan mulai pulang.** Hal ini terjadi pada pukul 13.00-14.00 dan pukul 15.00-17.00. Oléh karena itu, kita harus berhati-hati di jalan raya. Apalagi bagi kalian **yang tinggal di kota besar** selalu ingatlah pepatah **"biar lambat asal selamat."**

모든 도로 이용자들은 목적지에 도착했다. **도로 이용자가 돌아가기 시작할 때 교통 체증은** 다시 발생할 것이다. 이 현상은 1시~2시 그리고 3시~5시 사이에 일어날 것이다. 그래서, 우리는 도로에서 조심해야 한다. 더욱이 **큰 도시에 사는** 여러분은 속담을 항상 생각하라 **"안전하다면 늦어도 좋다."**

|단어 공부|

latar belakang	뒷 배경
tanah pertanian	농경지
melarikan diri (menyelamatkan diri)	달아나다, 자신을 구하다
pola	견본, 틀
berat badan	몸무게
tinggi badan	키
menuntun	인도하다, 자전거 끌다
pencemaran, polusi	공해

7. 기차를 타는 즐거움

Asyiknya Naik Keréta Api

A : **Mana** ayah dan ibu kalian?

너희 엄마 아빠는 **어디 계시니?**

B : Belum pulang dari kantor.

사무실에서 아직 안 돌아오셨어요.

Mungkin sebentar lagi.

아마 조금 후에 오실 거예요.

C : **Paman naik apa** dari Semarang?

삼촌은 스마랑에서 무엇을 타고 오셨어요?

A : Paman naik keréta api

삼촌은 더 빨리 도착하려고

agar lebih cepat sampai.

기차를 탔어.

Kan, keréta api tidak mengenal

기차는 말이야 **신호등도**

lampu mérah dan **macét.**

막힘도 모르잖아.

B : Kenapa tidak naik bus, paman?

왜 버스를 타지 않으셨어요, 삼촌?

C : Wah, **Wita ketinggalan zaman, nih!**

와, **위따는 시대에 뒤 쳐졌구만!**

Keréta api sekarang **sudah dilengkapi**

지금 기차는 TV와 비디오가

dengan TV dan Vidéo.

이미 갖춰졌어.

A : **Betul** kata Dimas, Wit.

디마스의 말이 **맞아.**

B : **Jika di keréta** kita lapar bagaimana?

만일 기차에서 우리가 배가 고프면 어떻게

해요?

C : Gampang, kok, Wit.

쉽지.

Kita tinggal pesan makanan

우리는 우리가 원하는

yang kita inginkan.

음식을 주문하는 거야.

Di keréta api **ada gerbong khusus**

열차에는 음식을 파는

yang menjual makanan.

특별 열차 칸이 있어.

Gerbong restorasi namanya, betul, paman?

식당 칸이 그 이름이야, 그렇죠, 삼촌?

A : Betul sekali!

정말 맞아!

B : **Paman tidak takut**

삼촌은 열차가 충돌할까 봐

jika keréta api bertabrakan?

두렵지 않으세요?

A : Keréta api telah diatur

열차는 이미 근무자가

dengan cermat oléh petugas.

세밀하게 관리해.

B : Wit, **nanti dilanjutkan lagi** bertanyanya.

윗, **나중에 다시 질문을 이어나가자.**

Paman, kan, harus istirahat dulu.

삼촌은 먼저 쉬어야 하잖아.

Paman, silakan istirahat di dalam.

삼촌, 안에서 쉬세요.

8. 일반열차와 급행열차

Keréta Ékonomi dan Eksprés

Aku lebih suka naik keréta ékonomi daripada keréta éksprés. Karena keréta ékonomi bisa berhenti di setiap stasiun. Keréta eksprés **hanya berhenti di stasiun tertentu saja.** Maka aku **jadi tahu** nama nama stasiun yang diléwati.

나는 급행 열차를 타는 것보다 일반 열차를 타는 것을 좋아한다. 왜냐하면 일반 열차는 각 역에서 멈출 수 있기 때문이다. 급행 열차는 **오로지 특정한 역에서만 멈출 뿐이다.** 그래서 나는 지나가는 역 이름들을 **알게 된다.**

9. 교통
Transportasi

Dengan pesawat, **perjalanan jauh** dapat ditempuh dalam waktu singkat.

비행기를 타면, **먼 여정을** 짧은 시간 안에 통과할 수 있다.

A : Sekarang ini **kita mudah bepergian.**　　　　현재는 우리가 **쉽게 여행 하는 거야.**
　　Ketika ibu masih kecil,　　　　　　　　　　엄마가 어릴 땐,
　　penerbangan ke Jogja belum ada.　　　　**족자로 가는 항공은** 아직 없었었어.
　　Untunglah sekarang transportasi **sudah maju.**　다행히 지금 교통이 **이미 발전했지.**
B : Bahkan, **penerbangan ke tempat terpencil pun**더욱이, **외곽 지역으로 가는 비행도**
　　sudah dapat dilakukan.　　　　　　　　　　이미 운행되고 있어.
　　Mudah mudahan　　　　　　　　　　　　아무튼 교통이
　　transportasi terus akan berkembang.　　　　계속 발전하기를.

|심층 공부|

celupkan 담그다
seperti di bawah ini, seperti berikut ini 아래와 같이, 아래처럼

kebun binatang 동물원	kebun buah 과일 농장
kebun bunga 정원	mem-PHK, memecat 해고하다
mengomprés 찜질하다	menanak, memasak 밥을 짓다
sandang pangan 의복과 음식	telanjang, bugil 나체, 벌거벗은
pesangon 퇴직금	pensiun 퇴직, 은퇴

병원 관련 대화

1. 의사의 처방전
Resép Dokter

Seorang nénék **dibawa cucunya** ke dokter. Sudah dua hari, ia demam. Sesudah memeriksa, nénék mendapat obat. Dokter memberi nasihat kepada cucu nénék itu.

손녀가 할머니를 의사에게 **모시고 갔다.** 이미 이틀 동안, 할머닌 열이 있었다. 의사의 진찰을 받은 후, 할머니께선 약을 받으셨다. 의사는 할머니의 손녀에게 주의를 주었다.

A : Neng, **hati-hati.**　　　　　　　　아가씨, **주의하세요.**

　　Ini **obat keras.**　　　　　　　　이것은 **독한 약**이에요.

　　Baca dulu **aturan pakainya**　　할머니께 드리기 전에

　　sebelum diberikan kepada nénék.　**사용 지침서**를 먼저 읽으세요.

 pakainya 동사에 **nya**가 붙어서 명사가 됐어요. 이런 경우는 문장속에서 자주 있으니 주의해서 보세요.

|심층 공부|

kontrak kerja 고용 계약, 근로 계약　　　　mempekerjakan 고용하다

menggaji 봉급을 주다　　　　　　　　　mengusahakan, berusaha 노력하다

terserang, terkena 당하다, ~에 걸리다　　menyerobot 줄을 새치기하다

menyodorkan, menyerahkan 내밀다, 넘겨주다, 제시하다

sekitar, seputar, sekeliling 주변

---

2. 치통
Sakit Gigi

A : Halo, selamat soré. Di sini Irma.
　　Apakah saya bisa bicara dengan paman?

B : Hai, Irma. Ini aku. Apa kabarmu?

A : Hai, Wi. Aku sedang sakit gigi nih.
　　Ayahmu ada?

B : Ada. Tunggu sebentar, ya.
　　Aku **panggilkan** dulu.

C : Halo, Irma. Ada apa, sayang?

A : Paman, aku sakit gigi.
　　Ayah dan ibu tidak ada di rumah.
　　Aku tidak tahu bagaimana caranya
　　mengurangi rasa sakit gigiku.

C : Apakah sudah lama kamu sakit gigi?

A : Tidak, paman.
　　Baru tadi, sewaktu aku makan siang.
　　Tidak begitu sakit sih,
　　tapi mengganggguku.

C : Walaupun tidak begitu sakit,
　　kamu harus periksa ke dokter.

A : Baik, paman.

C : Nanti, jika ayah dan ibumu sudah pulang,
　　segera periksa ke dokter.
　　Jangan lupa, setelah sembuh,
　　rawatlah gigimu baik-baik (dengan baik)
　　dan rajinlah menggosok gigi.

── Di rumah sakit ── 병원에서

A : Lalu, bagaimana cara mencegah
　　sakit gigi, dok?

D : **Salah satu cara mencegah sakit gigi**
　　adalah dengan menggosok gigi

여보세요, 안녕하세요. 전 이르마예요.
저는 삼촌과 통화할 수 있나요?

안녕, 이르마. 나야. 너 어떻게 지내니?

안녕, 위. 나는 이가 아파.
너의 아버지 계시니?

계셔. 잠깐 기다려라.
내가 먼저 **불러 줄게**.

여보세요, 이르마. 무슨 일 있니, 애야?

삼촌, 저 이가 아파요.
엄마 아빠 집에 없어요.
저는 치통을 줄이는
방법을 몰라요.

오랫동안 너는 이가 아팠니?

아뇨, 삼촌.
바로 조금 전, 제가 점심 먹을 때요.
그렇게 심하게 아픈 건 아니에요,
하지만 나를 힘들게 해요.

비록 심하게 아프지 않아도,
너는 의사에게 검사 받아야 해.

알았어요, 삼촌.

나중에, 아빠 엄마가 돌아오시면,
즉시 병원으로 가서 검사 받거라.
잊지마, 낫고 난 뒤,
넌 이를 잘 관리해야 해
그리고 이를 부지런히 닦거라.

그리고, 치통을 예방하는
방법은 어떻게 됩니까, 선생님?

치통을 예방하는 방법 중에 하나는
이를 올바르게

secara benar dan teratur.
규칙적으로 닦는 것입니다.

Menurut ilmu kedokteran,
치의학에 의하면,

menggosok gigi sebaiknya dilakukan
setelah makan dan sebelum tidur.
이를 닦는 것은 식사 후 그리고
자기 전에 하는 게 좋습니다.

Tetapi, harus diingat!
그러나, 기억해야 해요!

Jangan langsung menggosok
begitu selesai makan.
식사를 끝내자마자
바로 이를 닦지는 마세요.

Tunggu hingga 20 sampai 30 menit
setelah selesai makan.
식사 후 20 분에서30 분까지
기다리세요.

A : Mémang kenapa, dok?
정말 왜 그렇죠, 선생님?

D : Karena setelah makan **mulut kita**
dalam keadaan asam.
식사 후에는 **우리 입이**
산성 상태에 있기 때문이에요.

Menggosok gigi pada saat mulut dalam
keadaan asam **dapat menambah**
kerusakan permukaan gigi.
입이 산성 상태에서 이를 닦으면
치아의 표면 손상을
증가 시킬 수 있습니다.

Bagaimana, Ali? Kamu sudah mengerti?
어때요, 알리 씨? 당신은 이해하셨죠?

A : Sudah, Dok.
네, 선생님.

Dokter kemudian memberikan obat
untuk menghilangkan rasa sakit gigi Ali.
의사는 그 후 **알리의 치통을 없애기**
위하여 약을 주었다.

Dokter **meminta Ali untuk kembali lagi**
setelah sakit giginya hilang
karena gigi Ali harus ditambal.
의사는 알리에게 치통이 사라진 후에
다시 내원하도록 당부했다
알리의 이를 때워야 하기 때문이다.

|심층 공부|

stémpel, cap 도장, 고무인, 인장
pantat 엉덩이
gerangan 도대체, 대관절
bikinan, buatan 상품, 만든 것
layak, patut, pantas 합당한, 적당한

jemuran 건조물, 세탁물
gusar, marah 화를 내는
seisi rumah 집 거주인 전부
berdatangan 몰려들다

3. 예방 접종에 참여하다

Mengikuti Imunisasi

Seluruh pegawai **harus mengikuti imunisasi BIAS** pada hari Senin.
Kegiatan ini dimulai pukul 8 di ruang UKS.

모든 직원은 월요일 BIAS 예방 접종을 참여해야 한다.
이 일정은 보건소에서 8시에 시작된다.

Pegawai yang tidak hadir pada hari itu dapat mengikuti **imunisasi susulan** pada hari Selasa di tempat yang sama.

그 날에 참석하지 못한 직원은 같은 장소에서 화요일 날 **보충 예방접종**에 참여할 수 있다.

|심층 공부|

lumbung, gudang 창고 tanpa henti siang malam 밤낮을 쉬는 것 없이
bahu membahu 어깨동무하면서
Meréka diliputi rasa takut 그들은 두려움에 휩싸였다
hingga hancur berkeping-keping, cterpotong-potong 산산 조각나서 부서질 때까지

10

병과 약에 대하여

1. 열병의 증상

Gejala Demam Berdarah

Penyakit demam berdarah **disebabkan oleh nyamuk.** Nyamuk ini **berkembang biak** di air yang jernih. **Gejala demam berdarah** adalah suhu badan tinggi, tidak turun selama tiga hari, **dan timbul bintik merah** pada bagian tubuh. **Jika ada gejala gejala tersebut,** segera periksakan ke dokter. **Untuk menghindari penyakit ini** harus hati hati. Nyamuk adalah **serangga** yang paling banyak menyebabkan penyakit.

열병은 **모기가 원인이 된다.** 이 모기는 깨끗한 물에서 **번식한다. 열병의 증상은** 체온이 높고, 3일 동안 열이 내리지 않고, 신체 부분에 붉은 **반점이 나타난다.** 만일 그런 증상들이 있으면, 즉시 의사에게 검사 받아라. **이 질병을 피하기 위하여** 조심해야 한다. 모기는 질병의 가장 많은 원인이 되는 **곤충이** 다.

 bintik, bercak 반점 **berkembang biak** 번식하다 **wajah, muka** 얼굴
tubuh, badan 신체, 몸 **mengakibatkan, menyebabkan** ~의 원인이 되다

|단어 공부|

muntah	토하다
ludah	침, 타액
menata, mengatur	정리하다
pilek, flu	감기
menghidangkan, menyajikan	음식을 차리다, 음식을 대접하다
sumpit	젓가락
sendok	숟가락
tumbang, roboh	넘어지다
ampun	**용서**란 뜻도 있고, **아, 어머, 에게**라는 감탄사의 뜻도 있습니다.
translator, penerjemah	번역가
S-1 학사과정 S-2 석사과정 S-3 박사과정	

2. 박테리아의 기능
Fungsi Baktéri

Tubuh kita sebenarnya dipenuhi oléh baktéri. **Jangan takut dulu!** Pasti teman-teman membayangkan **semua baktéri penyebab penyakit.** Padahal tidak semua baktéri itu jahat. Tidak semua baktéri itu **bikin kita sakit.** Ada juga baktéri yang berguna. **Kalau kita intip lewat mikroskop,** ada yang bentuknya seperti tongkat. Akan tetapi, tidak semua baktéri **bentuknya sama.** Ada yang bentuknya bulat, ada juga yang seperti koma (titik). **Apapun bentuknya,** baktéri itu **merupakan makhluk hidup yang terdiri dari satu sél. Waktu masih dalam perut ibu**, tubuh kita bébas dari baktéri. **Namun begitu dilahirkan,** tubuh kita mulai berhubungan dengan dunia luar.

우리 몸은 사실 박테리아로 채워져 있다. 먼저 두려워 하지 마라! 여전히 친구들은 모든 박테리아가 병의 원인이라고 상상한다. 반면에, 그 모든 박테리아가 나쁜 것은 아니다. 그 모든 박테리아가 우리를 아프게 만들지 않는다. 유효한 박테리아도 있다. 만일 우리가 현미경을 통하여 살펴본다면, 형태가 지 팡이 같은 것이 있다. 그러나, 모든 박테리아는 그 형태가 같은 건 아니다. 형태가 둥근 것도 있고, 점 처럼 생긴 것도 있다. 형태가 무엇이든, 그 박테리아는 하나의 세포로 구성된 생물이다. 엄마의 뱃속 에 있을 적에, 우리 몸은 박테리아로부터 벗어나 있다. 그러나 태어나자마자, 우리 몸은 바깥세상과 연관되기 시작한다.

|심층 공부|

cara, tips 방법	takjub, kagum 감탄하다
basi, busuk 썩은 부패한	berunding, berdiskusi 협의하다
hadapan, depan ~앞에	beban 부담, 짐
menyebut 언급하다	menyatakan, menjelaskan, menerangkan 설명하다
mengartikan 의미를 설명하다	riuh rendah 난리법석, 어수선한
menghina, memaki, mencaci, merendahkan, mengéjék 깔보다, 무시하다, 모욕하다	

---

3. 약국에서
Di Apotek

A : Permisi, Jual obat diaré? 실례합니다, 설사약 파나요?

B : Diarénya **sudah sejak kapan,** Pak? 설사는 **언제부터 했죠?**

A : **Sejak kemarin** sampai hari ini. 어제부터 오늘까지요.

B : Pakai Norit saja ya, Pak. 노리트를 사용하세요.

A : **Obat ini bagus** untuk diaré? **이 약은 설사에 좋습니까?**

B : Iya, obat ini **ampuh**, Pak. 네, 이 약은 **효능이 있어요.**

A : Oh, ya. Saya mau Noritnya satu. 네, 노리트 하나 주세요.

B : **Cara minumnya** 2 tablét sesudah makan, **복용 방법은** 식후 2알씩 드세요,
    3 kali sehari. **Tapi kalau sudah sembuh**, 하루에 세 번씩. **그러나 만일 회복되시면,**
    dihentikan saja pemakaiannya. 사용을 중지하세요.
    Jangan lupa juga **물을 많이 마시는 것** 또한
    minum air putih yang banyak. 잊지 마세요.

A : Baik, Terima kasih. 네, 감사합니다.

B : Sama-sama, Pak. 천만에요.
    Semoga cepat sembuh. 빨리 쾌유하시길 바랍니다.

 mujarab, manjur, ampuh, mustajab 효험있는, 효력있는
약국에서의 대화 방법입니다.

|심층 공부|

saya kira, saya rasa, menurut saya   내 생각에는 ~라고 생각하다
Baik A maupun B   ~뿐 아니라 ~도
berusaha dengan keras, berusaha sebaik mungkin,
kerjakan sebaik-baiknya   최선을 다하다

---

4. 암에 걸리다
Sakit Kanker

Réssi dan Ali, teman sekantor, sedang berbicara tentang Lili.

한 회사 친구인 레시와 알리는 릴리에 대해서 얘기하고 있다.

A : Éh, Réssi, kamu ingat Lili? 어이, 레시, 너 릴리를 기억하니?
    Sahabatku **waktu SMP.** **고등학교 때** 내 친구.

B : Iya aku ingat, kenapa? 그래 나는 기억해, 왜?

A : Dia kena kanker otak. 그가 뇌암에 걸렸대.

B : Kanker apa? Otak? 무슨 암? 뇌암?

Yang benar Réssi? (benarkah Ressi)

레시 정말이니?

Kata siapa?

누구의 말이니?

A : Iya, kanker otak, **stadium 4.**

그래, 뇌암, **4기.**

Kemarin, aku ketemu suaminya.

어제, 나는 그의 남편을 만났어.

B : Ya, ampun, kasihan sekali.

그렇구나, 아이고, 너무 불쌍해.

Gimana keadaannya sekarang?

지금 그의 상태가 어떠하대?

A : Tiga bulan yang lalu, dia dioperasi.

3개월 전에, 그는 수술 받았대.

Sekarang dia **sedang menjalani kémoterapi.**

지금 그는 **항암 치료를 받는 중이래.**

B : Pasti rambutnya rontok, ya!

확실히 그의 머리가 빠졌을 거야!

A : Ya, rambutnya gundul, badannya kurus.

그래, 머리는 대머리이고, 몸은 말랐어.

B : Sejak kapan dia sakit?

언제부터 그는 아팠어?

A : Baru beberapa bulan yang lalu **ketahuan**

바로 몇 달 전에 **알게 되었대**

kalau dia kena kanker otak.

그가 뇌암에 걸렸다는 것을.

B : Terlambat tahu ya.

늦게 알았구나 야.

A : Iya terlambat.

그래 너무 늦었지.

Katanya, sebelumnya dia tidak ada

그가 말하길, 그전에는

gejala-gejala yang khusus,

그는 특별한 증상들이 없었대,

kecuali sakit kepala.

머리가 아픈 것 외엔.

B : Pasti **dia tidak menganggap serius**

확실히 그는 머리 아픈 것을

sakit kepalanya, ya.

심각하게 생각 안 했을 거야.

A : Iya…éh, **antar aku** menjenguk dia, Yuk!

그래, **나를 데리고** 그를 병문안 가자!

B : Boléh, kapan?

그래, 언제?

|단어 공부|

lemah lembut	부드러운
melibatkan	연루시키다
kalau mungkin, kalau bisa	가능하다면, 할 수 있다면
sambil tiduran	누워서
buka sepatu, lepas sepatu	신발을 벗다
ganti baju, ganti pakaian	옷을 갈아입다
mengedarkan kupon	쿠폰을 돌리다
mencari dana(sumbangan)	기부금을 구하다

5. 전문 상담사와 인터뷰

Wawancara dengan Ahli Konsultan

A : **Apakah ada pertanyaan?**　　　　질문 있습니까?

Bapak yang duduk di sana **silakan berdiri.**　　저기 앉아 계시는 선생님 **일어나 주십시오.**

B : Saya Ali dari Dépok.　　　　저는 데뽁에서 온 알리라고 합니다.

Saya ingin bertanya **tentang obat palsu.**　　저는 **가짜 약에 대해서** 질문하고 싶습니다.

Dua minggu yang lalu, saya sakit perut.　　이주 전, 저는 배가 아팠습니다.

Kemudian minum obat **yang dijual bébas.**　　그리고 나서 **아무데나 파는** 약을 먹었습니다.

Tapi, sampai sekarang belum sembuh.　　하지만, 지금까지 아직도 낫지 않았습니다.

Jadi, Saya curiga　　그래서, 저는 **그것이**

itu pasti obat palsu.　　**확실히 가짜 약이라고** 의심했어요.

Bagaimana cara membédakan　　인증된 약과 가짜 약을

obat asli dan obat palsu?　　**어떻게 구분합니까?**

A : Nah, bagaimana ini, Dok.　　자, 이 일을 어떻게 합니까, 선생님.

Membédakan obat asli dan palsu!　　인증된 약과 가짜 약을 구분해 주세요!

C : Hm, pertama tama, **coba Bapak ingat.**　　흠… 먼저, **선생님 기억해 보세요.**

Apakah sakit perut yang Bapak rasakan　　선생님이 느끼시는 복통이

sakit perut biasa atau **disertai mual**　　**보통의 복통입니까** 아니면

dan **demam?**　　**메스꺼움과 열을 동반한 겁니까?**

Sakit perut itu harus diobati　　그 복통은 **항생제로**

dengan antibiotik.　　치료해야 합니다.

Jadi, obat itu biasanya　　그래서, 일반적으로 그 약은 그 병을

tidak bisa mengobatinya.　　치료 할 수 없습니다.

B : Apakah mungkin itu obat palsu, Dok?　　아마도 그 약은 가짜 약이죠, 선생님?

C : **Mungkin saja.**　　**아마도 그럴 것입니다.**

Tapi begini, saya akan berikan　　그러나 이렇게 합시다, 저는 **약을**

cara memilih dan **membeli obat.**　　**선택하고 사는 방법을** 알려 줄게요.

Pertama, belilah obat itu di apotek.　　첫째, 약국에서 그 약을 사세요.

Kedua, jangan beli obat　　둘째, **아무 곳 에서나 파는**

yang dijual di sembarang tempat.　　약을 사지 마세요.

Ketiga, jika Bapak curiga pada satu obat,　　셋째, 만약 선생님이 하나의 약에

konsultasikan dengan apotéker.　　의심가시면, **약사에게 상담하세요.**

B : Oh, terima kasih, Dok.　　오, 감사합니다, 선생님.

A : Bagaimana, Bapak?　　어떻습니까, 선생님?

Kami harap **Bapak puas** dengan
jawaban tadi.
Semoga Bapak tidak mengalami lagi.
Kita akan lanjutkan kosultansi lain
setelah jeda pariwara berikut ini.

우리는 **선생님께서** 조금 전 답으로
만족하시기를 바랍니다.
선생님께서 다시 겪지 않으시길 바랍니다.
우리는 다음 **광고 휴식 시간 후에**
다른 상담을 계속 하겠습니다.

|탈것과 교통표시 단어|

mobil	자동차
kapal, perahu	배
sepéda motor	오토바이
pesawat	비행기
sepéda	자전거
bis, bus	버스
taksi	택시
Keréta api	기차
angkot	소형버스
ojék	오토바이로 승객 태우는 것
lalu lintas	교통
lampu lalu lintas, lampu merah	교통 신호등
kantor polisi	경찰서
polisi	순경
rambu lalu lintas	교통 표지판
simpang lima	오거리

---

6. 약을 먹는 방법, 사용 방법
Cara Minum Obat

1) Sudah dua hari **aku menderita batuk** dan **pilek.** Dokter memberi dua jenis obat,
yaitu **obat sirup** dan **puyér (bubuk).** Dokter **memberi petunjuk** cara
menggunakan obat tersebut. Obat sirup diminum 3 kali séhari, sebanyak **satu
séndok makan.** Ingat, **kocok dahulu sirup** sebelum dituangkan. **Obat puyer**
harus di minum sampai habis. Obat ini harus diminum 3 kali sehari. Bukalah
kertas pembungkus obat bubuk. Aduk puyér **dengan jari tangan.** Kemudian
minumlah.

이미 이틀 간 **나는 기침과 콧물로 고통받았다.** 의사는 두 종류의 약을 주었다, 예로, **시럽 약과 가루 약.** 의사는 그 약 사용 방법 **지침서를 주었다.** 시럽약은 하루에 세 번 먹는다, **한 숟가락** 만큼. 기억해라, 붓기 전에 **시럽을 먼저 흔들어라. 가루 약은** 없어질 때까지 먹어야한다. 이 약은 하루에 세 번 먹어야 한다. **가루 약 봉지 종이를 열어라. 손가락으로** 가루를 저어라. 그런 후 마셔라.

2) Cara pakai obat ini sebagai berikut. **Déwasa di atas 12 tahun** 2 séndok téh, 3 kali sehari. Obat ini **dapat menyebabkan kantuk. Kocok dahulu** sebelum menggunakannya.

Indikasi: **Batuk tidak berdahak** dan **alasannya bukan karena alérgi.**

이 약의 사용 방법은 아래와 같다. **12세 이상 성인은** 티 스푼으로 2번, 하루에 세 번씩. 이 약은 **졸음의 원인이** 될 수 있다. 그것을 사용하기 전에 먼저 **흔들어라.**

지침: 기침은 가래가 끓지 않습니다 그리고 그 원인(이유)는 알레르기 때문이 아닙니다.

 약 봉지나 약 박스에 상기 문장들의 문구를 볼 수 있습니다. 잘 참조하세요.

|심층 공부|

sebagaimana mestinya, apa adanya, seadanya 있는 그대로	
sebagaimana ~처럼	gaduh 소란스러운
membantah, menentang, melawan, memprotés 부인하다, 반박하다, 대항하다	
menggenangi 물에 잠기게 하다, 물이 차게 하다	menggenang 물이 고여 있는, 차 있는
reda 비가 잦아들다	surut 물이 빠지다

---

7. 친구가 아프다 1

Teman sakit

A : Kamu kenapa?	너 왜 그러니?
B : Aku sakit kepala.	머리가 아파.
A : Apa saja **gejala lainnya?**	**다른 증상은 무엇 무엇이니?**
B : **Mual** dan **pusing.** Badanku kurang enak.	**구역질 나고 어지러워.** 몸이 불편해.
A : Mukamu **pucat pasi.**	너 얼굴이 **너무 창백해.**
C : Mengapa kamu sakit?	너는 왜 아픈거야?
B : Mungkin aku makan mie ayam **di tepi jalan. (di pinggir jalan)**	아마 **길거리에서** 닭 국수를 먹어서 그런가 봐.

A : Mungkin makanannya **kurang bersih.**　　　음식이 **위생적이지 않은** 것 같아.

C : **Sudah berapa lama?**　　　얼마나 됐어?

B : Sudah dua hari.　　　이틀 됐어.

A : Sudah minum obat?　　　약 먹었어?

C : Kamu sudah **ke dokter?**　　　**병원에** 가봤어?

　　　Mudah mudahan cepat sembuh ya.　　　아무쪼록 빨리 낫기를 바라.

|심층 공부|

kata kerja, vérba 동사	kata sifat, adjektiva, ajektif 형용사
nomina, kata benda 명사	kata keterangan, kata tambahan 부사
kata ganti, pronomina 대명사	kata sambung, kata penghubung 접속사
vérba bantu 조동사	disertai, diiringi, diikuti 함께 되다, 동반되다
petir, kilat 번개	
memerintah, menyuruh, memerintahkan 명령하다, 지시하다	

---

8. 친구가 아프다 2
Teman Sakit

A : **Akhir pekan lalu,** aku pergi ke Bandung.　　　지난 주말, 나는 반둥에 갔었어.

　　　Udara di sana **dingin sekali.**　　　그곳 공기는 **정말 추웠어.**

　　　Aku lupa bawa jaket yang tebal.　　　나는 두꺼운 재킷을 갖고 가는 것을 잊었었어.

　　　Jadi, mungkin aku **kena demam atau flu.**　　　그래서, 아마 **열병이나 감기 걸린 것 같아.**

B : Sebaiknya **kamu ke dokter**　　　**넌 병원에 가서**

　　　dan istirahat saja.　　　쉬는 게 좋을 거 같아.

A : Ya, kepalaku sakit sekali.　　　그래, 머리가 정말 아프고.

　　　Badanku juga ngilu.　　　**몸 또한 쑤셔.**

　　　Tadi malam, aku demam.　　　어젯밤, 열이 났었어.

　　　Setelah dikompres panasnya turun.　　　**찜질 후에** 열이 내렸었어.

C : Kamu melakukan apa **beberapa hari sebelumnya?**　　　너 그 전 **며칠 동안** 뭐했어?

A : Saya pergi ke Puncak.　　　전 뿐짝에 갔었어요.

C : Berapa hari di sana?　　　　　　　　　거기 며칠 동안 있었니?

A : Hanya tiga hari.　　　　　　　　　　오직 삼 일이요.

C : Coba saya periksa. **Silakan berbaring.**　내가 검사 해볼게. **누워봐라.**

A : **Saya kenapa**, dok?　　　　　　　　선생님, **저 왜 이런가요?**

C : Tidak apa apa.　　　　　　　　　　　괜찮아.

　　Kamu tidak biasa (betah) **di tempat dingin.**　추운 곳에 적응 안 되었나 보다.

　　Kamu hanya flu saja.　　　　　　　　넌 그냥 감기일 뿐이야.

　　Kamu jangan khawatir.　　　　　　**넌 걱정 하지 말거라.**

　　Saya akan memberi obat.　　　　　　내가 약 지어 줄테니.

　　Ada alergi?　　　　　　　　　　　　알레르기 있니?

A : Tidak Dok.　　　　　　　　　　　　아뇨 선생님.

C : **Ini resépnya.**　　　　　　　　　　**이거 처방전이야.**

　　Jangan minum **air dingin,** lalu minum　찬 물로 먹지 말고,

　　tiga kali sehari.　　　　　　　　　**하루에 세 번** 먹고.

　　Istirahat cukup ya.　　　　　　　　충분히 쉬어라.

아플 때 친구와의 대화와 병원에서의 상황을 잘 보세요. 실제 병원가면 이런 대화가 오고 갑니다.
　이 정도는 알아야 알아 듣겠죠?

|단어 공부|

banjir bandang	기습 홍수
mobil ganjil dan genap	차량 홀짝제
papan nama	명판
kartu nama	명함
gadis cilik	어린 소녀
keréta bayi	유모차
dengan penuh kasih sayang	많은 사랑으로
maklum	알다시피

11

병문안, 문상, 배웅

1. 병문안 가기
Menjenguk

A : Kamu **sudah dengar** belum?　　너 **이미 소식을 들었니** 안 들었니?

B : Kabar apa ya?　　무슨 소식?

A : **Kemarin** pak diréktur **terluka.**　　**어제** 사장님 **다치셨어.**

B : Bagaimana kondisinya ya?　　상태가 어떠시니?

　　Sudah **dirawat** di rumah sakit?　　병원에서 **치료받으**시니?

C : Kondisinya **parah(gawat)?**　　상태가 **심하**시대?

A : Ya, **untung**　　그래, **다행히**

　　seorang polisi **menemukannya.**　　한 경찰관이 **발견**했대.

　　Lalu **segera** membawa ke rumah sakit.　　그 후에 즉시 병원으로 옮겼대.

　　Kondisinya aku tidak tahu..　　그 **상태는** 나도 모르겠어.

B : Oh gitu, **kasihan ya.**　　아 그래, **안되셨구나.**

C : **Sesudah kerja**, ayo kita menjenguknya.　　**일 끝나고**, 우리 문병 가자.

A : Iya, **nanti** kita pergi bersama ya.　　그래, **나중에** 우리 같이 가자.

(Sesudah kerja, **pegawai yang tidak kerja** menéngok ke rumah sakit)
퇴근 후, **근무 하지 않는 직원들은** 병원으로 문병 갔다.

B : Selamat soré, pak. **Kami datang.**　　안녕하세요, 사장님. **저희 왔어요.**

A : Maaf, **kami terlambat.**　　죄송해요, **저희가 늦게 와서.**

D : Kalian datang, terima kasih.　　너희들 왔구나, 고마워.

A : **Kondisinya bagaimana** pak?　　**상태는 어떠세요** 사장님?

　　Parah tidak?　　**심하세요** 아니에요?

B : **Sebelum datang ke sini,**　　**여기 오기 전에,**

　　kami semua sangat khawatir.　　저희 모두는 걱정 많이 했어요.

D : Maaf ya. Karena aku,　　미안해. 나 때문에,

kalian dirépotkan.

Kondisiku **tidak parah.**

Sebentar lagi, aku akan pulang.

Jangan khawatir.

A : Oh gitu. Semoga cepat sembuh ya.

B : **Kami doakan** agar cepat sembuh.

D : Terima kasih atas perhatian kalian.

너희들을 **바쁘게 만드네.**

내 상태는 **심하지 않아.**

조금 후에, 나 퇴원할거야.

걱정하지마.

그렇군요. 빨리 회복하시길 바라요.

저희는 빨리 낫도록 **기도 드릴게요.**

신경 써줘서 고마워.

|단어 공부|

beberapa waktu lamanya	얼마동안
bangku taman	공원 의자
majikan yang kejam	잔인한 주인
kain gordén	커튼 천
air mancur	분수
ujung jalan	길 끝
pinggir jalan, tepi jalan	길가
polisi tidur	도로 방지턱

2. 친구를 병문안하다

Menjenguk Teman

A : **Bagaimana kondisi istrimu?**

B : **Sudah lebih baik** dari kemarin.

A : **Kedatangan kami** mengganggumu, tidak?

B : Tidak. Saya malah (justru) **merasa terhibur.**
   Saya memperoléh dua anak **sekaligus.**

A : Kembar? Kamu mendapat dua duanya!

A : Nanti soré saya dan istriku akan ke sana.
   Kirimlah alamat rumah sakit.

B : Ok, aku mau kirim, ya.
   Kira-kira jam berapa akan datang?

A : **Jam jenguk (besuk) soré** jam berapa?

네 아내 상태는 어떠니?

어제보다 **더 좋아졌어.**

우리 방문이 너를 방해한 게 아니니?

아냐. 나는 오히려 **위안 받는 기분인 걸.**

나는 **동시에** 두 아이를 얻었어.

쌍둥이? 너 둘을 얻었구나!

오늘 오후에 나와 아내가 거길 갈거야.

병원 주소를 보내줘.

오케이, 내가 보낼게.

대략 몇 시에 올거니?

오후 병문안 시간이 몇 시지?

B : **Jam téngok?** Jam berapa, ya?　　　　병문안 시간? 몇 시지?

Nanti aku mau kirim dengan alamatnya, ya. 나중에 내가 병원 주소와 함께 보내줄게.

|심층 공부|

memindahkan 옮겨주다　　　　terharu, tersentuh 감명받다　　　kémoterapi 암치료
bertiup kencang 강하게 불다　　apakah boléh 해도 되느니?　　syukur 감사한
menenangkan 안정시키다　　　hendak, akan, mau ~할 것이다, 하려 하다

---

3. 병문안 대화
Percakapan Menjenguk

A : **Aku dengar** istrimu melahirkan 　　내가 듣기로 네 부인이
bayi perempuan hari ini?　　　　　　오늘 여자 아이를 출산했다며?

B : Ya, aku senang sekali.　　　　　　그래, 난 정말 기뻐.

A : **Selamat menjadi ayah ya!**　　　　**아빠 된 것을 축하해!**
Semoga anaknya menjadi **anak** 　아무쪼록 그 아이가 **예쁘고 건강한**
yang cantik dan séhat.　　　　　**아이가 되기를 바란다.**

B : Iya, terima kasih banyak **atas perhatiannya.** 그래, **신경 써줘서** 너무 고마워.

A : Istrimu masih di rumah sakit?　　　부인은 아직도 병원에 있어?

B : Ya, masih. Kemarin dia **dioperasi.** 그래, 아직 있어. 어제 **수술 받았어.**
Jadi **belum boléh pulang.**　　　　그래서 **아직 퇴원해서는 안돼.**

 menjenguk, menéngok, membesuk 병문안하다

4. 같은 반 친구 병문안 가기
Menjenguk Teman Sekelas

Hari ini Ibu Tuti mengajak **beberapa teman sekelas** untuk menjenguk Ressi di rumah sakit.

오늘 뚜띠 선생님은 **같은 반 친구 몇 명에게** 병원에 있는 레시에게 병문안 가자고 했다.

A : Di rumah sakit, kalian tidak boléh
    ribut dan **berlari-lari.**

병원에서, 너희들 **달리거나**
소란 피워선 안 된다.

— Ibu Tuti berkata **mengingatkan**. —

뚜띠 선생님이 **주의를 주면서** 말했다.

Setibanya di rumah sakit, teman teman Ressi **terkejut melihat Ressi** yang terbaring lemah, wajahnya pucat dan pada tangannya **masih ada infus.**

병원에 도착 하자마자, 레시의 친구들은 힘없이 누워있고, 얼굴이 창백하며 손에 **여전히 링거를 맞고 있는** 레시를 보고 놀랬다.

A : Bagaimana keadaan?   상태는 어때요?
B : Sudah ada sedikit kemajuan.   이미 조금 진전이 있어요.
A : Ressi, setelah ini jangan jajan   레시, 지금 이후로 다시는 아무데서나
    sembarangan lagi, ya.   군것질 하지 마라.
    Karena sekarang ini   왜냐하면 최근에 설사병이
    diare sedang mewabah.   확산되고 있기 때문이야.

— Waktu berkunjung telah selesai, **meréka mohon diri. (undur diri)** —

방문 시간이 이미 끝나고, 그들은 **자리를 털고 일어났다.**

 mohon diri, undur diri 자, 그럼 이만 자리를 뜹시다, 이만 실례합니다(자리를 뜰 때 인사입니다).

5. 친구 집으로 문상 가다

Melayat ke Rumah teman

A : Ali, **setelah ini** kamu mau pergi ke mana?　알리, **이 후에** 너희는 어디로 갈거야?
　　Ada acara tidak?　　　　　　　　　　　　계획 있어 없어?
　　Main ke mall bagaimana?　　　　　　　백화점으로 놀러 가는 게 어떠니?

B : **Aku mau melayat?**　　　　　　　　　**나는 문상 가려는데?**

A : Melayat? Siapa yang meninggal?　　　문상? 누가 돌아가셨어?

B : Hah? Kamu tidak tahu?　　　　　　　뭐? 너 몰랐어?
　　Ayah Lili meninggal dunia hari ini.　릴리 아버지께서 오늘 돌아 가셨어.
　　Teman-teman yang lain sudah ada di sana. 다른 친구들은 이미 거기에 있어.

A : Oh, pantas teman-teman **banyak**　　오, 당연히 친구들은
　　yang tidak masuk hari ini.　　　　**오늘은 많이 가지 않았겠구나.**

B : Kamu mau ikut, tidak?　　　　　　　너는 따라 갈거야, 안 갈거야?

A : Iya, déh. Aku tidak ada acara siang ini.　가야지. 난 오늘 오후에 계획이 없어.
　　Tapi aku nggak tahu rumahnya!　　　하지만 나는 그의 집을 몰라!

B : Aku tahu, kok. Di daérah Cilegon.　내가 알지. 찔르곤 지역에 있어.

A : O, ya dekat dong.　　　　　　　　　오 그래 가깝네.
　　Yuk, kita langsung berangkat ke sana.　자, 우리 곧 바로 거기로 출발하자.

A : Lili, **aku turut (ikut) berduka cita, ya.**　**릴리, 나는 심심한 조의를 표한다.**
　　Kamu harus bersabar, ya.　　　　**마음을 넓게 가져야 해.**
　　(Kamu yang sabar, ya)

C : Ya, Ayu. Terima kasih banyak.　　　그래, 아유. 너무 고마워.

B : Lili, **Aku juga ikut berduka cita.**　**릴리, 나 역시 심심한 조의를 표한다.**
　　Semoga kamu tabah ya.　　　　　**아무쪼록 굳게 마음을 가져라.**

C : Terima kasih sudah datang ke sini, ya. 고마워 여기로 와줘서.

B : Lili, kapan **almarhum** meninggal? 릴리, 언제 **고인께서는** 돌아가셨니?

C : Tadi pagi, pukul lima kurang seperempat. 오늘 아침, 4시 45분에 돌아가셨어.
Almarhum sudah **sakit-sakitan** sejak lama. 고인께선 오래 전부터 **자주 아프셨어.**
Kondisinya **makin memburuk** 돌아가시기 전에
sebelum meninggal. 컨디션이 **점점 안 좋아지셨어.**

B : Ayahmu sakit apa sebelumnya? 네 아버지는 그 전에 어디가 아프셨니?

C : Dia menderita **kanker usus besar.** 그는 **대장암에** 시달렸었어.

B : Lili, réncananya kapan akan dimakamkan? 릴리, 계획으로는 언제 매장 하시니?

C : Nanti soré jam empat. 오늘 오후 4시.
Menunggu keluarga dari Bogor. 보고르에서 오시는 가족을 기다리고 있어.

B : Di mana, Lili? 어디서, 릴리?

C : Di TPU (Tempat Pemakaman Umum) Dépok. 데뽁 공원 묘지에서.
Jika ada waktu, ikut saja. (kamu datang ya.) 만일 시간 있으면, 참석하도록 하자.

B : **Tentu saja harus ikut.** (Ya. aku pasti datang.) **당연히 참석해야지.** (난 당연히 오지.)
Kamu dan aku **teman akrab kan.** 너와 난 **친한 친구잖아.**

\# 상갓집에 갔을 때 필수적인 대화 내용입니다.

|심층 공부|

memanén, menuai 추수하다   menyabit 낫질하다
menyiram 물주다   seluruh, segenap, semua, segala 모두
bersantai, beristirahat 쉬고 있다
협동하다 뜻은 bergotong royong, bekerja sama 둘 다 기억합시다.
segan, malas은 싫어하다, 내키지 않다는 뜻도 있습니다.

---

6. 병원에 있는 친구에게 문병 가다
Menjenguk Teman di Rumah Sakit

A : Maaf, kami akan periksa lagi. 미안해요, 저희가 다시 검사하겠습니다.

B : Mengapa dia **bertambah kurus?** 왜 그는 **더 마른 거예요?**

A : Anak itu susah sekali makannya. 그 아이는 먹는 게 너무 어려워.
Kalaupun makan sangat sedikit. **먹는다 하더라도** 매우 적게 먹어.

D : Ya, di sekolah pun **ia tampak
   kurang bergerak.**
— Sebentar kemudian, dokter muncul lagi. —
A : Ibu dan ayah Doni **harap sabar.**
   Sakit Doni ini **sudah lama.**
   Kalau tidak cepat ditangani,
   akibatnya sangat bahaya.
C : Doni sebenarnya sakit apa, Dok?
A : Doni sakit **akibat pengaruh makanan.**
   Kesembuhan Doni butuh waktu.
   Khusus untuk anak-anak,
   perbanyak makan ikan.
   Tubuh kita membutuhkan gizi ikan.
   Makan saja, tetapi jangan berlebihan!
   Kita perlu makanan yang seimbang
   untuk membantu pertumbuhan badan.

그래, 학교에서도 **그는 소극적으로
활동하는 것처럼 보였어.**
조금 후, 의사가 다시 나타났다.
도니 부모님께선 **인내하시길 바랍니다.**
지금 도니의 병은 **이미 오래 됐어요.**
만일 빨리 손을 쓰지 않으면,
그 결과는 매우 위험합니다.
도니는 사실 무슨 병입니까, 선생님?
도니는 **음식 영향의 결과로** 아파요.
도니의 회복은 시간이 필요합니다.
아이들을 위한 특별한 방법은,
생선 먹는 양을 늘리는 것입니다.
우리 몸은 생선의 영양소가 필요해요.
드세요, 그러나 과하게는 먹지 마세요!
우리는 신체의 성장을 돕기 위하여
균형 있는 음식이 필요합니다.

|단어 공부|

membekukan	~을 얼리다, 동결시키다
lahan, tanah	땅
lembap	습기 있는
unggas	조류
kriminal	범죄의
idéntik	똑같은
sinétron	연속극

7. 친구와 싸우다
Bertengkar dengan Teman

A : Maukah kamu **ikut menéngok** Topan?
B : Bagaimana, ya. Aku bingung.
   Aku takut Topan masih marah kepadaku.

너 또빤에게 **함께 문병을 갈거니?**
어떻게 하지. 난 혼란스럽다.
나는 또빤이 여전히 나에게 화를 낼까봐
두려워.

Seminggu yang lalu,
aku dan Topan **bertengkar.**

A : Mengapa kamu **berkelahi** dengan Topan?

C : Kamu dan Topan, kan sahabat akrab.

D : Iya, **aku kira** kamu dan Topan
baik-baik saja.

A : Aku kesal dengan Topan.
Ia merusak **prakarya rumah adatku,**
padahal aku membuatnya
dengan susah payah.
Iya, aku pukul tangan Topan.
Topan juga memukul bahuku.

D : **Oh, begitu ceritanya.**
Sekarang kamu sudah tidak marah lagi?

A : Tidak, jika kalian ke rumah Topan,
tolong sampaikan permintaan maafku.

C : Pasti Topan sudah memaafkanmu.
Jadi, sebaiknya kamu ikut
ke rumah Topan.

A : Iya, déh. Nanti aku mau minta maaf
kepada Topan.

C : Nah, begitu, dong!
Kebersamaan itu indah, bukan?

일주일 전,
나와 또빤은 **싸웠어.**

왜 너는 또빤과 **싸웠니?**

너와 또빤은 가까운 친구잖아.

그래, 나는 너와 또빤이
사이가 좋은 것으로 알았어.

나는 또빤에게 짜증냈지.
그는 **나의 전통 가옥 공작품을**
부수었었어, 반면에 나는
아주 어렵게 그것을 만들었지.
그래, 나는 또빤의 손을 때렸어.
또빤 역시 내 어깨를 쳤지.

아, 그 얘기가 그렇게 됐구나.
지금 너는 다시 화난 게 아니지?

화 안났어, 만일 너희들이 또빤
집으로 가면, **나의 용서를(사죄를) 전해줘.**

진짜로 또빤은 이미 너를 용서 했을 거야.
그래서, 너는 또빤 집으로
함께 가는 게 좋겠다.

그러자. 나중에 나는 또빤에게
용서를 구할거야.

그래, 그렇게 해라!
우정은 아름다운 거야, 안 그러니?

|단어 공부|

konséntrat	농축
truk	트럭
memperuntukkan	~을 위한 용도로 결정하다, 의도하다, 어떤 목적을 위해 예정해 두다
kotak	상자
kabut	안개
kebut	먼지 털다, 빨리 달리다
timbun, timbunan, tumpukan	더미, 무더기
subjektif	주관적인
objéktif	객관적인
serbuan, serangan	공격, 침입, 습격

8. 한국에서 손님이 오다

Tamu Datang dari Korea

A : Hari ini akan datang tamu dari Korea.   오늘 한국에서 손님이 올 거야.
    Dia orang yang sangat penting.   그는 매우 중요한 분이셔.

B : Dia siapa ya, Pak?   그는 누구예요, 선생님?

A : Tamu itu **dosen dan teman ayah saya.**   그 손님은 교수이고 아버지 친구이셔.
    Jadi, **kalian harus menjemputnya**   그래서, 너희는 반갑게
    dengan senang hati.   그분을 마중해야 해.

B : Tentu saja, Pak.   당연하죠, 사장님.

A : **Siapa yang akan menjemputnya?**   누가 그를 마중 나갈래?

B : Bapak Hakim akan menjemputnya.   하킴 씨가 마중 나갈 것입니다.

A : Apakah sudah memesan hotel?   호텔 이미 예약했니?

B : Kita sudah memesan **hotel terbaik**   저흰 3일을 위해
    untuk tiga hari.   가장 좋은 호텔을 예약했습니다.
    Hotel Mulia **letaknya dekat**   물리아 호텔은 위치가
    dari kantor.   사무실에서 가깝습니다.

A : Bagus, untuk kenyamanan   좋아, 편안하기 위해
    lebih dekat lebih baik.   가까울수록 좋지.

B : **Apa rencananya** selama di Indonesia?   인도네시아 있는 동안 일정이 무엇입니까?

A : Mulai besok, Pak Hikmat harus   내일부터, 힉맛은 우리가
    mengantar **ke mana pun kami pergi.**   어딜 가든지 동반해야 해.

B : Baik, Pak.   알겠습니다, 사장님.

A : Besok pagi, **kita akan ke Monas,** lalu   내일 아침, 우린 모나스를 가고,
    siang hari akan ke Museum Tradisional.   그 후에, 낮엔 국립 박물관 갈거야.

B : **Ada rencana lain lagi?**   또 다른 일정이 있습니까?

A : **Kamu pesan**   너는 가장 유명한 식당을 예약해!
    di restoran paling terkenal, ya!

B : **Bagaimana** dengan Restoran   스나얀 시티에 있는
    Bidadari di Senayan City?   천사 레스토랑 어떻습니까?

A : Oh bagus.   좋아.
    Cepat pesan untuk 3 orang.   3명으로 빨리 예약해.

B : Ada lagi, Pak?   또 있습니까, 사장님?

A : Sudah. **Rencana nanti** saya akan **diskusikan (diskusi)** dulu dengan dia.

됐어. **다음 일정은** 내가 그분과 먼저 **의논할거야.**

|심층 공부|

korban wabah penyakit 전염병 희생자

korban kebakaran 화재 희생자

korban kecelakaan lalu lintas 교통사고 희생자

mendamaikan 화해시키다, 중재하다

melerai 분리하다, 싸움 말리다

satu sama lain 서로

betapa pun, bagaimanapun 아무리, 마침내, 그래도, 어쨌든

관광, 휴가에 대하여

1. 신혼여행

Bulan Madu

A : Hai Susan. **Sudah lama kita tidak bertemu.** 안녕 수산. **우리 오랫동안 못 봤구나.**
   Ada **masalah** apa? 무슨 **문제** 있는 거야?

B : **Selama ini** aku sangat sibuk. **그동안** 난 매우 바빴었어.

A : Kenapa? 왜?

B : Saya sudah menikah 2 minggu yang lalu. 난 2주 전에 결혼했어.

A : Sudah menikah? Saya kaget sekali. 결혼했다고? 난 정말 놀랐어.
   Kenapa tidak ada beritanya? 왜 소식이 없었어?

A : **Hanya mengundang kerabat saja.** 오직 친척만 초대했었어.
   Ayah **yang menyuruh aku.** 아버지께서 **내게 지시하셨어.**

B : Oh gitu. Kamu **bulan madu** ke mana? 그래. **신혼여행**은 어디로 간 거야?

A : Aku ke pulau Jeju di Korea. 나는 한국의 제주도로 갔었어.

B : Pulau Jeju Korea? **Wow hébat sekali.** 한국의 제주도? **와 정말 대단하다.**
   Di Jeju **ada apa saja** yang bagus? 제주에는 좋은 것이 **무엇 무엇이 있어?**

A : Di Jeju **ada banyak** yang menarik. 제주에는 매력 있는 것이 **많아.**
   Contohnya, **ada gua panjang** yang unik, 예를 들어, 특이하게 **긴 동굴이 있고,**
   ada pemandangan matahari terbit 일출과
   dan terbenam. 일몰의 전망이 있어.
   Dan ada gunung Hanla **yang sangat tinggi.** 그리고 **매우 높은** 한라산이 있어.
   Zaman dahulu, gunung Hanla **옛날에,** 한라산은
   pernah terjadi **letusan gunung api.** **화산 폭발이** 일어난 적이 있었지.

A : **Apa lagi** yang menarik? 매력 있는 게 **또 뭐가** 있어?

B : Di Jeju ada pantai **yang jernih.** 제주에는 **맑은** 해변이 있고.
   Tidak ada sampah satu pun. 쓰레기가 하나도 없고.
   Semuanya bersih. Jalan juga. 모두가 깨끗해. 길도 그래.

A : **Aku tertarik.** 나는 매력을 느꼈어.

　　Aku juga **mau ke sana.** 나도 **거기 가고 싶어.**

B : Ya, Nanti jika kamu menikah 그래, 나중에 너가 결혼하면

　　kamu bisa ke sana **untuk bulan madu.** **신혼여행으로** 거기 갈 수 있을거야.

A : Ok, apakah nanti ada **pésta pernikahan?** 오, 나중에 **결혼식 연회는** 있는 거지?

B : Ada. 있지.

　　Nanti aku akan mengundang teman teman. 나중에 난 친구들을 초대할 거야.

B : Saya pasti akan hadir. 나는 확실히 참석할 거야.

A : Kita **berpisah dulu ya.** Sampai jumpa lagi. 우리 **이제 헤어지자.** 나중에 다시 봐.

|심층 공부|

secara bergantian (bergiliran) 교대로

mengerang, merintih 신음하다, 아파서 끙끙거리다

berbuat seénaknya (semaunya) 마음대로 행동하다

hilir mudik, mondar-mandir, bolak-balik 왔다 갔다 하다

saling menyalahkan 서로 비난하다

menyimak, mendengar 듣다

menghina 무시하다, 깔보다, 모욕하다

pudar 퇴색하다

---

2. 족자 여행가기

Jalan jalan ke Jogja

A : Ada apa saja **pakét perjalanan ke Jogja?** 족자의 **여행 상품은** 어떤 것들이 있습니까?

B : Ada tiga pakét. 3가지 상품이 있어요.

　　Anggur, Mangga dan Pepaya. 포도, 망고 그리고 쁘빠야입니다.

A : **Berapa biaya** untuk pakét Anggur? 앙구르 패키지는 비용이 **얼마에요?**

　　Biayanya sudah termasuk **apa saja?** 비용은 **어떤 게** 포함 됐나요?

B : Biayanya meliputi **transportasi berangkat** 비용은 **기차로 출발하는 교통편과**

　　dengan keréta api dan **pesawat pulang.** 돌아오는 비행기 교통편이 포함되었어요.

　　Juga meliputi hotél, **makan dua kali sehari,** 또한 호텔, **하루 두 끼 식사,**

　　tikét objék wisata dan **asuransi.** **여행지 입장표** 그리고 **보험이** 포함됐어요.

A : Apa yang bisa kami lakukan 여행지에서 우리가 할 수 있는

　　di tempat wisata? 것은 무엇입니까?

B : Kamu bisa berendam **di pemandian**   당신은 **온천에서** 몸을 담그고,
    air panas, memetik buah buahan di kebun   농장에서 과일을 따고
    dan **menikmati bermacam-macam wahana.** 여러 가지 놀이기구를 즐길 수 있어요.

여행지는 tempat wisata, objek wisata 두 단어를 외우세요. 놀이기구 wahana를 알아 놓으세요. meliputi, termasuk, melibat 포함된, 연루된

|심층 공부|

menghadapi 면전에 두다, ~을 만나다, ~와 마주치다, (재난, 곤경을) 겪다, 당하다
menghadap 앞면으로 향하다, 앞쪽으로 두다, 만나다
menghadap 단어는 많은 뜻을 갖고 있습니다.
mengindahkan, memedulikan, memperhatikan, menghiraukan ~에 유념하다, ~에 관심을 두다
ronda patroli malam 야간 순찰   tambalan 붙인 조각, 때운 것, 수선
Aku tidak téga untuk meminta 차마 부탁할 수가 없다 bermandikan 먼지로 가득 찼다

---

3. 휴가에 대해서 의논하다
Diskusi Tentang Liburan

A : Teman-teman, bésok hari Minggu.   친구들아, 내일은 일요일이야.
    Kita berlibur ke mana?   우리 어디로 휴가 가니?

B : **Bagaimana kalau** kita ke Bali?   우리 발리 가는 게 **어때?**

A : Bali mémang bagus, tapi terlalu ramai.   발리는 정말 좋지만, 너무 붐벼.
    Lagi pula kita kan, pernah ke sana.   **하물며,** 우린 거길 가 봤잖아.

C : Naik gunung, setuju tidak?   등산은, 찬성해 안해?

A : Terlalu melelahkan.   너무 피곤하잖아.
    Ada pilihan yang lain?   **다른 선택이 있어?**

C : Lalu, ke mana, dong?   그러면, 어디로 가지?

A : **Bagaimana kalau** kita berkemah   우리 녹차 농장에서
    di kebun téh?   캠핑하는 게 **어때?**
    Lagi pula, dekat.   더욱이, 가까워.

Perlengkapan banyak tersedia. 장비가 많이 준비되어 있어.

B : Boléh juga. 그런대로 괜찮네. (또한 괜찮네.)

Saya menyetujui usul kamu. 나는 너의 의견에 찬성해.

Tapi, teman yang lain bagaimana? 하지만, 다른 친구는 어때?

A : Saya juga menyetujui usulmu, tetapi 나 역시 너의 제안을 찬성하지만,

lebih baik kita tanyakan kepada Ressi. 우리가 레시에게 물어보는 게 좋겠다.

B : Baiklah. Saya menyetujui usul Imam. 좋아. 나는 이맘의 제안을 찬성해.

Sekarang sedang musim jeruk. 지금은 귤 철이야.

Pasti asyik berkémah di sana. 확실히 거기서 캠핑하면 신날 거야.

 일반적으로 어디를 가다라고 하면 **pergi**를 사용합니다. 그러나 **datang**을 사용하여 가다를 표현할 때가 자주 있습니다. **Saya datang ke rumah teman** 나는 친구 집으로 갔다. 인도네시아인들은 거의 이렇게 표현합니다. 물론 **Saya pergi ke rumah teman**으로 해도 상관없습니다.

|단어 공부|

masak-masak, matang-matang	신중하게
kabur	도망가다
menghardik, menegur	꾸짖다, 잔소리하다
rela menerima	기꺼이 받다
supervisor	관리자, 감독자
lolos	달아나다
berunding, membahas, diskusi, berdebat	토론하다

---

4. 가족 휴가 계획

Rencana Liburan Keluarga

A : Aku akan ambil **cuti tahunan.** 나는 **연차 휴가를** 받을 것이에요.

B : Pak, liburan tahun lalu **kita kan sudah** 여보, 작년 휴가 때

ke Surabaya ya. **우리는 수라바야로 갔잖아요.**

Nah, tahun ini kita coba 그래서, 올해는

ke tempat lain. 우리 다른 곳으로 가도록 해봐요.

A : Ayah mau minta pendapat kalian 아버진 올해의 휴가 계획에 대하여

tentang rencana liburan tahun ini. 너희들의 의견을 바란다.

C : Asyik, aku mau ke Bali.

D : Jangan ke sana.

　　Di Bali pasti ramai.

A : **Kamu sendiri** mau ke mana?

D : Ke Gunung Merapi.

　　Di sana **pemandangannya luar biasa.**

　　Suasananya juga tenang,

　　udaranya segar, **tidak seramai Bali.**

　　Terutama kita bisa menikmati

　　sejarah Gunung Merapi.

C : Di Bali **lebih banyak objék wisata**

　　yang menarik.

A : Sudah. Sama saudara harus rukun.

　　Supaya adil, bagaimana kalau kita

　　ke Bali dulu, **terus ke Gunung Merapi?**

신난다, 저는 발리로 가고 싶어요.

거기는 가지 말자.

발리는 정말 번잡할거야.

너는 어디로 가고 싶니?

Merapi(므라피) 산에 가고 싶어요.

거기는 그 **경치가 굉장해요.**

분위기 또한 조용하고, 공기가

신선하고, **발리만큼 번잡하지 않아요.**

특히 우리는 Merapi(므라피) 산의

역사를 경험할 수 있어요.

발리에는 매력 있는 **여행지가**

더 많아.

됐어. 친형제는 사이가 좋아야 해.

공평하게, 우리는 발리로 먼저 갔다가,

이어서 구능 머라피로 가면 어떻겠니?

 | **usul, pendapat, saran, tanggapan** 의견

|단어 공부|

pemikat	유혹하는 사람
iming-iming	마음을 유혹하는 것
tanah padat	딱딱한 흙, 흙덩어리
tahi lalat	얼굴 주근깨
musim tanam	농번기

5. 여행지에 대해 물어보기

Bertanya Tentang Tempat Wisata

A : **Tempat wisata apa saja**
yang pernah kamu kunjungi di Indonesia?
(Kamu sudah pernah berjalan jalan
ke mana saja di Indonesia?)

B : Saya pernah ke Bali,
Puncak, Pulau Seribu.

A : **Di antara tempat wisata** yang kamu
kunjungi, **apa yang paling berkesan?**

B : Pulau seribu dan Puncak.

A : Di sana **ada apa saja?**

B : Di sana ada banyak tempat **yang indah.**

A : **Mana yang kamu suka,**
berwisata di pantai atau di gunung?
Yang mana lebih indah,
gunung atau pantai?

B : **Menurut saya, dua duanya.**

인도네시아아에서 네가 가본 곳은
어디 어디 여행지야?
(인도네시아에서 너는
어디 어디로 여행 가본 적 있니?)
저는 발리, 뿐짝,
뿔라우 스리부에 가본 적 있어요.
네가 가본 **여행지 중에서,**
가장 인상 깊은 곳은 무엇이니?
뿔라우 스리부와 뿐짝이에요.
그곳에는 **무엇 무엇이 있니?**
거긴 **아름다운** 곳이 많았어요.
해변과 산에서 여행하는 것 중,
어디를 좋아하니?
산과 해변 중에서,
어디가 더 아름답니?
제 생각엔, 둘 다 좋아요.

단어 공부	
industri rumah tangga	가내 공업
garmen	옷 공장
derajat selsius	섭씨
tabrak lari	뺑소니 충돌사고
pelarian	뺑소니
badai, topan, puting beliung	태풍
longsor, tanah longsor	산사태
panik, gugup, bingung	공포, 겁먹은, 두려운, 당황하는

6. 여행사를 방문하다

Mengunjungi Biro Wisata

A : Siang! Saya mau tanya
tentang informasi pakét wisata.

안녕하세요! 저는 **여행 패키지**
정보에 대해서 물어 보고 싶어요.

B : Silakan. Mau ke mana?
Mau dalam negeri atau luar negeri?

그러세요. 어디로 가고 싶어요?
국내로 아니면 해외로 가실 겁니까?

A : Saya mau ke Vietnam,
tetapi **uangnya kurang.**
Terpaksa harus ke dalam negeri.

저는 베트남으로 가고 싶지만,
돈이 부족해요.
어쩔 수 없이 국내로 가야해요.

B : Untuk perjalanan dalam negeri,
kami ada tiga pakét. Pakét A. B. C.
Ini brosur kami.
Mau cék dulu?

국내로 여행하기 위하여, 우리는
3가지의 패키지가 있어요. A, B, C.
이것이 우리 팸플릿입니다.
먼저 체크하실래요?

A : Em… Tidak ada pakét yang lain?
(tidak ada yang lain?)

음… 다른 패키지는 없어요?
(다른 것은 없어요?)

B : Hanya ini saja, tapi semuanya bagus.
Perhatikan saja dengan teliti.

오직 이것 뿐이에요, 그러나 모두가 좋아요.
세밀하게 살펴보세요.

A : Saya pilih pakét C saja.
Ada diskon?

저는 C 패키지를 선택할게요.
할인이 있어요?

B : Untuk Bapak, saya kasih diskon 10 %.

선생님께, 제가 10%의 할인을 드릴게요.

A : 15% boléh?

15%됩니까?

B : Tidak boléh, Pak.
Karena Bapak ganteng
saya kasih diskon khusus, ya.
Biasanya saya beri 5 %.
Apalagi (lagian) di tempat lain
tak ada diskon.

안돼요, 선생님.
선생님이 미남이어서서
제가 특별 할인을 드리는 거에요.
보통 저는 5% 드려요.
더욱이 다른 곳에는
할인이 없어요.

A : Ah, saya ganteng?
Kamu punya tenaga
yang menarik pelanggan.

아, 내가 잘 생겼다고요?
당신은 **손님을 끄는**
힘이 있군요.

B : Tidak. Bapak benar-benar tampan.

아니에요. 선생님은 정말로 잘 생겼어요.

cahaya	빛
terjal	가파른, 경사, 절벽
mungil	적고 귀여운
diaméter	지름
menjamu	대접하다
melambai-lambai	손을 흔들다
terbangun	깨다
tertidur	잠들다
ketat	꼭 끼는

7. 씨 월드에 대하여

Tentanag Sea World

A : **Ini bagian tugas saya** memberi penjelasan tentang segala sesuatu yang berhubungan dengan Sea World. **Akuarium utama** memelihara 35.000 spesiés ikan laut. Jumlah itu **sama dengan 37% jumlah seluruh ikan laut** yang ada di dunia. **Ukuran akuarium ini** 36 x 24 meter. **Kedalamannya** 4.5 hingga 6 meter dan **bisa menyimpan** 5 juta liter **air asin.** Akuarium utama ini **tercatat** sebagai akuarium air asin terbesar di Asia Tenggara.

B : Hébat! **Akuarium yang lain,** berisi héwan apa, Pak?

A : Ya. Ada **akuarium air tawar.**

이것이 씨월드와 관련된 모든 것들에 대한 설명을 해드리는 **저의 업무 부문입니다.** **주요 수족관은** 35.000종의 바닷물고기를 키웁니다. 그 수는 세계에 있는 **전체 바다 고기의 37%의 수와 같습니다.** **이 수족관의 크기는** 36 x 24m입니다. 그 깊이는 4.5m에서 6m까지이고 **바닷물(전물)** 5백만 리터를 **보관할 수 있습니다.** 이 주요 수족관은 동남 아시아에서 가장 큰 바닷물 수족관으로서 **등재되었습니다.** 대단하네요! **다른 수족관에는,** 무슨 동물이 들어있습니까? 네, **민물 수족관이** 있습니다.

Isinya adalah **satwa air tawar**
dan **belut listrik** dari Sungai Amazon.

B : Sea World ini lengkap ya, Pak!
Teman-teman saya di sekolah pasti
senang sekali membaca hasil laporan ini.
Terima kasih, Pak.

A : Sama-sama, Ressi.
Bapak tunggu kedatangan kamu
dan teman teman.

그 내용물은 아마존 강으로부터 온
민물 동물과 전기 뱀장어입니다.

씨 월드는 완벽하네요, 아저씨!
학교에 있는 친구들은 **이 보고서를**
정말 즐겁게 읽을 거예요.
고마워요, 아저씨.

천만에요, 레시.
아저씨는 너와 친구들의
방문을 기다릴게요.

|단어 공부|

memperlakukan	대우하다, 취급하다
menggéndong	업다
absén, tidak hadir	결석한, 참석치 않은
padang (ladang) rumput	초원
arloji	시계

8. 자연 관광

Wisata Alam

A : Wah, **énak banget ya, di sini.**
Udaranya sejuk!

B : Iya. **Lain banget ya, sama Jakarta.**

C : Ayo, anak-anak! **Kumpul semua di sini!**
Ya, Ibu panggil dulu **satu per satu.**
Ardi! Mau ke mana kamu?
Jangan menjauh
dari teman-temanmu!
Ya, anak-anak, kita nanti **akan
berkeliling** di daérah ini.
Kita **akan dipandu** oléh Pak Anto.

와, **여기 너무 좋다**, 야.
공기가 시원해!

그래. **자카르타와 너무 달라.**

애들아! **여기 모두 모여보자!**
그래, 선생님이 먼저 **한 명 한 명** 부를게.
아르디! 너 어디가려고 하니?
너의 친구들로부터
멀리 가지마!
자, 애들아, 우리는 나중에
이 지역에서 **돌아 다닐 거야.**
우리를 안또 씨가 **안내하실 거야.**

Beliau nanti yang akan mengajari kalian 그분은 나중에 경작하기, 소 젖 짜기,

bercocok tanam, memerah susu sapi, 그리고 고기잡는 법을

dan menangkap ikan. **너희들에게 가르쳐 주실 거야.**

B : Asyiiik! 신난다!

C : Nah, oléh karena itu, kalian nanti 자, 그래서, 너희들은 나중에

jangan berpencar (bubar) ke mana-mana. 여기저기로 **흩어지지 마라.**

Tetap dalam rombongan ini. 정확히 이 그룹 속에 있어라.

— Rombongan kelas Ayu **mengikuti kegiatan demi kegiatan.**

Tiba tiba Ardi tidak kelihatan. —

아유 반의 그룹은 **점점 의욕적으로 참여했다.** 갑자기 아르디가 보이지 않았다.

C : **Ada yang lihat Ardi, tidak?** 아르디를 본 사람이 있어, 없어?

A : Tadi dia pergi sama Indra! 조금 전 그는 인드라와 함께 갔어요!

C : Aduh… **ke mana ya anak itu.** 아이고… **그 녀석 어디 간 거야.**

Kalian **tetap ikut petunjuk** Pak Anto 너희들 볍씨를 심는 안또 씨

menanam bibit(benih) padi. **지시를 확실히 따르거라**

Ibu akan mencari Ardi dan Indra. 선생님은 알디와 인드라를 찾을거야.

— 중략 —

C : Siapa yang tadi melepaskan sapi 누가 조금 전

dari kandang? 우리에서 소를 풀어 주었니?

D : Kami berdua, Bu. 저희 둘이요, 선생님.

C : Tadi, kan, Ibu sudah bilang **untuk** 조금 전, 선생님이 이미 말했잖아 그룹

tetap ikut kegiatan dalam rombongan. 속에서의 **활동을 확실히 따르라고.**

Kenapa kalian **memisahkan diri?** 왜 너희들은 **이탈했니?**

E : Maafkan kami, Bu. 저희를 용서해 주세요, 선생님.

Tadi **kami penasaran** dengan sapi-sapi itu. 조금 전 **저희는** 소들에 대해 **궁금했어요.**

Kami **tarik tarik** ékornya. 저희는 소 꼬리를 **계속 당겼어요.**

Tanpa sengaja, Ardi membuka kandang. 엉겁결에, 아르디가 우리를 열었어요.

C : Kalian jangan berbuat **seperti itu** 너희들 동물에게

pada héwan. **그렇게** 행동 하지 마라.

Kita **harus lembut** pada héwan. 우리는 동물에게 **부드럽게 대해야 해.**

Nah, nanti kalian **akan belajar memerah** 자, 나중에 너희들

susu sapi. 소 젖을 **짜는 법을 배울거야.**

Kalian masih mau ikut? 너희들 아직 해보고 싶니?

D : Kami tidak akan mengulangi lagi.

C : Ya, sudah.

Jangan ulangi lagi perbuatan kalian.

Sekarang **bergabunglah** dengan

teman-teman kalian di sawah.

우리는 다시는 안 그러겠습니다.

그래, 됐어.

너희들의 행동을 반복하지 말거라.

지금 논에 있는 네 친구들과

합류하거라.

|심층 공부|

aba-aba, perintah 명령, 지휘, 신호, 구령

seperlunya 필요한 만큼

diacung acungkan, ditodongkan 무기로 협박당하다

berangsur-angsur 점진적으로

di sela-sela kegiatan show atau syuting 쇼나 촬영 활동 중간 중간에

membual film 촬영하다

menempati jabatan 직책을 차지하다

sekadar, hanya 오직, 단지

---

9. 어디로 방문할까?

Berkunjung ke Mana ya?

Ayu dan Arif mempunyai **pendapat yang berbéda** tentang tempat wisata yang
akan meréka kunjungi **saat wisata akhir tahun nanti.**

아유와 아리프는 **이번 연말 여행 때** 그들이 방문할 여행지에 대해서 **다른 의견을** 갖고 있었다.

A : Aku punya idé, bagaimana kalau
kita pergi ke Ujungkulon?

나는 아이디어를 갖고 있는데,

우리 우중쿨론으로 가는 게 어때?

B : **Bukankah kita sudah pernah
ke sana tahun kemarin?**

지난 해 거기로

우리는 이미 가지 않았어?

A : Iya, tapi tahun lalu kan
aku tidak ikut.

그래, 그러나 지난 해

나는 참석 하지 않았잖아.

B : **Yah, itu tidak adil.**

Kalau menurutku
lebih baik kita ke tempat
yang belum kita kunjungi,

그래, 그것은 공평 하지 않아.

내 생각에는

우리는 **우리가 아직도 가보지 않은**

곳으로만 가는 게 좋겠어,

seperti Pemandian Cipanas.

Kata ayahku, di sana **ada air terjun** dan **pemandian air panas.**

C : Itu menarik, tapi sebaiknya kita pergi ke tempat **yang ada wisata sejarah** dan **wisata alamnya** seperti di Bogor.

B : Mémangnya ada apa saja di Bogor?

C : Di sana ada istana Bogor, dan Kebun Raya Bogor, **taman koleksi tumbuhan** yang sudah berumur ratusan tahun.

A : **Dari mana kamu tahu di** Bogor ada istana dan kebun raya?

C : Kemarin, **aku melihat brosur berisi iklan** tentang tempat tempat wisata di Indonésia. Salah satu tempat wisata itu adalah Bogor.

B : Aku rasa **itu idé yang bagus.**

A : Menurut kalian, **sebaiknya naik apa** kita ke sana?

B : **Bagaimana kalau** naik keréta api?

C : Tapi, kalau kita naik keréta api, **kita tidak bisa berhenti** untuk melihat pemandangan di jalan. Lagipula, **kita harus mengikuti jadwal stasiun.**

A : Iya, naik bus saja, dengan menyéwa bus, kita bisa menentukan **jadwal berangkat** dan **pulang sendiri.** Selain itu, kita bisa berhenti di tengah jalan.

찌빠나스 온천처럼.

내 아버지 말씀은,

거기에는 **폭포와 온천이 있대.**

그거 흥미롭군, 하지만 우리는 보고르에 있는 것처럼 **역사 여행이나 자연 관광이 있는** 장소로 가는 게 나아.

정말로 보고르에는 무엇 무엇이 있는 거야?

거기에는 보고르 궁이 있고, 그리고 끄분 라야 보고르가 있고, 이미 수 천년된 **식물원이 있어.**

어디서 너는 알았니 보고르에 궁이 있고 큰 농원이 있다는 걸?

어제, **나는** 인도네시아에 있는 여행지들에 대한 **광고가 들어 있는 카탈로그를 봤어.** 그 여행지 중에 하나가 보고르야.

나는 **그것이 좋은 생각이라고** 생각해.

너희 생각에는, 우리가 거기로 가는데 **무엇을 타면 좋겠니?**

열차 타는 게 **어때?**

하지만, 우리가 열차를 타면, **우리는** 길에서 경치를 보려고 **멈출 수 가 없잖아.** 하물며, **우리는 역 일정을 따라야 해.**

그래, 그럼 버스 타자, 버스를 빌리면, 우리는 **스스로 왕복 일정을** 정할 수 있어. 그 외에도, 우리는 길 중간에서 멈출 수 있어.

10. 휴가 계획

Rencana Liburan

A : **Liburan nanti,** kamu ada rencana
ke mana saja?

B : **Aku belum ada rencana.** Kalau kamu?

A : **Sama seperti kamu.**

B : Kamu sudah pernah berwisata ke mana saja?

A : Aku hanya pernah ke Monas.
Aku baru tinggal 2 bulan di jakarta.
Jadi, **tidak sempat** jalan jalan **ke mana mana.**

Kalau kamu?

B : Aku sudah ke Surabaya dan Jogja.

A : Wah, ada apa saja di sana?

B : Ada banyak.
Ada pantai, candi, keraton, pemandangan
yang indah **dan masih banyak lagi.**

A : Liburan kali ini,
bagaimana kalau kita ke Jogja?

B : Baiklah, **mana yang kamu lebih suka**
kota atau pantai?

A : Di Jogja ada pantai dan kota?

이번 휴가때, 너는 어디어디로
갈 계획이니?

아직 계획 없어. 너는?

너와 같아.

넌 어디 어디 여행 가봤니?

난 오직 모나스만 가봤어.

난 자카르타에 이제 두 달 살았어.

그래서, **여기저기로** 다닐 **여유가
없었어.**

너는 어땠어?

난 수라바야와 족자를 가봤지.

와, 거기엔 어떤 것들이 있니?

많이 있어.

해변도 있고, 절, 궁궐, 아름다운
전망 **그리고 여전히 더 많이 있어.**

이번 휴가에는,

우리 족자에 가면 어떨까?

좋지, 도시와 해변 중

넌 어디를 더 좋아해?

족자엔 도시와 해변이 있니?

B : Ya, di jogja ada pantai,
    kota tua, ada juga istana lama.

그래, 족자에는 해변, 구시가지,
그리고 오래된 궁전도 있어.

A : Kalau begitu **dua duanya saja.**

그러면 **두 군데 다** 가보자.

B : **Mari kita rencanakan** jadwal yang cocok.

우리가 어울리는 일정표를 **세워보자.**

\# 여행 계획과 여행지에 대해서 이야기하고 있습니다. 이 정도 문장은 입에서 술술 나와야죠?

|심층 공부|

sudah tidak utuh lagi 이미 다시 원 상태가 아니었다   lebih dari ~보다 더, ~이상

meniadakan 없다고 말하다, 부정하다, 무시하다(mengabaikan)

취소시키다(membatalkan)   지워버리다(menghapuskan)

keterampilan 기술, 전공, 숙련, 외모   penampilan 외모 출현, 상품소개

식당 주문, 예약 및 표 구입하기

1. 기차표 예매하기

Pesan Tikét Keréta Api

A : Pak, saya mau pesan tikét ke Semarang.　아저씨, 스마랑 가는 표 예매 하려고 해요.

B : **Untuk tanggal berapa** dan **jam berapa?**　며칠 몇 시에 갈 겁니까?

A : Hari Jumat 26 Mei jam 8.30.　5월 26일 금요일 8시 30분입니다.

B : Tunggu sebentar, saya cék dulu.　잠깐 기다려요, 체크 먼저 할게요.

　　Ya, tempat duduknya masih ada.　네, 좌석이 여전히 남았군요.

　　Untuk berapa orang dan **atas nama siapa?**　몇 명이고 **이름이 뭐예요?**

A : Dua. Atas nama Réssi dan Lili ya Pak.　두 명이고요. 이름은 레시와 릴리예요.

B : Bisnis atau éksekutif?　일반석 아니면 특석?

　　Nomor KTP berapa ?　주민번호는 몇 번이에요?

A : Eksekutif. No KTP 32 657.　특석이고요. 주민번호는 32 657입니다.

B : Baik. Réssi. Keréta éksekutif ke Semarang.　네. 레시. 스마랑 열차 특급이고요.

　　Harga tikétnya RP260.000 per orang.　요금은 한 명당 260.000루피아입니다.

　　Tolong catat kode pesan ya dengan No 645.　**예약번호** 645를 **적으세요.**

A : Oké. Sudah saya catat. Makasih ya Pak.　네. 적었습니다. 고마워요 아저씨.

B : Nanti bayar **melalui ATM BNI.**　나중에 **BNI ATM 으로** 지불하세요.

　　Bayar **paling lambat** dua jam dari sekarang.　지불은 **늦어도** 지금부터 2시간 안에 해주세요.

 paling lambat 늦어도　　**melalui, meléwati** ~을 통하여

표 예매에 대한 문장입니다. 모든 문장 잘 익히세요.

mébel, perabot, perabotan	가구
jatah, kuota	몫, 할당
menggésék	문지르다, 카드를 긁다
gugat	고소, 고소하다, 주장하다
sinyal	신호, 핸드폰 신호
membayang	반영하다, 어른거리다
sumpah	맹세, 저주
tercemar, dikotori	오염된

2. 버스표 예매하기
Memesan Tikét Bus

A : Selamat Malam, ada yang bisa saya bantu?   안녕하세요, 무엇을 도와 드릴까요?

B : Malam, Mas.   안녕하세요.

    Saya **mau booking (pesan) tikét.**   저는 표를 부킹하려고요.

A : **Untuk hari apa?**   **무슨 요일 원하세요?**

B : Hari Sabtu jam 7.30 pagi.   토요일 아침 7시 30분이요.

A : **Keberangkatannya** dari mana?   **출발은** 어디서 합니까?

B : Dari Jakarta ke Bandung.   자카르타에서 반둥까지 갑니다.

A : Hari Sabtu tanggal 11 April   4월 11일 토요일 아침

    untuk jam 7.30 paginya sudah full.   7시 30분은 이미 꽉 찼습니다.

B : Yah, **selanjutnya ada yang jam berapa?**   **다음 기차는 몇 시에 있나요?**

A : Jam 9.30 **ada yang kosong.**   9시 30분에 **빈 좌석이 있어요.**

B : Ya sudah, jam 9.30 saja.   네, 알겠습니다, 9시 30분으로 할게요.

A : **Seatnya mau nomor berapa?**   **좌석은 몇 번을 원하세요?**

    Nomor 1, 3 sudah full,   1, 3번은 이미 찼고요,

    sisanya 4, 5 masih kosong.   **남은 것은** 4, 5번이 비었어요.

B : **Yang dekat jendéla** nomor berapa, Mas?   **창문과 가까이 있는** 좌석은 몇 번인가요?

A : Nomor 7 dan 10.   7번과 10번입니다.

B : Yang nomor 7 aja.   7번으로 할게요.

A : Nomor téléponnya berapa?   전화번호 몇 번입니까?

B : 0835 6282 9073.   0835 6282 9073.

A : Atas nama? 이름은요?

B : Yoon. 윤.

A : Baik, **saya sudah booking** untuk hari Sabtu 좋아요, **저는** 토요일로 4월 11일 9시 30분
11 April jam 9.30 di kursi nomor 7. 7번 좌석으로 **부킹해 드렸습니다.**
Ada yang bisa saya bantu lagi? 제가 도울 일이 또 있습니까?

B : **Kalau booking untuk pulangnya** bisa? **돌아오는 기차도 부킹이** 가능한가요?

A : Pulangnya **untuk hari apa** dan **jam berapa?** 돌아 오는 것은 **며칠 몇 시예요?**

B : Hari Minggu. 일요일입니다.
Paling malam ada jam berapa? **가장 늦은 밤은** 몇 시에 있어요?

A : Paling malam jam 20.30, Pak. 가장 늦은 밤은 20시 30분에 있어요.

B : Oké, hari Minggu jam 20.30 aja. 알겠습니다, 일요일 20시 30분으로 하세요.

A : Baik Pak, saya sudah booking 네, 일요일로 부킹했습니다.
untuk hari Minggu. Ada lagi, Pak? 또 있습니까?

B : Tidak. terima kasih. 아뇨. 고마워요.

|단어 공부|

orbit	궤도
mengukur	측정하다
barang pabrik, produk industri	공산품
pantang mundur	후퇴하지 않는다
perusahaan swasta	개인회사
pabrik tékstil	직물공장
berkhasiat	전문(특성)을 가진
pelanggan tetap	고정 손님
prosés pengisian	주입 과정
pada mulanya, mulanya, pertama kali	
mula-mula, awalnya, tadinya	처음에

3. 열차표 구입하기
Membeli Tikét Keréta

A : Kalau mau ke Jogja **bagaimana caranya?**　만일 족자 갈려면 **방법이 어떻게 되니?**

B : Bisa naik pesawat dan Keréta api.　비행기와 기차를 탈 수 있어.

A : **Berapa lama ke sana?**　거기 가는데 얼마나 걸리니?

B : **Dengan Keréta** 8 jam lebih, **sedangkan**　기차를 **타면** 8시간 더 걸리고, **반면에**

　　untuk pesawat butuh waktu 1 jam.　**비행기 타면** 1시간 걸려.

A : **Untuk naik Keréta** bisa naik di mana?　**열차 타려면** 어디서 탈 수 있어?

B : **Kalau tidak salah,**　**틀리지 않다면,**

　　bisa naik di stasiun Gambir,　감비르 역에서 탈 수 있어,

　　tapi **lebih baik télépon saja**　그러나 감바르 역 사무실로

　　ke kantor stasiun Gambir.　　전화 하는 게 좋겠지.

A : **Harus memesan dulu**　예약을 먼저 해야 하니

　　atau bisa langsung membeli?　아니면 바로 살 수 있니?

　　Bisa naik **tanpa pesan?**　**예약 없이** 탈수 있니?

B : Pastinya, lebih baik pesan dulu.　당연히, 먼저 예약하는 게 좋지.

　　…(di stasiun Gambiar)…　(감비르 역에서)

A : Di mana **lokét tikétnya?**　매표소가 어디에요?

C : Dari sini **jalan terus** sampai Indomaret,　여기서 인도마렛까지 **계속 가세요,**

　　lalu bélok kiri.　그리고 왼쪽으로 가세요.

　　Lokétnya ada di sana.　매표소는 거기에 있어요.

A : **Jauh tidak** dari sini?　여기서 **멀어요 가까워요?**

C : Dekat. Jaraknya **kira kira** 50 méter saja.　가깝죠. 거리는 **대략** 50m 정도입니다.

A : Mau ke Jogja.　족자 가려고요.

D : **Untuk PP(Pulang Pergi)?**　왕복입니까?

A : Tidak. Hanya berangkat (pergi) saja.　아뇨. 출발만 해요.

D : Baik, **keréta ékonomi** atau lain?　네, **일반기차** 아니면 다른 기차?

A : **Ada juga yang lain?**　다른 것도 있어요?

D : Ada **keréta éksekutif.**　**특급열차**가 있어요.

A : Aku mau pilih éksekutif saja.　특급으로 할게요.

A : Jam berapa berangkat?　몇 시에 출발합니까?

D : **Mulai dari jam 6 pagi** sampai jam 11 malam.　**아침 6시부터** 밤 11시까지 있어요.

A : **Berapa kali ada Keréta** ke Jogja per hari?　하루에 족자 가는 **기차가 몇 번** 있나요?

D : Untuk ke Jogja ada setiap jam sekali.　　　족자 행 기차는 매시간 한 번씩 있어요.

A : Oh, kalau begitu. Sekarang jam 2.　　　네, 그러면. 지금이 두 시니까.

　　Saya mau jam 3 saja.　　　3시 기차로 할게요.

… (di lokét **saat pulang dari Jogja**)…　　　(족자로부터 돌아올 때 매표소에서)

A : **Mau tikét ke Jakarta** untuk pukul 5.　　　5시 자카르타 행 표를 구매하고 싶어요.

D : **Tikétnya sudah habis** untuk jam 5.　　　5시 표는 매진입니다.

　　Ada jam 4, 6 atau 7.　　　4시, 6시 또는 7시 표는 있어요.

　　Bagaimana?　　　어떻게 할래요?

A : **Kalau begitu** jam 6 saja.　　　그렇다면 6시 주세요.

열차 표 사는 과정이죠. 잘 익힙시다. 실제 대화 내용입니다.

|심층 공부|

berbau busuk 썩은 냄새가 나는　　　sakit hati 마음이 상하다, 마음이 아픈

sambil tersenyum penuh arti 의미심장한 웃음을 지으면서

iseng 성가신　　　iseng-iseng 장난삼아, 대충

mengisengi 괴롭히다, 성가시게 하다　　　tahun telah berganti 해는 이미 바뀌었다

bermalam 잠을 자다

perangai, tabiat, sifat, watak, karakter, budi pekerti 성격, 성질, 품성

diselingi 끼워 넣는　　　silih, saling 서로, 상호 간

kocok 약을 흔들 때 표현

menghentikan 멈춰 세우다, 멈추게 하다, ~을 끝내다, 학업을 중단하다, 일을 중단하다

berdahak 거래가 끊다, 가래가 있다　　　mendahak 가래를 뱉다

menatap 바라보다

---

4. 택시 예약
Réservasi Taksi

A : Selamat pagi, ada yang bisa saya bantu?　　　안녕하세요, 뭘 도와 드릴까요?

B : Mau pesan taksi.　　　택시 예약 하려고요.

A : Nomor téléponnya berapa?　　　전화번호 몇 번이세요?

B : 722 3514　　　722 3514

A : Alamatnya di mana, Pak?   주소는 어디시죠?

B : Jalan Bukit Asri No.10.   Jalan Bukit Asri No.10.

A : Untuk jam berapa?   몇 시를 원하시죠?

B : Segera.   바로요.

A : Baik Pak, mohon ditunggu ya.   네, 기다려 주세요.

B : Kalau sudah dapat taksinya,   만일 택시가 있다면,

     bisa hubungi saya?   제게 연락 할 수 있나요?

A : Nanti akan kami hubungi léwat télépon.   네, 나중에 전화로 연결할게요.

|심층 공부|

memakai, menggunakan, memanfaatkan 사용하다   tuang ~을 붓다

menderita 고통받다   pucat pasi 창백한

stratégis 전략적인

serentak, serempak, bersamaan, sekaligus 동시에

membelah ~을 가르다, 쪼개다   membéla 보호하다

ijazah sekolah 학교 졸업장   ijazah, diploma, sertifikat 증명서

mengiringinya, mengikutinya 그를 따르다   pekerjaan rumah 집안일, 숙제

tanggal kadaluwarsa 약 등의 유효기간(expired 영어의 뜻)

sebanyak satu séndok makan 밥 숟가락 하나만큼   TK(Taman kanak kanak) 유치원

obat sirup dan puyer(bubuk) 시럽 약과 가루 약

---

5. 예약 취소
Cancel Booking

A : Réstoran Fish Heaven, selamat soré.   안녕하세요, 피쉬 헤븐 식당입니다.

B : Soré. **Saya yang tadi pesan atas nama Kim**. 저는 조금 전 김 씨로 예약한 사람이에요.

A : Oh, **yang pesan** untuk 6 orang, jam 7 ya? 네, 7시 6명 **예약한** 것 말이죠?

B : Iya, **saya mau cancel aja.**   네, **취소하려** 합니다.

A : Jadi, **dicancel aja, Pak?**   네, **취소하시겠어요?**

B : Iya Mba, **ternyata** ada urusan mendadak. 네, **사실** 갑자기 다급한 일이 생겨서요.

mengusil, mengusik	행동으로 괴롭히는
menghina, mengejek	말로 괴롭히는
mendekat	가까이 다가오다, 가까워지다
gagasan	개념, 생각, 이상
menyumbangkan	기부하다
melirik	곁눈질하다
permukaan air	물 표면

6. 뭐 먹고 싶니?

Mau Makan Apa?

A : Kamu sudah makan siang?	너 점심 먹었어?
B : Belum.	아직.
A : Kamu mau makan siang **sama aku?**	점심 **나와 같이** 할래?
B : Kamu mengajak aku makan bersama?	너 나와 같이 밥 먹자 한 거니?
A : Kamu mau makan apa?	너 뭐 먹을래?
Apakah kamu pernah makan	너 인도네시아 **독특한 음식을**
makanan khas Indonésia?	먹어 봤어?
B : Aku hanya mendengar **makanan khas**	난 그냥 인도네시아의 **특별한 음식이**
Indonésia énak-énak.	**매우 맛있다는** 말만 들었어.
A : Iya, banyak yang énak.	그래, 맛있는 것은 많아.
Rasa apa yang kamu suka?	**무슨 맛을** 좋아하니?
B : Aku suka makan apa saja.	나는 아무 음식이나 좋아해.
Aku **tidak pilih-pilih makanan.**	나는 음식을 가리지는 않거든.
A : Oh begitu. **Boléh aku pilihkan?**	오 그래. **내가 골라줘도 되니?**
B : Bagus. Lebih baik **kamu yang pilihkan.**	좋아. **너가 골라 주는 것이** 더욱 좋지.
A : Bagaimana kalau ikan Gurame?	구라메 생선은 어때?
B : Itu ikan laut? **Énak kan?**	그것은 바다 고기야? **맛있어?**
A : Bukan, itu **ikan tawar ya.** Tapi énak.	아니, 그것은 **민물 고기야.** 하지만 맛있어.
Ikan itu **hidup di air jernih.**	그 고기는 **맑은 물에서 살어.**
Menurutku, hampir semua orang suka,	내 생각엔, 대부분 사람이 좋아해,

tetapi sedikit mahal.

Sebaiknya kamu mencicipi dulu.

B : Baiklah, ikan Gurame saja.

A : Mau minum apa?

Ada jus mangga, jeruk, téh, **dan lain-lain.**

Pilihlah apa saja. Ada brosur.

Kalau kamu pasti paling suka strobéri.

B : **Bagaimana kamu tahu**, aku suka itu?

A : Aku tahu dong, kamu suka sudah lama.

Lebih baik kita pesan saja.

Ada yang lain?

B : Tidak, itu saja, terima kasih.

하지만 조금 비싸지.

네가 먼저 맛보는 게 좋을 것 같아.

좋아, 구라메 생선으로 하자.

음료는 뭐 마실래?

망고주스, 귤주스, 차, **기타 등**이 있어.

아무거나 골라봐. 메뉴가 있어.

너라면 틀림없이 딸기를 제일 좋아할 거야.

넌 어떻게 알았어, 내가 그것을

좋아하는지?

난 알지, 너가 이미 오래 좋아한 것을.

우리 주문하는 게 좋겠어.

다른 거 있어?

아니, 그거면 됐어, 고마워.

|단어 공부|

meringankan	가볍게 하다
geli	우스운, 닭살 돋는
mantap	확고한
moto	좌우명
berbuat, bertindak	행동하다
menjamur	버섯이 되다, 퍼지다

7. 레스토랑 예약하다

Memesan Réstoran

A : Siang, di sini **ada ruang VIP?**

B : Ya ada. Bapak mau ruang VIP?

Untuk berapa orang?

A : 3 orang.

Saya mau ruang VIP

yang pemandangnya bagus.

B : Bapak mau **méja luar atau dalam?**

Dan **area merokok** atau tidak?

안녕하세요, 여기 **특실 있어요?**

네, 있어요. 사장님 특실을 원하세요?

몇 명이죠?

3명입니다.

전 **전망 좋은**

특별실을 원해요.

실내 아니면 실외 좌석을 원하세요?

흡연 구역과 비흡연 구역이 있습니다만?

A : **Tempat merokok saja.**　　　　　　흡연 구역으로 할게요.

B : Baik, **saya akan siapkan.**　　　　　좋아요, 제가 준비 할게요.

　　Ada yang lain, Pak?　　　　　　　또 다른 것은요, 사장님?

A : **Jika tempatnya tenang** lebih baik.　만일 조용한 곳이면 더 좋습니다.

|심층 공부|

komposisi obat 약의 구성

berlindung, bersembunyi 대피하다, 은신하다, 숨다　　gubuk, pondok 오두막 집

Anak anak biar di rumah 아이들은 집에 둡시다

perselisihan, pertengkaran 분쟁, 싸움

---

8. 자동차 임대 사무실에서

Di Kantor Séwa Mobil

A : Bisakah saya menyéwa mobil?　　　제가 차를 임대할 수 있어요?

B : Tentu bisa,　　　　　　　　　　당연하죠,

　　Untuk berapa lama　　　　　얼마 동안 그리고

　　dan akan dipakai ke mana?　　　어디로 가시려고 사용할거죠?

A : Hanya sehari saja.　　　　　　　하루만 빌릴거에요.

　　Bésok saya akan pergi ke Puncak.　내일 뿐짝으로 갑니다.

B : Dengan sopir?　　　　　　　　　운전사 쓰실 건가요?

A : Tidak, séwa mobil **untuk saya sendiri.**　아뇨, 혼자 빌려서 갈려고요.

　　Berapa harga séwa untuk satu hari?　**하루 임대비가 얼마죠?**

　　(Biaya séwa **per hari** berapa?)

B : **Harga séwa untuk satu hari** Rp.300.000.　하루 임대비는 30만 루피아입니다.

A : Untuk séwa mobil **keperluannya apa?**　임대를 위하여 필요한 것은 무엇입니까?

B : Foto kopi KITAS, SIM dan paspor.　끼따스 복사본, 운전면허증, 여권입니다.

A : Saya tidak mempunyai **SIM.**　　　전 **운전면허증**이 없어요.

B : Oké, tapi karena kamu orang asing　네, 하지만 당신은 외국인이기 때문에

　　sebaiknya harus beserta (bersama)　우리가 준비한 운전사를

　　supir yang kami sediakan.　　　**동반해야 하는 게 좋습니다.**

Untuk sopir dikénakan **biaya tambahan** Rp.150.000.

운전사 비용은 15만루피아 **추가 비용이** 부가됩니다.

A : Apakah saya bisa menyéwa, **jika saya mengemudi sendiri tanpa supir?**

만일 운전사 없이 제가 혼자 운전한다면, 저는 차를 빌릴 수 있습니까?

B : **Tidak bisa** karena harus memiliki SIM. Jika ada sopir, **lebih mudah jalan-jalan kan?**

운전 면허증이 있어야 하니 **안됩니다.** 운전수가 있으면, **더 쉽게 여행하잖아요?**

A : Oké, baiklah, aku akan menyéwa **beserta supir.**

좋아요, **운전수와 함께** 임대하죠.

B : **Mobil jenis apa** yang kamu ingin séwa?

어떤 종류의 차를 원하십니까?

A : Ada jenis mobil apa saja?

어떠 어떠한 종류의 차가 있죠?

B : Ada Avanza, Jazz, dan masih banyak.

아반자, 자즈가 있고 (다른 것도) 아직 많이 있어요.

— (sambil memperlihatkan brosur) —

(팸플릿을 보여주면서)

Silahkan pilih.
Mobil mana yang kamu suka?
(Mobil yang mana yang kamu sukai.)

골라 보세요.
어느 차를 좋아하세요?

A : Oké, Saya akan pilih jenis mobil Jazz saja.

네, 저는 자즈 차량을 선택할게요.

B : Oké..

네.

Saya akan siapkan mobil beserta supir. Bésok pagi pukul 07.00 séwa satu hari. Maka **biaya yang harus dibayar** total Rp.450.000.

제가 기사와 함께 차를 **준비하겠습니다.** 내일 아침 7시 하루 임대. 그래서 **지불할 돈은**(지불해야 할) 모두 45만 루피아입니다.

A : Baiklah **saya akan lunaskan.**

좋아요 **제가 지불하겠습니다.**

B : Oké, bésok **dijemput** di mana?

네, 내일 어디서 **모실까요?**

A : Di Margonda Résidence di Dépok.

데뽁에 있는 마르곤다 레지던스에서.

B : Ya, bésok pagi **supir datang ke sana.**

네, 내일 아침 **거기로 기사가** 갈 것입니다.

setelah yakin	확신 후
cerita khayalan	공상 이야기
mendaki gunung	등산하다
sebentar kemudian, sebentar lagi	잠시 후
melakukan aktivitas	활동을 하다
hilang	분실한
menghilang	없어지다
menghilangkan	없애 버리다

9. 생일
Ulang Tahun

A: Selamat siang semuanya.
　　Hari Jumat itu Mr. Kim ulang tahun.
　　Rencananya mau buat **acara makan siang**
　　di kantor untuk beliau.

B: Saya akan bantu **pesan makan siang,** Bu.
　　Kira-kira kita mau pesan makanan Korea
　　atau makanan Indonesia?

A: Pesan makanan Indonesia saja.

B: Saya tahu restoran yang enak di dekat sini,
　　dan dia juga bisa **pesan antar.**

A: Kalau begitu **pesan nasi kotak** sesuai
　　dengan jumlah karyawan di sini ya.

B: Baik Bu, akan saya pesan setelah
　　mendata seluruh jumlah karyawan.

A: **Untuk kue ulang tahunnya** bagaimana?

C: Kita pesan kue ulang tahun
　　dari toko kue Harvest saja Bu.
　　Di sana, kuenya murah dan enak.

A: Idé bagus. Mr. Kim suka kue coklat.
　　Jadi, tolong pesankan **kue rasa coklat ya.**

모두들 안녕.
금요일 그날은 김 선생 생신이셔.
계획은 그분을 위하여 사무실에서
점심 회식을 하려고 한단다.

저는 **점심 식사 예약을** 도울게요, 부인.
그냥 우리는 한국 음식을 주문할까요
아니면 인도네시아 음식을 할까요?

인도네시아 음식으로 주문하자.

저는 여기서 가까이에 있는 맛있는 식당을
알아요, 그리고 그는 **배달 주문도** 돼요.

그렇다면 여기 있는 직원 수에 맞게
나시 꼬딱을 주문하렴.

알았어요 부인, 제가 모든 직원 수를
센 후에 주문할게요.

생일 케익은 어떻게 할거니?

우리는 Harvest 빵 가게에서
생일 케익을 주문하도록 해요.
거기는, 빵이 싸고 맛이 있어요.

좋은 생각이야. 김선생은 초콜릿 빵을 좋아해.
그러면, **초콜릿 맛 빵을** 주문하렴.

Ukurannya **yang paling besar saja,**
jadi semuanya bisa makan.

C: Baik Bu, nanti saya pesan
   dengan ucapan di atas kue.

A: Jangan lupa lilinnya juga ya.

C: Oke. Bu.

A: Nanti saya akan **belikan hadiahnya ya.**
   Rencananya saya mau belikan
   jam tangan batik untuk beliau.

B: Wah hadiahnya unik ya.
   Semoga acara kita sukses nanti.

사이즈는 **제일 큰 것으로 하자,**
그러면 모두가 먹을 수 있어.

네 부인, 나중에 저는 빵 위에 **인사말이**
있는 것으로 주문할게요.

양초 또한 잊지마.

네. 부인.

나중에 **나는 그의 선물을 사 줄거야.**
계획은 나는 그분을 위하여
바띡 손목시계를 사 줄거야.

와 선물이 특이하네요.
나중에 우리의 행사가 성공하기를 바라요.

|단어 공부|

terjun ke air	물로 뛰어들다
menjepit	조이다
menurunkan	(속도 등을) 줄이다
turun	차에서 내리다
suplemén, tambahan	추가물, 보충물
kepribadian	개인, 인격
gelagat	징후, 조짐
gejala	병의 증상
mencukur, memotong rambut, memangkas	이발하다
mencukur, bercukur	면도하다
mengurut, memijat, memijit	안마하다, 주무르다
kebanyakan	대부분의, 많은 부분
bergantung, menggelantung	매달리다
bersimpuh	무릎 꿇다
penyelesaian	종결

10. 식당에서 좌석 예약하기
Memesan Tempat di Rumah Makan

A : Saya mau pesan, **ada tempat duduk?**   저 예약하고 싶은데, **자리 있나요?**

B : Ada. **Untuk jam berapa** dan **berapa orang?**   있어요. 몇 시에 몇 명이죠?

A : **Empat déwasa.**   **어른 네 명이요.**

    Lalu, ingin pesan untuk jam 6.   그리고, 6시로 예약하고 싶어요.

B : Baiklah. Kami **akan siapkan.**   알겠습니다. **저희가 준비해 놓겠습니다.**

    Terima kasih.   감사합니다.

A : Hari ini **aku yang traktir.**   오늘 **내가 한 턱 낸다.**

    Kemarin kan, **kamu yang traktir ya.**   어젠 **네가 한 턱 내지 않았냐.**

C : Terima kasih **sudah mentraktir(traktir).**   **사줘서** 고마워.

    （Terima kasih **sudah ditraktir.**）   (대접해줘서 고마워.)

 traktir 한턱 내다, 밥을 사다

\# 한턱 낼 때 표현 잘 익히세요. 식사 대접 받고 아무 말 없으면 이상하죠?
  상기 표현 잘 활용해 보세요.

|심층 공부|

masa 단어는 **시대, 기간, 때** 등의 뜻을 갖고 있지만 **어떻게 ~하지 않을 수가 있나**라는 표현으로 사용할 때가 가끔 있으니 꼭 유의하세요.

makin ~makin ~ 할수록 ~한   lezat, sedap, nikmat, enak 맛있는

lengkap 완벽한, 준비된, 요건을 구비한   memastikan 확인하다, 확정하다, 단언하다

sekian lama 제법 오래   balasan 나쁜 대가

imbalan 좋은 대가를 표현하다   meloncat, melompat 폴짝 뛰다

kegirangan, kegembiraan 기쁜

dendam 복수   balasan, imbalan 대가, 사례, 인과응보

11. 맥도날드

McDonald

A : Selamat Siang, Mc Donald,
　　ada yang bisa saya bantu?

B : **Mau delivery (mengantar), Mas**.

A : Nomor téléponnya berapa?

B : 845 6782

A : Diantar **ke alamat mana?**

B : Apartemen Taman Melati,
　　Tower J. Lantai 7. nomor 134.

A : Baik, Bu. Silahkan pesanannya.

B : Mau Cheése Burger satu.

A : Pakét atau tidak?

B : **Kalau pakét** dapat apa saja?

A : Dapat kentang dan minuman.

B : Pakét saja kalau gitu.

A : Mau upsize **sekalian?**
　　Hanya **tambah** 4.000 rupiah.

B : Tidak. **Ukuran yang biasa.**

A : Baik, Bu. **Ada tambahan lain?**

B : Mau coca cola satu, Mas.

A : Baik. Ada lagi, Bu?

B : Tidak. **Itu saja.**

A : Baik bu, saya ulang pesanannya.
　　Ditunggu pesanannya kira-kira
　　30 menit.

안녕하세요, 맥도날드입니다,
무엇을 도와드릴까요?

배달을 원합니다, 마스(호칭).

전화번호 몇 번이에요?

845 6782

어느 주소로 배달할까요?

따만 믈라띠 아파트, 타워 J
7층 134호입니다.

네, 주문하세요.

치즈버거 한 개요.

세트입니까? 아닙니까?

세트로 하면 어떤 것을 받나요?

감자 튀김과 음료입니다.

그러면 세트로 할게요.

모두 큰 사이즈로요?

단지 4,000**루피아만 추가됩니다.**

아뇨. **보통사이즈로 주세요.**

네, **다른 추가사항은 있으세요?**

코카콜라 하나 주세요.

네. 또 있나요?

아뇨. **그걸로 됐어요.**

네, 제가 주문을 불러드릴게요.
주문은 대략 30분 정도 **기다리시면 됩니다.**

|심층 공부|

turut, ikut 단어는 다른 동사와 결합하여 함께 ~하다, 따라가다, 따르다의 뜻을 가지고 있습니다.

pengacara 변호사   pembicara 연설자, 발표자, 조언자

bukan karena ~때문이 아닌   hendak, mau ~하려 하다

sebutan, panggilan, gelar, julukan 호칭, 별칭 beserta, bersama 함께 하다

ikut serta 따르다, 참여하다

mengendarai, menyetir, mengemudi 운전하다

가게, 상인, 시장상황 및 물건 사기

1. 가게를 지키다

Menjaga Warung

A : Meri jadi ikut?
메리는 동행하는 거야?

B : Ya. Kita jemput Meri dulu.
그래. 우리 먼저 메리를 데리러 가자.

Setelah itu, ke rumah Ali.
그 후에, 알리 집으로 가자.

A : Ali ada di rumah, kan?
알리는 집에 있어?

B : Ada. Tadi aku menéléponnya.
있어. 조금 전 내가 그에게 전화했지.

Ia sedang menjaga warung.
그는 가게를 지키고 있어.

— 중략 —

C : Aku tidak bisa meninggalkan warung.
나는 가게를 두고 갈 수는 없어.

Aku tetap **harus mengawasi warung**
나는 여전히 **가게를 지켜야 하고**

dan melayani pembeli.
손님을 **맞이해야 돼.**

B : Jadi, bagaimana?
그래서, 어떡해?

kita **tidak jadi** mendaki gunung?
우리 등산 가는 거 **취소되는 거야?**

A : Kita bermain di sini saja. Bagaimana?
우리 여기서 놀자. 어때?

B : **Lagi-lagi** usulmu tepat.
다시 한 번 너의 제안은 확실해.

A : Li, **warungmu lengkap juga,** ya!
리, **너네 가게는 역시 완벽해!**

Apa saja yang dijual di sini?
여긴 **어떤 것들을** 파니?

C : Wah, macam-macam.
와, 여러 가지야.

B : Di mana biasanya ibumu membeli
네 어머니는 보통 어디서

barang-barang itu?
그 물건들을 사시니?

C : Di pasar, Ibuku **membeli secara grosir.**
시장에서, 엄마는 **도매로 사셔.**

Artinya, membeli **dalam jumlah banyak.**
그 뜻은, **많은 양으로** 산다는 거야.

Lalu, dijual lagi.
그리고, 다시 팔지.

Ibuku menjual barang
우리 엄마는 **싼 가격으로**

dengan harga murah.
물건을 파셔.

Kata ibu, tak perlu mengambil banyak keuntungan.	엄마 말씀이, 이윤을 많이 가질 필요가 없대.
Yang penting, barang-barangnya laku.	중요한 건, 물건이 잘 팔리는 거래.
Pukul lima soré, Sisi, Rido, Meri **berpamitan pulang** kepada ibu Ali.	오후 5시에, 시시, 리도, 메리는 알리의 엄마께 (귀가하는) 작별인사를 했다.

mengawasi, menjaga 지키다, 살피다
warung 동네에 있는 조그만 가게, 조그만 식당 **toko** 시가지에 있는 조금 큰 점포
kantin 사무실, 학교 주변에서 음식, 음료를 파는 가게 **kaki lima** 도로의 리어카 행상
일반 가게에서의 상황입니다. 인도네시아는 이러한 동네 가게가 굉장히 많습니다.
잘 읽어보시면 많은 단어와 좋은 문장을 읽을 수 있을 것입니다. 실제 사회 생활 문장도 많으니 잘 활용하세요.

|심층 공부|

cukup lama, sudah lama 이미 오래   halaman 책 페이지
lémbar 장(판, 종이 등 얇은 것을 세는 수량사) di sela-sela kesibukan 바쁜 사이 사이에 (와중에)
mau apa saja ada 무엇을 원하든 있다
lain waktu, lain kali, lain kesempatan 다음에, 다음 기회에
mengolok, melédék, mengéjék 놀리다, 괴롭히다   pohon peneduh 가로수 나무

---

2. 값을 흥정하다
Menawar Harga

A : **Berapa harga** baju mérah ini?	이 빨간 옷의 가격은 **얼마예요?**
(Baju mérah itu **harganya berapa?**)	
Bisa kurang? (Bisa diskon?)	할인이 됩니까?
B : Bisa, tapi sedikit.	됩니다, 하지만 조금요.
A : Mba, jadi berapa?	아가씨, 그래서 얼마예요?
Pasnya berapa?	정확히 얼마죠? (정가로 얼마죠?)
— Di toko lain —	— 다른 가게에서 —
A : Mas, tasnya **ada diskon atau tidak?**	아저씨, 그 가방 **할인이 있나요, 없나요?**
B : Maaf, bu. **Tasnya tidak didiskon,**	미안해요, 부인. **가격은 할인되지 않습니다,**

tetapi **ada promo.**   하지만 **판촉 행사가 있어요.**

Beli dua, gratis satu.   두 개를 사면, 하난 공짜예요

A : Sepatu ini **sempit sekali.**   이 신발은 **너무 작아요.**

Ada ukurannya yang lebih besar?   더 큰 **사이즈가 있어요?**

Baju ini **besar banget.**   이 옷은 **너무 커요.**

Ada **yang lebih kecil?**   더 **작은 것이 있어요?**

Sesudah beli, **jika tidak cocok**   구입 후에, **맞지 않거나**

atau ada masalah, **bisa tukar?**   혹은 문제가 있으면, **교환할 수 있어요?**

|심층 공부|

Aku tak sekesal ini 이만큼 짜증나지는 않았다
Musik mulai mengalun (mengalir) 음악이 흐르기 시작했다
mual 메스꺼운, 느글거리는
mulas 위경련이 나는, 복통을 느끼는

---

3. 전통 시장에서
Di Pasar Tradisional

Tukang beras itu bernama Mang Udin. **Wajahnya terlihat ramah** melayani para pembeli. **Lila menyeruak** di antara **kerumunan orang orang** yang sedang membeli beras.

그 **쌀 장사꾼**은 망우딘이라는 이름을 갖고 있었다. **부드럽게 보이는 그의 얼굴로** 손님들을 접대하고 있었다. **릴라는** 쌀을 사고 있는 **사람들 무리** 사이에 **헤집고 들어 갔다.**

A : "Neng, mau beli beras?"   아가씨, 쌀 사려고요?

Mang Udin berkata sambil melayani pembeli yang lain. Ketika Lila sedang menunggu beras yang akan dibelinya, tiba-tiba, ada suara yang mengejutkan. **Tidak hanya Lila** yang kagét. Seluruh pasar kagét **mendengar suara itu. Semua aktivitas** terhenti sesaat. **Semua orang terfokus** pada suara itu. "Hei. Mang Udin!" Seorang pria tinggi besar **bentak.** Wajahnya terlihat kasar. **Pria itu berdiri** di depan kios Mang Udin. **Semua orang yang berada di situ** memperhatikan pria itu. Mang Udin **terlihat kagét** dan **keringatnya mulai bercucuran** di sekitar dahinya.

다른 손님을 접대하면서 망우딘이 말했다. 릴라가 사려는 쌀을 살려고 기다리고 있을 때, 갑자기 놀라게 하는 소리가 있었다. 놀란 사람은 **릴라뿐만이 아니었다.** 모든 시장 사람이 그 소리를 듣고 놀랬다. **모든 활동이** 잠시 멈추어 졌다. **모든 사람이** 그 소리에 **초점이 맞추어졌다.** "헤이, 망우딘!". 매우 큰 한 청년이 **호통쳤다.** 얼굴은 거칠게 보였다. 그 청년은 망우딘의 가게 앞에 **서 있었다. 거기에 있는 모든 사람은** 그 청년을 주시했다. 망우딘은 **놀라** 보였고 그의 이마 주위에 **땀이 흘러 내리기 시작했다.**

A : Saya mau ambil uang!	나는 돈을 받고 싶어!
B : Wah, saya belum punya uang.	아, 나는 아직 돈이 없어요.
— Wajahnya memelas. —	그의 얼굴은 측은했다.
A : Ah, saya tidak peduli!	아, 나는 관심 없어!
— Wajahnya terlihat seperti mengancam.—	그의 얼굴은 협박하는 것처럼 보였다.
A : Saya mau dibayar sekarang!	나는 지금 지불받고 싶어!
B : Nanti saja, saya sedang jualan.	나중에 합시다, 나 지금 팔고 있잖아요.
Setelah berjualan, pasti utang saya	팔고 나서, 확실히 내 빚을
akan langsung saya bayar.	**내가 바로 지불 할거예요.**
A : **Ah, banyak alasan!**	**아우, 이유가 많구만!**

Geram pria itu. **Ia langsung maju dengan cepat** menghampiri Mang Udin. Ia bersiap memukul Mang Udin. **Lila yang berdiri di depan kios** ketakutan setengah mati. **Ini pertaman kalinya** melihat orang berkelahi selain di télévisi.

그 청년은 **화를 냈다.** 그는 **빠르게 즉시 앞으로 나가면서** 망우딘에게 다가갔다. 그는 망우딘을 때리려고 준비했다. **가게 앞에 서 있었던 릴라는** 엄청나게 두려웠다. **이것은** 티비에서 본 것 외에 싸우는 사람을 본 것은 **처음이었다.**

A : Ayo bayar!	야, 지불해라!

Pria itu seru **sambil tertawa.** Ia tidak memukul, tetapi malah **menggelitik** Mang Udin. Akibatnya, Mang Udin tertawa tawa.

그 청년은 **웃으면서** 소리질렀다. 그는 때리지 않고, 오히려 망우딘을 **간지럼 태웠다.** 그 결과, 망우딘은 크게 웃었다.

B : Wah, Supri! Geli, nih!	와, 수프리! 간지럽다!

Orang yang dipanggil Supri itu **berhenti menggelitik Mang Udin. Wajahnya yang tadinya kasar** dan tidak bersahabat **berubah menjadi ramah.**

수프리라고 불리는 사람은 **망우단을 간지럼 태우는 것을 멈추었다. 조금 전 까칠하고** 우호적이지 않
던 **얼굴은 부드럽게 되서 변했다.**

B : Maaf, saudara saudara.   미안해요, 여러분.
     Ini cuma bohongan.   이것은 오로지 거짓이에요.
     Ini adik saya, namanya Supri.   이 사람은 내 동생이에요,
                                           그 이름은 수프리예요.

Semua orang pun mengangguk. Lalu, **kembali melakukan kegiatannya.**
Sepertinya tidak ada yang peduli dengan kejadian tadi, kecuali Lila. Ia benar
benar kagét dan ketakutan.

모든 사람 또한 고개를 끄떡였다. 그 후, **그들의 일을 다시 했다.** 조금 전 사건으로 인해서 **관심 있는**
사람이 없는 것 같았다, 릴라를 제외하고는. 그녀는 정말로 놀랐고 무서웠다.

C : Sial! (gerutu Lila.)   재수없어! (리라가 투덜거렸다.)
     Saya kira **benaran.**   나는 **진짜라고** 생각했는데.
B : Maaf, ya, neng.   미안해요, 아가씨.
     Ini **saya beri bonus déh.**   **이건 내가 보너스로 주는 거에요.**

— Lila kembali tersenyum. Ia pulang dengan santai. (lega) —
릴라는 다시 미소를 지었고, 그녀는 한가하게 돌아갔다.

|단어 공부|

berbentuk, berupa, berwujud	~모양을 한
asbak	재떨이
sabun	비누
senja	일몰, 황혼
fajar	일출, 여명
subuh, dini hari	새벽
galak	사나운, 매서운
menyingsing	개다, 날이 밝다
tercantum, termuat	게재되다
genap	완전한, 짝수의
memajang, menghiasi	치장하다

4. 수산시장의 분위기

Suasana di Pasar Ikan

Mang Asep tengah mengatur (menata) ikan **agar menarik minat pembeli.** Ikan lélé berkata **sambil menggeliat** tubuhnya.

망아셉은 **손님의 관심을 끌기 위하여** 생선을 정리하고 있었다. 메기가 몸을 **기지개 키면서** 말했다.

A : Saya yakin, hari ini   나는 확신한다, 오늘 우리 모두
     kita akan laku semua.   잘 팔릴 거라고.

B : Tapi, sebenarnya di antara kalian   하지만, 사실 너희들 중
     akulah yang paling berjasa.   공적이 가장 많은 생선은 나야.

C : kenapa hanya kamu?   왜 오직 너만이니?

A : Di antara ikan ikan yang ada di sini,   여기 있는 생선 중에,
     ikan guramilah   구라미가
     yang paling mahal harganya.   가격이 가장 비싸거든.
     Aku selalu hidup di air baru   나는 항상 산소가 풍부한
     yang kaya oksigén.   새로운 물에서 살아.
     Tidak seperti kalian.   **너희들처럼은 아니야.**

Gurami masih terus **menyebutkan** kelebihannya. Manusia **enggan membelimu** karena susah dibersihkan dan juga bau amis. Gurami kata **sambil menghina** mujair. Meréka tidak mau memedulikan gurami **yang terus memuji kelebihan dirinya.**

구라미는 여전히 계속 그의 장점을 **얘기했다.** 인간은 **너를 사는걸 싫어해** 왜냐하면 씻기 힘들고 비린 내가 나기 때문이야. 구라미는 무자이르를 **경멸하면서** 말했다. 그들은 **자기 자신을 계속 칭찬하는** 구라미를 간섭하고 싶지 않았다.

A : **kenapa kalian diam saja?**   너희들 왜 조용히만 있니?
     Kalian mengakui   너희들 내가 대단하다는 걸
     kalau aku ini hébat?   인정하는 거야?

Ikan ikan itu berharap agar gurami segera cepat laku. Namun, **yang terjadi** malah sebaliknya. Ikan yang lain **lebih dulu laku.** Gurami **sama sekali tidak ada** yang beli. Sebenarnya, **juga banyak** yang berminat, namun setelah tahu **harganya terlalu mahal,** banyak yang berubah pikiran. Meréka memilih ikan

yang harganya agak murah.

그 고기들은 구라미가 즉시 빨리 팔리기를 **바랬다.** 하지만, **일어난 일은** 오히려 반대였다. 다른 고기가 **더 먼저 팔렸다.** 구라미를 사는 사람이 **전혀 없었다.** 사실, 관심 있는 사람은 **역시 많았지만, 가격이 너무 비싸다는** 사실을 안 후, 생각을 바꾼 사람이 많았다. 그들은 **가격이 조금 싼 고기를** 선택했다.

Sampai sore, tidak ada juga **yang membelinya. Meréka hanya memegang-memegang saja. Setelah tahu** harga gurami mahal, **semua mundur** tidak membeli. Meskipun paling bergizi, **tetapi jika tidak ada yang membeli, percuma saja.** Akhirnya Mang Asep bingung juga. Apakah sebaiknya gurami **dilélang saja?**

오후까지, **구라미를 사는 사람은** 또한 없었다. 그들은 오직 만지작 거리기만 했다. 구라미 가격이 비싼걸 안 후, 모두가 사지 않고 물러 섰다. 비록 영양가가 가장 많지만, **사는 사람이 없다면,** 쓸데없는 일일 뿐이다. 결국 망아셉은 또한 혼란스러웠다. 구라미를 **경매 부치면** 좋겠지?

 상기 표현 문장 잘 살펴보세요. 재미있는 표현이 많죠?
여러분은 유사 단어를 많이 알아야 합니다. 상대가 말할 때 알아 들어야 하지만 본인이 단어를 잊었을 때 다른 단어로 사용할 수 있도록 많이 알아야 합니다.

|단어 공부|

wisatawan	여행객
mengemas	(이삿짐 등) 짐을 싸다
membungkus	선물, 음식 포장하다
wartawan	기자
memerkosa, memperkosa	강간하다
berlarian	달리다
tikar	멍석
bertunas	싹이 트다
bersorak-sorai	환호하다
meramu	약을 썰다, 약재를 수집하다
subsidi	보조금, 장려금
mengembangbiakkan	번식하다
menghalau, mengusir	쫓아내다, 몰아내다
sembako	9개 생활 필수품

5. 물건들을 사다

Membeli Barang Barang

A : Permisi, boléh saya tanya tanya? 　　실례지만, 여쭤 봐도 될까요?

B : Boléh silakan, **mau tanya apa?** 　　네 그러세요, **무엇을 물어 보시겠어요?**

　　Apa saja **yang Ibu perlukan?** 　　사모님께서 필요하신 건 무엇들입니까?

　　Apakah hari ini **hari spésial?** 　　오늘 특별한 날이에요?

A : Hari ini **saya mendapat banyak bonus** 　　오늘 **난 많은 보너스를 받았어요**

　　karena **hasil kerja saya** sangat bagus. 　　**나의 일 성과가** 매우 좋았거든요.

B : Oh hébat, ibu bekerja **di bidang apa?** 　　와 대단하세요, **어떤 분야에서** 일하세요?

A : Saya bekerja **di bidang jual beli tanah.** 　　전 **부동산 분야에** 일하죠.

　　(Saya berkerja **di bidang properti**)

　　Untuk membeli rompi dan 　　조끼와 운동화 사려면

　　sepatu olahraga **harus ke mana?** 　　**어디로 가야 하나요?**

B : **Untuk membeli rompi** ke lantai 2, 　　**조끼를 사려면** 2층에 가시고,

　　untuk sepatu olahraga **ke lantai 3**. 　　운동화는 **3층이에요.**

　　　　　　　— Di lantai dua — 2층에서

C : Rompi itu **baru datang kemarin,** 　　이 조끼는 **어제 바로 들어왔어요,**

　　modél baru dan harganya Rp 600.000. 　　새로운 모델이고 가격은 60만 루피아예요.

　　Rompi itu **hasil karya perancang terkenal.** 이 조끼는 유명한 기획 상품이에요.

　　　　　　　— 중략 —

B : Terima kasih **sudah berbelanja di sini.** 　　고마워요 **구매해 주셔서.**

|심층 공부|

baru tewas, langsung tewas, tewas seketika 즉사하다

terlebih, khususnya, terutama 특히　　　　lintasan keréta api 기차 건널목

pemakai jalan 도로 이용자　　　　　　　pejalan kaki 보행자

manajer 경영자, 지배인(매니저로 읽으세요)　Dunia Fantasi 공상의 세계

nékat 무모한　　　　　　　　　　　　　kanker darah 백혈병

properti 부동산　　　　　　　　　　　　bercécéran 액체 등이 흩어지다

6. 엄마의 심부름

Pesan (Suruhan) Ibu

A : Mei, **tolong belikan tepung** di warung.   메이, 가게에서 **밀가루 좀 사주라.**

B : Baik bu, sekaligus **Mei mau minta**   네 엄마, 간 김에 (동시에) **메이는** 가게에

      sedotan bekas ke warung.   가서 헌 빨대를 **달라고 할 거예요.**

A : Beli yang baru saja, Mei.   새걸로 사도록 해, 메이.

      Jangan minta yang bekas!   헌 것을 **달라고 하지 말거라!**

A : Untuk apa sedotan itu?   빨대를 가지고 무엇을 할려고 그래?

B : Untuk membuat bunga, bu.   꽃을 만들려고요, 엄마.

A : Iya, ini uangnya.   그래, 여기 돈이야.

B : Bu, beli tepung dong!   아줌마, 밀가루 살려고 해요!

C : Ya, ini tepungnya.   그래, 여기 밀가루.

      Hati hati membawanya, ya.   조심해서 잘 가져가거라.

B : Oh, ya, apakah saya **boléh minta**   네, 제가 헌 빨대를

      sedotan bekas, bu?   **부탁해도 될까요?**

C : Itu ada di atas **botol-botol yang kosong.**   그것은 **빈병들** 위에 있어.

      Ambil sendiri, ya.   **혼자(스스로) 가져 가거라.**

B : **Mana tepungnya, bu?**   **밀가루 어디 있어요, 아줌마?**

C : Tadi, **kan sudah ibu kasih.**   조금 전, **아줌마가 이미 주었잖아.**

B : Oh, ini dia!   오, 여기 있네요! (이것이 그것이네요)

      Asyik ambil sedotan, sih,   빨대를 가져오느라 너무 집중해서,

      jadi, lupa tepungnya, déh.   **그래서, 밀가루를 잊어 버렸잖아요.**

|심층 공부|

mengharuskan, mewajibkan 억지로 ~시키다, 의무화하다, 당연히 하게 하다

data pribadi 개인 기록   dokumén rahasia 기밀 서류

instruksi 교육   instruktur 지도자, 교사

dan lain-lain, dan sebagainya 등   struktur 구조, 구성

gugup 긴장되다, 겁을 먹다   larut 용해되다, (밤) 깊어 가는

tahap séleksi 선택 과정

memilah, mengelompokkan, memisah, membagi 분류하다

7. 옷을 교환하다

Menukar Bajunya

A : Kemarin saya beli baju ini,
 tetapi anak saya tidak suka warnanya.
 Dan **ukurannya juga tidak cocok**. Boléh tukar?

B : Boléh bu, **silakan dipilih lagi.**

A : Makasih Ya. Bagaimana baju ini?
 Modél baru ya?

B : Iya, saat ini, modél baru ini **sangat laris.**

A : Oh begitu. Saya akan pilih baju ini,
 tapi **ukurannya L saja.**

B : Baik bu. **Ada lagi yang lain?**

A : Saya mau beli ini, ada diskon?

B : Tidak ada diskon. **Di sini hanya harga pas,**
 tapi, kalau ibu memakai kartu bank BNI
 bisa dapat diskon 7%.

A : Oh, begitu, **kebetulan saya punya.**

B : Wah, ibu beruntung ya.

A : Terima kasih, **kamu sangat baik.**

B : **Nanti kalau ibu ada keperluan lain,**
 bisa mencari saya.

어제 내가 이 옷을 샀어요, 하지만
아이가 그 색상을 싫어하네요.
그리고 크기도 안 맞아요. 교환 돼요?

되죠 사모님, **다시 골라 보세요.**

고마워요. 이 옷 어때요?
최신 모델이예요?

네, 최근에, 이 최신 모델은 **매우 인기 있어요,**

오 그래요. 난 이 모델을 선택할게요,
그러나 **사이즈는 L로 주세요.**

좋아요 사모님. **다른 것 또 있어요?**

난 이걸 살래요, 할인 되나요?

할인 없어요. **여긴 오직 정가예요,**
하지만, BNI 카드 쓰시면
7%의 할인을 받을 수 있어요.

오, 그래요, **다행히 내가 가지고 있네요.**

와, 사모님은 운이 좋네요.

고마워요, **당신 정말 친절하네요.**

나중에 사모님이 다른 것이 필요하다면,
절 찾으세요.

|단어 공부|

melawat, melayat	문상하다
memfitnah	중상 모략하다
menyidik, menyelidik	조사하다
membaur, mencampur	~와 동화되다, 혼합되다
menyiksa, menghukum	벌 주다, 학대하다
menyemprot	뿌리다, 살포하다

8. 가격 할인

Potongan Harga

A : Kata teman-teman, sekarang ini
   sedang banyak pésta diskon.
   Diskon itu apa, Yah?

B : Diskon itu **potongan harga**.
   Potongan harga yang disebut diskon adalah
   pengurangan harga dari harga aslinya.

A : Jika harga dikurangi,
   apakah penjualnya tidak rugi?

B : **Tentu tidak**. Penjual sudah
   menghitungnya **dengan matang**.

A : **Apa tujuan meréka memberi**
   potongan harga itu?

C : **Untuk menarik perhatian pembeli**.
   Semakin banyak **yang tertarik,**
   semakin besar pula **keinginan pembeli**
   untuk membeli barang itu.
   Jadi, toko-toko memberi potongan harga
   kepada pembelinya.

A : Oh, begitu!

C : Meskipun demikian, **kita jangan mudah**
   terpengaruh dengan potongan harga.
   Kita harus membeli barang
   yang benar benar kita perlukan.
   Kita harus hidup hemat.

B : Al, **mau apa** kita ke sana?
   Lagi pula,
   baru saja Ayah **membelikan** baju.

C : Mungkin, Ali hanya ingin
   melihat-lihat saja.

A : Ya yah, **betul kata ibu**.

B : Nah, kamu sudah mengerti, bukan?

친구들 말이, 최근에
할인 축제가 많다고 했어요.
할인이 뭐예요, 아빠?

할인은 **가격을 줄인다는 뜻이야.**
할인이라고 부르는 **가격 할인은**
원래 가격으로부터의 **가격 감소란다.**

만일 가격을 줄이면,
그 상인은 손해가 없나요?

꼭 그렇지는 않아. 상인은 이미
충분히 그것을 계산 한거야.

할인을 제공하는
그들의 목적은 무엇이에요?

구매자의 관심을 끌기 위해서지.
관심을 가진 사람이 많을수록,
그 물건을 사려는 **구매자의 욕구는**
또한 점점 커진다.
그래서, 가게들은 그들의 구매자에게
가격 할인을 제공한단다.

오, 그래요!

비록 그렇긴 하지만, **우리는**
가격 할인에 **쉽게 영향 받지 말아야 해.**
우리는 **우리가 정말로**
필요로 하는 물건을 사야 해.
우리는 절약하는 삶을 살아야 한단다.

알, **무엇을 위하여** 우리는 거기 가니?
더욱이,
방금 아버지는 옷을 **사 주었잖아.**

아마도, 알리는 오로지
둘러 보고 싶을 뿐일 거예요.

그래요, 아버지. **엄마 말씀이 맞아요.**

그래, 넌 이미 이해했구나, 안 그래?

Sekarang bersiaplah!
Kita akan pergi ke toko
untuk melihat lihat potongan harga itu!

지금 준비해라!
우리는 가격 할인을 보기 위해
가게로 갈거야!

|단어 공부|

menghasut	자극하다, 선동하다
mengamuk	날뛰다, 맹위 떨치다
penghijauan	식재, 조림
melampirkan	동봉하다, 첨부하다
panggang, bakar	고기 등을 굽다
kemas, rapi, beres	정돈된
lantas	즉시, 그 후로, 그런 후

---

9. 빗자루 상인
Pedagang Sapu

Saya mau berbicara tentang tetangga saya **yang bernama Pak Tono**. Pak tono buta **sejak lahir**. Pak Tano bekerja **sebagai pembuat sapu**. Ia membuat sapu dan menjualnya **dengan berkeliling kampung**. Dengan menggunakan tongkat, ia berjalan ke kampung-kampung di sekitar rumahnya. Setiap hari Pak tono bangun jam 5 pagi, lalu mandi, salat dan sarapan.

저는 또노 씨라고 하는 저의 이웃에 대해서 얘기하려 합니다. 또노 씨는 **태어날 때부터** 장님입니다. 또노 씨는 **빗자루 제조자로** 일합니다. 그는 빗자루를 만들고 **시골을 돌아다니면서** 빗자루를 팝니다. 지팡이를 사용하면서, 그는 그의 집 주변에 있는 시골들로 걸어 다닙니다. 매일 또노 씨는 아침 5시에 일어나서, 목욕과 기도를 하고 아침을 먹습니다.

Setelah itu, ia menyiapkan sapu-sapunya. Tepat jam 6 Pak tono berangkat. Laki-laki bertubuh kurus ini, **berkeliling kampung** sampai jam 12. Ia kembali ke rumahnya untuk makan siang dan salat. Sesudah itu, Pak Tono membuat sapu sapu baru sampai pukul 5. Malam harinya, ia mengobrol dengan tetangganya dan beristirahat.

그 후에, 그는 빗자루들을 준비합니다. 6시 정각에 또노 씨는 출발합니다. 이 마른 남자는 12시까지 **시골을 돌아다닙니다.** 그는 점심과 기도를 위해 집으로 돌아옵니다. 그 후에, 또노 씨는 5시까지 새로운 빗자루를 만듭니다. 밤에는, 그는 이웃들과 담소를 나누고 휴식을 취합니다.

Pada hari Minggu, Pak Tono bersantai di rumah bersama istrinya dan ketiga anaknya. **Demikian kegiatan** sehari hari Pak Tono. Pak Tono senang dengan pekerjaannya. Sebagai tunanétra, **ia bangga** dapat mencari uang sendiri dan tidak merépotkan orang lain.

일요일에는, 또노 씨는 부인과 세 아이들과 함께 집에서 휴식을 취합니다. 또노 씨의 하루 **일과는 이러합니다.** 또노 씨는 그의 직업을 좋아했습니다. 장님으로서, **그는** 혼자 돈을 벌 수 있고 다른 사람에게 폐를 끼치지 않는 것에 **자랑스러워 했습니다.**

|단어 공부|

berlangsung, melantaskan	지속하다
gurih	맛이 고소한
replika, duplikat, salinan	복제, 복사
mencubit	꼬집다
mengebor	구멍 뚫다
menggelikan	간질이다
menyimpulkan	매듭 짓다, 결론내다

---

10. 교활한 소금 운반자(짐꾼)

Pengangkut Garam yang Licik

Dahulu kala, **hiduplah seorang pedagang kecil.** Setiap hari, **ia menjajakan dagangannya** dari kampung ke kampung. Ruamahnya pun **jauh dari daérah pesisir.** Suatu hari, **ia mendengar berita** bahwa harga garam di daérah pesisir **jauh lebih murah** daripada di kampungnya. Selain itu, **persediaan garam di pesisir pun** sangat banyak. Pedagang itu membayangkan **keuntungan berlipat ganda** yang akan dia dapatkan jika ia pergi ke sana.

옛날에, **영세한 상인이 살았다.** 매일, 그는 시골에서 시골로 **그의 물건을 행상했다.** 그의 집 역시 **해안 지역으로부터 매우 멀었다.** 어느 날, 그는 해안 지대에 있는 소금의 가격이 시골보다 **훨씬 싸다는 소식을 들었다.** 그 외에, **해안에 있는 소금 재고 역시** 매우 많다는 것을. 그 상인은 만일 자기가 거기로 간다면 그가 받을 **두배의 이윤을** 상상했다.

Beruntunglah, ia memelihara keledai **yang bisa digunakan** untuk mengangkut barang. Pagi itu, pedagang berangkat bersama keledainya ke pesisir. Pedagang itu pun **memborong(memonopoli) garam**. Garam itu, kemudian ia muatkan ke punggung keledainya. Keledai **merasa bebannya terlalu berat**. Oléh karena itu, keledai terpaksa berjalan **agak lambat**. Apalagi, jalan yang dilalui **terjal dan licin.**

운 좋게도, 그는 물건을 싣기 위해 **쓸 수 있는** 노새를 키우고 있었다. 그날 아침, 그의 노새와 함께 해변으로 상인은 출발했다. 그 상인 또한 **소금을 매점했다**. 그 후, 그는 그 소금을 노새의 등에 실었다. 노새는 그 **짐이 너무 무겁다고 느꼈다**. 그래서, 노새는 어쩔 수 없이 **조금 천천히** 걸었다. 더욱이, 지나가는 길이 **가파르고 미끄러웠다.**

Selang(selama) beberapa lama, meréka sampai **di jalan yang menurun**. Keledai itu **tak kuat lagi menahan bebannya**. Nasib malang **menimpanya**. Batu batu kecil **yang berserakan** membuat ia **tergelincir** ke sungai. Garam pun **tumpah** dan **terendam air.** Karena garam yang dibawanya tumpah, keledai merasakan bebannya ringan. Ia pun **bangkit** dari sungai dan naik ke darat. Hatinya lega karena tidak ada lagi **beban yang berat**. Sebaliknya dengan pedagang, **ia pulang dengan kesal** dan **tangan hampa(tangan kosong).**

제법 오랫동안, 그들은 **내리막길에** 도착했다. 노새는 그 **짐을 견딜힘이 더 이상 없었다**. 불행한 운명이 **그를 덮쳤다**. **흩어져 있는** 작은 돌들이 그를 강으로 **미끄러지게** 만들었다. 소금 또한 **쏟아졌고** 물에 **잠겼다**. 그가 가져온 소금이 쏟아졌기 때문에, 노새는 짐이 가벼워진 것을 느꼈다. 그는 또한 강에서 **일어났고** 육지로 올라갔다. 그의 마음은 **무거운 짐이** 다시는 없었기 때문에 여유로웠다. 반대로 상인 입장에서, 그는 **실망과 빈손으로 돌아갔다.**

11. 야채상과의 인터뷰

Wawancara dengan Penjual Sayuran

Sebelumnya saya bekerja **sebagai téknisi sebuah pabrik**. Tetapi, **akibat krisis monéter** pabrik saya bangkrut. Akibatnya, **saya diberhentikan**. Namun saya tetap bersyukur **karena saya mendapat pesangon** dari perusahaan. Nah, **pesangon itulah** yang saya pergunakan untuk memulai pekerjaan ini. Meskipun saya hanya penjual sayur, saya tetap bangga dan senang karena dapat **menghidupi** keluarga dan **menyekolahkan** anak saya.

전에 나는 **한 공장의 기술자로** 일했다. 하지만, **재정상의 위기 결과로** 내 회사는 부도가 났다. 그 결과, **나는 해고되었지**. 그러나, 나는 정말 감사했다. 왜냐하면 나는 회사로부터 **퇴직금을 받았기 때문이다**. 그리고, **그 퇴직금을** 내가 이 일을 시작하기 위하여 사용했다. 비록 내가 야채상일 뿐이지만, 나는 정말 자랑스럽고 즐겁다 왜냐하면 가족을 **보살필 수 있고** 내 아이를 **학교 보낼 수 있으니까.**

|단어 공부|

penataan, peraturan	정리, 정돈
kumuh	더러운, 상스러운
berbatasan	인접한, 경계에 있다
berbatas	제한이 있는, 한계가 있다
gosong, hangus	태운, 그을린

극장, 백화점, 커피숍, 레스토랑, 미용실에서

1. 카페

*Kaf*é

A : Pagi Bu. Mau pesan apa?   안녕하세요. 뭘 주문하시겠어요?

B : Américano satu.   아메리카노 한 잔이요.

A : Ice atau Hot?   차가운 걸로 하시겠어요 따뜻한 걸로
하시겠어요?

B : Ice.   차가운 걸로 주세요.

A : Sizenya?   사이즈는요?

B : Médium.   중간으로 주세요.

A : Mau tambah sirup?   시럽을 넣을까요?

B : Hmm, rasanya sudah manis?   맛이 달아요?

A : Belum.   아직은 안 달아요.

B : Kalau gitu, saya mau tambah   그러면, 설탕 조금만
     gula sedikit saja.   넣을게요.

A : Baik bu. **Ada pesanan lagi ?**   네. **추가 주문 있습니까?**

B : Ada roti coklat?   초콜릿 빵 있나요?

A : Wah maaf, roti coklat **sedang habis**.   아 죄송해요, 초콜릿 빵이 다 **팔렸어요.**

B : Ice Américano saja **kalau gitu.**   그럼 아이스 아메리카노만 주세요.

A : Américano kita sedang ada **promo** bu.   아메리카노는 지금 **프로모션** 중이에요.
     Kalau pakai kartu krédit bank Star,   **스타은행 신용카드를 이용할 경우,**
     beli 1 **gratis 1.**   한 잔 사시면 **한 잔 무료예요.**

B : Yah, tapi saya **tidak pakai** kartu kréditnya.   네, 하지만 전 은행 신용 카드를 **안 써요.**
     Kalau **kartu débit bank Star** bisa?   **스타은행 체크카드(직불카드)는** 돼요?

A : Maaf Bu, kalau kartu débitnya **belum bisa.**   죄송해요, 직불카드는 **아직 안돼요.**

B : Ya sudah, bayarnya **cash saja.**   아 알겠어요, 지불은 **현찰로** 할게요.

A : Baik Bu, **totalnya** 36.000 rupiah.   네, **총** 36.000루피아입니다.

B : Ini 50.000 rupiah.

A : **Kembalinya** 14.000 ya Bu.
   Silakan (mohon) ditunggu minumannya.
   Nanti akan dipanggil. Terima kasih.

여기 50.000루피아입니다.

잔돈 14.000루피아입니다.
음료를 **기다려** 주세요.
나중에 불러 드릴게요. 감사합니다.

|단어 공부|

menyempurnakan	완전히 끝내다
insentif, bonus	보너스
farmasi	제약의, 조제의
suvenir	기념품
ilustrasi	삽화
mempertimbangkan	심사 숙고하다
menakjubkan	감탄하게 하다
mendikté	지시하다, 받아 쓰게 하다
jago, jempolan	챔피언
menyembah	경배를 하다
piagam penghargaan	표창장, 감사패
perihal surat	편지 제목
bola keranjang	농구
sumber air	물의 원천, 샘, 우물

2. 할인 전쟁

Perang Diskon

A : Ayah, saya sering mendengar tentang
   perang diskon.
   Apa maksudnya?

B : Diskon itu potongan harga.

A : Kenapa disebut perang?
   Seperti tentara saja.

B : Itu artinya **berlomba** atau **bersaing**.

C : Setiap toko bersaing **memberikan**
   diskon sebesar-besarnya.

아버지, 저는 할인
전쟁이라는 말을 자주 들어요.
그 뜻이 뭐예요?

Diskon이란 가격의 할인이야.

왜 전쟁이라 불러요?
군인처럼 말이에요.

그 뜻은 '**시합하다**' 또는 '**경쟁하다**'이란다.

각각의 가게는 **최대한 많은**
제공하려고 경쟁한단다.

A : Oh, begitu. Apakah tidak rugi, Bu?

C : Tentu tidak. **Itu sudah diperhitungkan.**
Mana ada toko yang mau rugi.

B : Itulah **stratégi dagang.**
Dengan memberikan **diskon yang besar,**
meréka **bermaksud menarik**
pelanggan sebanyak-banyaknya.

C : Jika banyak pelanggan **berbelanja di situ,**
maka keuntungan yang didapat **juga banyak.**

A : Apakah pelanggan **tidak tertipu**
dengan barang yang dibeli?
Mungkin dinaikkan dulu dari harga
semestinya (sebenarnya) baru didiskon, Bu.

C : Tidak. **Barang-barang yang didiskon besar**,
biasanya barang-barang
yang kurang laku atau barang lama.
Itulah disebut **cuci gudang.**

A : Oh, begitu.
Dimas kira **semua barang.**

B : Ya, tidak semua barang.

A : Kapan perang diskon itu
biasanya diadakan?

B : Biasanya, **menjelang tutup tahun,**
hari-hari besar keagamaan atau
hari-hari bersejarah.

A : Yuk, sekarang kita lihat perang diskon!

B : Bésok Minggu saja,
kita ajak adik juga, Oké?

오, 그래요. 손해가 아닌가요, 엄마?

당연히 아니지. **그것은 이미 계산된 거야.**
손해 보고 싶은 **가게가 어디 있겠니.**

그것은 **장사 전략이야.**

큰 할인을 제공함으로써,

그들은 최대한 많은 **고객을**

끌려는 의도를 갖고 있어.

만일 거기서 쇼핑하는 고객이 많다면,

그리하여 얻는 이윤 **또한 많단다.**

고객이 구매했던 물건이

사기당한 게 아닌가요?

아마도 실제 가격으로 먼저 올리고
바로 할인하는 것 같아요, 엄마.

아니야. 크게 할인되는 물건들은,

보통 잘 **팔리지 않는 물건**이거나

오래된 물건이야.

그것을 **창고 할인이라** 부른단다.

아, 그래요.

디마스는 **모든 물건이라고** 생각했어요.

그래, 모든 물건은 아니야.

언제 그 할인 전쟁을

보통 시작하나요?

보통, **연말 쯤이나,**

종교의 큰 명절들 또는

역사적인 날에 시작한단다.

그럼, 지금 할인 전쟁을 보러가요!

내일 일요일에 하자, 우리는 동생도
데리고 가는 거야, 오케이?

3. 호텔에서
Di Hotel

A : **Ada kamar yang kosong?**   빈방 있습니까?

    Untuk menginap harganya berapa?   숙박하는데 얼마예요?

    Apakah biaya ini **sudah termasuk semua?** 이 요금은 모든 것이 포함됐나요?

B : **Hanya termasuk makanan dan pajak.** 오직 식사 및 세금만 포함됐어요.

A : **Tolong bawakan koper ini** ke kamar. 내방으로 가방을 옮겨 주세요.

    Nomor kamar saya 305.   내 방 번호는 305호입니다.

    Tolong bangunkan saya tepat pada 내일 아침 7시 정각에 좀 깨워주세요.

    pukul 7 pagi.

    Saya titip pakaian ini sampai besok pagi. 내일 아침까지 이 옷 맡길게요.

    Tolong cuci saja.   그냥 세탁만 해주세요.

    Lalu **setrika saja celana ini.** 그리고 이 바지는 다림질만 해주세요.

 호텔이나 숙박 업소를 찾았을 때의 상황

4. 미용실에서

Di Salon

A : Selamat siang Pak. 안녕하세요.

B : Siang, Mau potong rambut. 안녕하세요, 머리 자르려고요.

A : Baik. Dicuci dulu ya rambut. 네. 머리를 먼저 감죠.

B : **Kalau potong rambut** biayanya berapa ya? **머리 자른다면** 비용은 얼마예요?

A : Kalau termasuk cuci dan dikeringkan, 머리 감고 드라이까지 포함하면,
　　kira kira totalnya 50.000 Pak. 대략 총 50.000루피아입니다.
　　Mau potong modél apa, Pak? 어떤 스타일로 **자를까요?**

B : **Dirapihkan saja** rambutnya. 머리 **정리만 합시다.**
　　Modélnya tidak usah diganti. **스타일은** 바꿀 필요가 없어요.

A : **Péndéknya** seperti ini cukup, Pak? **길이는** 이 정도면 충분합니까?

B : Iya cukup. 네 충분합니다.

|심층 공부|

kesulitan 어려움, 곤란, 어려움을 겪다　　　　tutup tahun, akhir tahun 연말

mengalahkan ~을 이기다, ~을 굴복시키다, ~보다 우세하다, 졌다고 말하다, 능가하다

daftar riwayat hidup, curiculum vitae (꾸리꿀룸 비떼) 이력서

dengan tangan kosong, dengan tangan hampa, tanpa hadiah 빈손으로, 선물 없이

16

은행, 관공서 관련 문장

1. 통장 개설
Buka Rékening

A : Selamat pagi, Pak. **Ada keperluan apa?**   안녕하세요. **필요하신 게 무엇입니까?**

   Ini nomor antriannya. Silahkan menunggu.   이것은 **대기 번호예요.** 좀 기다리시죠.

C : Ada yang bisa saya bantu?   뭘 도와드릴까요?

B : Saya mau membuat rékening baru.   새 계좌 만들려고요.

C : **Pembukaan rékeningnya** untuk apa?   **계좌 개설은** 무엇을 위한 것이죠?

   Bisnis atau hanya menabung?   사업용 아니면 오직 예금만 하시겠어요?

B : Untuk bisnis.   사업상 필요해요.

C : Kalau begitu, **saya sarankan** tabungan Bisnis.   그러시면, 비즈니스 저축을 **권할게요.**

B : Ada **biaya administrasi** per bulan?   매월 **행정 수수료가** 있습니까?

C : Iya, **per bulannya dikenakan**   네, 매월 100,000루피아의

   biaya administrasi 100.000 rupiah.   **행정 수수료가 부가됩니다.**

B : **Biaya administrasinya** mahal juga ya.   **관리비용** 또한 비싸네요.

   Oke, saya mau rékening Tabungan Bisnis.   네, 비즈니스 저축계좌로 할게요.

C : Baik Pak. **Asalnya** dari mana?   네, **출신지가** 어디시죠?

B : Korea Selatan.   한국입니다.

C : Apakah Bapak bawa **paspor dan KITAS?**   **여권과 끼다스** 갖고 오셨어요?

B : Ya, saya bawa paspor dan KITAS.   네, 여권과 끼다스 갖고 왔죠.

C : Silahkan isi

   formulir pembukaan rekening baru.   새 계좌 개설 서류를 작성해 주시죠.

   Saya fotokopi paspor dan KITASnya dulu.   전 여권과 끼다스를 먼저 **복사할게요.**

   Mohon ditunggu.   좀 기다려주세요.

B : Mba, **saya sudah selesai isi formulirnya.**   **저는 서류 작성을 마쳤어요.**

C : Baik Pak, silahkan tanda tangan   네, **첫 번째 장과 두 번째 장에**

   di halaman pertama dan halaman kedua.   사인해 주세요.

Setoran awal mau dengan uang tunai
atau transfer, Pak?

첫 예탁금은 현찰로 하실래요
계좌이체 하시겠습니까?

B : **Kalau transfer bank** juga bisa ya?

만일 은행 송금하는 것 또한 됩니까?

C : Iya, bisa transfer bank.

네, 은행 송금 됩니다.

Paling lambat sampai hari ini jam 5 sore.

늦어도 오늘 오후 5시까지입니다.

B : Saya **transfer bank aja** kalau gitu.

그러면 **은행 송금으로** 합시다.

C : Ini **saya kembalikan** paspor dan KITASnya.

이것은 제가 여권과 끼다스 **돌려 드리는
겁니다.**

Ini juga saya **serahkan** buku tabungan.

이것 또한 예금 통장을 **드리는 겁니다.**

 transaksi 거래, 계약, 처리, 업무
serahkan 용도를 잘 보세요. 준다는 표현을 이렇게도 씁니다, 후원금을 주다 등도 이 단어를 자주 씁니다.
menyerahkan에서 **meny**를 생략하면 **serahkan**이 되시는 것 아시죠?

|심층 공부|

mundur 후퇴하다	jarum 바늘, 침
setir, kemudi 핸들	cadangan 비축, 예비, 후보
jempol, ibu jari 엄지손가락	uji coba 사전시험, 사전검사
sudut, pojok, penjuru 구석	tumpang, naik 차를 타다
nafsu makan, seléra makan 입맛	360 derajat 360 도
lawan, musuh 상대, 적	berjalan maju 앞으로 걸어가다
menerbangi, terbang 날다, 날아가다	mengatasi, menghadapi 극복하다
menggoyang, mengguncang 흔들다	

---

2. 보험 회사에서

Di kantor Asuransi

A : Permisi, **untuk menagih uang asuransi**
dokumén apa yang diperlukan?

실례합니다, **보험금을 청구하려면**
필요한 **서류는** 무엇입니까?

B : **Banyak dokumén** yang diperlukan.
Di sini ada petunjuk tentang dokumén
tersebut.

필요한 **서류는 많습니다.**
여기 그 서류에
대한 **지침서가 있어요.**

A : Wah, ada banyak.

  Semua itu harus saya siapkan?

B : Betul. **Jika perlu uang harus disiapkan.**

A : Boléhkah **kopiannya? (salinannya)**

B : Enggak boléh. Kita perlu **aslinya.**

와, 많네요.

그 모두를 제가 준비해야 합니까?

그래요. **돈이 필요하시면 해야죠.**

복사본도 됩니까?

안돼요. 우리는 **원본이** 필요해요.

|단어 공부|

mengobati, berobat	치료하다
via	~경유하여, ~을 거쳐
iuran	기부금, 분담금, 회비
mengolah	땅을 경작한다, ~을 처리하다
mencontohkan	시범 보이다
menanam	심다
seperti yang digambarkan	예를 들어 설명한 것처럼
menggambarkan	예를 들어 설명하다

3. 버니의 저금통

Celéngan Beni

Beni cemberut sejak pagi. Ibu telah **mencoba semua cara** untuk membujuknya. Akan tetapi, **Beni malah mogok makan.** Rupanya, **Beni cemburu** karena kemarin Ali ikut ayah membeli sepéda. Buktinya, ayah memilih sepéda **yang ada boncengannya.** Beni **tidak bisa menerima** penjelasan ayah. **Ia tetap mengganggap** ayahnya hanya menyayangi Ali. Ibu tidak menyangka **hal ini akan membuat Beni marah.**

버니는 아침부터 **심술이 났다.** 엄마는 그를 달래기 위하여 **모든 방법을 시도해 보았다.** 하지만, 버니는 오히려 먹는 걸 **거부했다.** 아마도, 버니는 어제 알리가 자전거를 사러 아빠를 따라갔기 때문에 **질투하는 것 같았다.** 그 증거로, 아버진 **합승 좌석이** 있는 자전거를 선택했다. 버니는 아버지의 설명을 **받아 들일 수 없었다.** 그는 여전히 아버지가 오직 알리만 사랑한다고 **생각했다. 그 일이 버니를 화나게 만들거라곤** 상상도 못했다.

A : Beni, sepéda itu **buat kalian berdua.**

  Beni, gaji ayah tidak banyak.

버니, 그 자전거는 **너희 둘을 위한 것이야.**

버니, 아버지 봉급은 많지 않아.

Itu pun dipakai untuk keperluan sehari-hari,
untuk jajan kalian dan lain iainnya.
Uang untuk membeli sepéda
semuanya bukan uang ayah!
Ayah hanya menambah sedikit.
Anak ayah **tidak boléh putus asa!**
Kalau sudah menabung,
tetapi belum cukup untuk membeli sepéda,
nanti **ayah tambahkan!**

그것 **역시** 일용품을 위하여 **사용되고,**
너희들 군것질 등에 **사용된다.**
자전거를 사기 위한 돈은
그 모두가 아빠의 돈이 아니야!
아버진 그냥 조금 보탰을 뿐이야.
아빠의 아들은 포기해서는 안돼!
만일 저금을 했는데도,
자전거 사기에 **아직 부족하다면,**
나중에 **아빠가 보태줄게!**

|단어 공부|

kopor, koper	여행용 가방
tandai nomor	번호 표시를 해라
pajak	세금
berpawai	시가행진하다
melepas lelah	피곤을 풀다
operasi	수술
lelah, capek, capai, letih, lesu	피곤한
operasi plastik	성형 수술

'성형수술'은 자주 듣는 단어입니다. 이 나라 사람들은 한국 미인을 보고 성형에 대하여 많은 관심을 갖고 있습니다. 이 단어 꼭 기억하세요.

---

4. 저금했기 때문에
Karena Menabung

Akhirnya tetangga-tetangganya **bergunjing.**

A : Dari mana Pak Amin bisa membeli
motor baru **kalau bukan dari korupsi?**
Pantas saja! Dia kan, baru saja
menjadi panitia **di tingkat RW!**
Di sekolahnya pun dia menjadi
ketua panitia **penerimaan siswa baru.**

결국 그의 이웃들은 **흉을 봤다.**
(수근거렸다)
아민 씨는 어디에서 새 오토바이를
살 수 있겠니 **만일 부정 행위가 아니라면?**
당연하잖아! 그는 말이야,
주민위원회에서 바로 위원이 됐잖아!
그의 학교에서 조차도 그는 **신입생 영입**
위원장이 됐잖아.

Coba, **dari mana lagi** dia dapat uang
kalau bukan dari kegiatannya
sebagai panitia?
Berapa sih, gaji guru?
Lihat. Pak Parno juga guru.
Tapi kehidupannya
tidak seperti Pak Amin.

자 보자, **어디에서 다시** 그는 돈을
받을 수 있을까 위원회로서
그의 활동이 아니라면?
선생님 봉급이 얼마나 되니?
봐라. 빠르노 씨도 선생이잖아.
하지만 그의 삶은
아민 씨처럼은 아니잖아.

— 중략 —

Bu Amin **mencontohkan dirinya** yang mampu membeli mobil **dari asuransi** yang sudah habis masanya. **Adapun** untuk membeli motor baru bulan yang lalu, itu dari hasil tabungannya. Mendengar cerita itu, **meréka jadi malu.** Jadi, **dugaan meréka selama ini** tidak benar.

아민 아줌마는 보험 기간이 이미 끝난 **보험으로** 차를 살수 있었던 **자신의 예를 들어 보였다.** 지난 달에, 새 오토바이를 산 것에 **관해서는**, 그것은 본인의 적금이었다고 했다. 그 얘기를 듣고, **그들은 부끄러워졌다.** 그래서, **지금껏 그들의 추측은** 옳지 않았다.

 adapun ~에 관하여, 있다 하더라도

|심층 공부|

bantaran kali, pinggir sungai 강가   anjing pemburu 사냥개
prosés pembelian 구매 과정   kécap asin 간장

---

5. 주민증을 처리하다
Mengurus KTP

Pada suatu hari, paman mengajak saya **mengurus** KTP di kantor kelurahan. Mula-mula, paman **mendatangi** ketua RT dan RW. Paman meminta **surat keterangan penduduk**. Di sana, dia **mengisi** formulir KTP. Dalam formulir itu, paman **menuliskan** nama lengkap, jenis kelamin, tempat tanggal lahir, agama, golongan darah, pekerjaan dan alamat. Paman **mengembalikan** formulir itu.

어느 날, 삼촌은 면 사무소에서 주민증을 **처리하려고** 나에게 함께 가자고 했다. 처음에, 삼촌은 통장님과 반장님을 **방문했다**. 삼촌은 **주민 확인서**를 부탁했다. 거기서, 삼촌은 주민증 서류를 **작성했다**. 그 양식 안에, 삼촌이 성명, 성별, 출생장소, 출생날짜, 종교, 혈액형, 직업 그리고 주소를 **적었다**. 삼촌은 그 서류를 **제출했다**.

Setelah itu, Pak Lurah **mengesahkan KTP dengan membubuhkan tanda tangan**. Kemudian, pegawai **mengganti** formulir itu dengan KTP. Nah, jadilah KTP paman. KTP itu digunakan untuk bermacam macam keperluan. Paman menggunakannya untuk menjadi **nasabah bank**, untuk membuat SIM, untuk mengurus **persyaratan melamar pekerjaan**.

그 후, 면장님이 **서명을 하면서** 주민증을 공인했다. 그런 후, 직원은 그 서류와 주민증을 **교환했다**. 그리하여, 삼촌의 주민증은 만들어 졌다. 그 주민증은 여러가지 필요를 위하여 사용된다. 삼촌은 그것을 **은행고객**이 되기 위해, 운전면허증을 만들기 위해, **취업 신청 사항들을** 처리하기 위하여 사용한다.

|심층 공부|

minyak gas (migas) 천연가스 및 석유	rumah susun 연립주택, 복합주택
pasar tidak nyata 분명하지(보이지) 않은 시장, 인터넷 시장	
minyak tanah 석유, 등유	pengecut, penakut 겁쟁이, 비겁자
setia, sejati 진실한, 충실한	antisipasi 예상, 예견

17

학교 생활, 교육

1. 비용 부족 때문에

Karena Kekurangan Biaya

A : **Sudah tiga hari** aku tidak melihat Sofi. 이미 삼일 동안 나는 소피를 보지 못했어.
Ke mana ya Sofi? 소피는 어디간 거야?

B : Iya, sebenarnya 그래, 사실
ia tidak ada tanda-tanda sakit. 그는 아픈 징후는 없었어.

C : Teman-teman, **aku akan memberitahu** 친구들아, 내가 너희들에게
sesuatu pada kalian. 어떠한 일을 알려 줄게.
Begini, **setahun yang lalu** 사실은 말이야, 1년 전
ayah Sofi dipecat. 소피 아버지는 해고 당했어.
Ibunya **bekerja sebagai karyawan** 그의 엄마는 의류 회사
perusahaan pakaian. 직원으로서 일하셔.
Penghasilannya tidak seberapa. 그의 소득은 얼마 되지 않아.
Adik Sofi satu satunya 유일한 소피의 동생은
menderita kelumpuhan dan 중풍을 앓고 있고
harus diterapi terus menerus oléh dokter. 의사가 **계속 치료해야 해.**

 terapi 단어는 중풍 환자 같은 환자가 통원 치료하면서 받는 치료

Kalian tahu kan, 너희들 그거 아니,
apa hubungannya dengan Sofi? 그것과 소피가 무슨 관련이 있는지?

A : Tidak, **jangan membuat orang penasaran.** 몰라, 사람을 궁금하게 만들지 마.
Ayo lanjutkan! 계속 얘기해 봐!

C : Hubungannya, soal biaya. 그 관련은, 비용 문제야.
Karena kekurangan biaya, sudah 6 bulan ini **비용 부족 때문에**, 이미 최근 6개월을
Sofi tidak membayar **uang SPP.** 소피는 **교육 발전 기금**을 내지 못냈어.

Nah, **kemarin aku dengar,**
sebelum membayarkan **uang SPP,**
Sofi tidak boléh sekolah.

그래서, **어제 내가 듣기론,**
학교 기금을(회비) 지불하기 전에는,
소피는 학교에 가지 못해.

|단어 공부|

réporter	보도기자, 아나운서
gagap	말을 더듬다, 주저하다
gugup	당황하는, 겁을 먹은
betina	암컷
jantan	수컷
produksi	생산
produk	생산품, 제작물
tergiur	매료된
juara umum	종합 우승

2. 수영 연습

Latihan Berenang

A : **Siapa yang mau ikut** latihan berenang?

수영 연습에 **참여하고 싶은 사람은
누구니?**

B : Saya! Saya!

저요! 저요!

A: Nah, hari Minggu pagi, kita bersama-sama
latihan di kolam Renang.
Siapa yang mau ikut,
berkumpul di sekolah pukul delapan.

그래, 일요일 아침에, 우리는
수영장에서 같이 연습할거야.
참여하고 싶은 사람은 누구나,
7시에 학교에 모여라.

Tampak Rido, Sisi, Ari dan teman-teman meréka. Pak guru **mengabsén** anak-anak sebelum berangkat. **Jarak antara sekolah** dengan **kolam renang** tidak jauh. Setiba di kolam renang, meréka segera **berganti pakaian renang**. Kolam itu adalah **kolam khusus** untuk anak-anak. **Airnya dangkal,** hanya setinggi dada anak-anak.

리도, 시시, 아리 그리고 그들의 친구들이 보였다. 선생님은 출발전에 아이들의 **출석을 불렀다**. 학교와 **수영장 사이의 거리**는 멀지 않았다. 수영장에 도착하자마자, 그들은 즉시 **수영복을 갈아 입었다**. 그 수영장은 아이들을 위한 **특별한 수영장**이었다. **물은 깊지 않았다,** 오직 아이들 가슴 높이 만큼이었다.

A : Sebelum mulai berlatih,　　　　　　연습을 시작하기 전,
　　basahilah muka dan tangan,　　　얼굴과 손을 **적셔라**,
　　lalu **gerak-gerakan badan**　　　그리고 체조하는 사람처럼
　　seperti orang yang senam.　　　　**몸을 계속 움직여라.**
　　Ini namanya pemanasan.　　　**이것의 이름은 준비 운동이란다.**
　　Seperti ini.　　　　　　　　　　이렇게.

Pak guru berkata **sambil mencontohkan gerakan pemanasan.**
아이들에게 **준비운동 동작 시범을 보여주며** 선생님이 말했다.

A : Latihan kedua adalah　　　　　두 번째 연습은 물에서
　　belajar mengapung di air.　　뜨는 방법을 배우는 거야.
　　Perhatikan, begini caranya.　　**유심히 봐**, 방법은 이래.

Pak guru berkata **sambil membuka tangan** dan **menghentak-hentakan kakinya** ke air. Ada juga **yang menepuk-nepukan air.**

손을 벌리고 물로 **발을 계속 차면서** 선생님이 말했다. **물장구 치는 아이**도 있었다.

A : **Selanjutnya**, kita **belajar meluncur.**　　계속해서, 우리는 앞으로 나가는 법을 배울거야.
　　Cara meluncur adalah menggerakkan　　나아가는 방법은 물을 가르면서
　　badan maju sambil menyibakkan air.　　**몸이 앞으로 나가게** 움직여주는 거야.
　　Saat meluncur, kedua tangan　　　　**나아갈 때**, 두 손은
　　menyibak air ke belakang.　　　　뒤로 물을 갈라야 해.
　　Kedua kaki menggerakkan air　　　　두 발 모두 물을 차야 해
　　sehingga badan meluncur ke depan.　**그러면 몸이 앞으로 나아갈거야.**

|단어 공부|

tertata(teratur), rapi	잘 정리된
melambangkan	상징하다
menyalurkan	전하다, 넘겨주다, 흐르게 하다(mengalirkan)
menentang, melawan	대항하다
menyegani	존경하다, 경외하다
segan, enggan	마음이 내키지 않는, 싫어하는
aula	강당
lemah gemulai	아주 나긋나긋하게
setapak demi setapak	한 발 한 발
sepatah kata pun	말 한마디도
iga sapi	소갈비
hak milik	소유 권리

3. 교육

Pendidikan

Pendidikan sangat berperan dalam kehidupan manusia. Pemerintah **mencanangkan program wajib belajar** untuk anak bangsa. Pendidikan tidak hanya di sekolah, tetapi juga ada di rumah dan di dalam masyarakat. **Di lingkungan sekitar,** kamu dididik **agar dapat menjalin hubungan yang baik** dengan masyarakat yang lain. **Kejadian yang kamu alami sehari-hari** juga dapat memberikan pendidikan bagimu. Pendidikan dapat kamu peroléh **dari mana saja.** Belajarlah **setiap saat** agar hidupmu mulia **di dunia** dan **akhirat.**

교육은 인간의 삶 속에서 **중요한 역할을 한다.** 정부는 조국의 아이들을 위하여 **의무교육 프로그램을 고지했다.** 교육은 학교에서만 있는 것이 아니고, 집이나 사회 속에도 있다. **주변 환경에서,** 너는 다른 주민과 **좋은 관계를 맺을 수 있도록** 교육 받는다. **매일 네가 경험하는 일** 또한 네게 교육을 줄 수 있다. 교육은 네가 **어디에서나** 받을 수 있다. **매 순간** 공부해라 **현세에서나 저 세상에서나** 너의 삶이 고귀하도록.

mencanangkan, mengumumkan 고지하다, 고시하다
wajib belajar 의무 교육
dunia dan akhirat 현세와 내세

|심층 공부|

Salam untuk paman, Sampaikan salam saya kepada paman
삼촌에게 안부 전해주라, 안부 전해 달라고 할 때 이렇게 사용하세요.
mengangkat telépon, menerima telépon 전화를 받다
melantur, menyimpang 다른 방향으로 틀어가다, 이탈하다
apa adanya, seadanya 있는 그대로

4. 오리에게서 배운다

Belajar dari Bébék

A : Hai, Rini. Ini topan.	안녕, 리니. 나 또빤이야.
B : Wah, Topan! **Saya pikir siapa?**	와, 또빤! **내가 누굴 생각 한 거야?**
Ada perlu apa?	무슨 필요한 게 있어?
Kok, kamu jarang main ke rumahku?	왜, 넌 내 집으로 거의 놀러 오지 않는 거야?
A : Tidak apa-apa. Tadi di sekolah	아무 일도 아냐. 조금 전 학교에서
guruku berkata tentang bébék.	선생님이 오리에 대해서 말씀하셨어.
B : Mémangnya kenapa?	정말 왜 그래?
Aku mirip bébék ya?	내가 오리를 닮았다고?
A : **Siapa yang berkata** kamu mirip bébék?	너가 오리를 닮았다고 **누가 말했어?**
Bukan begitu.	그런 게 아냐.
Maaf, maksudnya bélajar dari bébék.	미안, 그 뜻은 오리로부터 배우라는 말이야.
B : Lalu, **apa hubungannya dengan aku?**	그래서, **나와 오리의 관계가 뭐니?**
A : Kadang-kadang, kamu, kan **agak tidak**	가끔, 너는 말이야 **다소 규칙적이지 않고,**
teratur, tidak tertib dan kurang disiplin.	겸손하지 않고, 규율도 부족하잖니.
Jadi, kamu perlu meniru sikap bébék	그리고, 너는 **겸손하고 규율도 있는**
yang tertib dan **disiplin.**	오리의 태도를 본받을 필요가 있어.
Bébék-bébék **tidak berebutan.**	오리들은 서로 **다투지 않아.**
B : Iya, **Aku harus memperbaiki diri.**	그래, **나는 내 자신을 고쳐야 해.**
A : Nah, **bagus itu.**	그래, **그거 좋지.**
Kalau begitu, sudah dulu, ya.	그러면, 난 이만 갈게.
Kapan-kapan aku télépon lagi. Daah…	언제든 내가 다시 전화할게. 안녕…

menemukan, mencari 찾다라는 뜻으로 같이 쓰지만, menemukan은 발견, 발명함이란 뜻에 가까운 뜻을 가지고 있습니다. mencari는 일반적인 물건을 찾을 때 주로 사용, 미묘한 차이가 있으니 참조하세요.

Tolong jangan sakit hati mendengar kata-kataku.
내 말을 듣고 기분 나빠 하지 마라(마음 상하지 마라).

5. 지식의 중요성
Kepentingan Ilmu

Ilmu adalah **bekal yang penting** dalam hidup. Orang yang memiliki ilmu akan mengetahui **mana yang baik dan buruk.** Ilmu itu tidak bisa datang **begitu saja.** Akan tetapi, ilmu itu **harus dicari** dan **digali. Belajar pada waktu kecil** sangat perlu. Pada waktu kecil, **daya ingat** masih kuat dan **daya hafal** sangat cemerlang. Belajar pada waktu kecil, **seperti mengukir di atas batu.** Belajar pada waktu tua, **bagai mengukir di atas air.**

지식은 살아갈 때 **중요한 양식이다.** 지식을 가진 사람은 **무엇이 옳은지 나쁜지** 알 것이다. 그 지식은 **그저 그렇게 올 수는 없다.** 하지만, 그 지식을 **찾고 파야 한다. 어릴 때 공부하는 것이** 매우 필요하다. 어릴 때, **기억력은** 여전히 높고 **암기력이** 매우 좋다. 어릴 때 공부하는 것은, **바위 위에 조각하는 것과 같다.** 늙을 때 공부하는 것은, **물 위에 조각하는 것과 같다.**

Artinya, bekasnya **cepat sekali hilang.** Oléh karena itu, mulai sekarang **ketika masih kecil,** giatlah belajar dan jangan malas. Jika kita ingin belajar, **hendaknya jangan setengah-setengah (asal asalan).** Jadi, belajarlah **dengan sepenuh hati** agar tidak sia-sia. Kita harus sungguh-sungguh memperhatikan saat belajar.

그 뜻은, 그 흔적이 **빨리 없어진다는** 뜻이다. 그런 이유로, 지금부터 **아직 어릴 때,** 열심히 공부하고 게으르지 마라. 만일 우리가 공부하고 싶다면, **대충하지 않는 게 바람직하다.** 그래서, 쓸데없지 않도록 **성심을 다하여** 공부하라. 우리는 공부할 때 정말로 집중해야 한다.

6. 자연적인 리모컨

Remote Kontrol Alami

A : **Mana pesananku?**　　　　　　　　　　내가 주문한 것 어디 있니?

Aku **sengaja** tidak sarapan di rumah.　나는 **일부로** 집에서 아침을 안 먹었어.

Aku mau mencicipi　　　　　　　　　　나는 네 동생의 생일 케익을

kué ulang tahun adikmu!　　　　　　　맛보고 싶어!

Apakah tidak lupa pesananku, kan?　나의 주문은 잊지 않았겠지?

B : Ini sudah kubawakan kuénya!　　　　이것이 내가 가져온 케익이야!

Silahkan dibagi rata　　　　　　　균등하게 분배해

supaya semua teman **kebagian.**　　모든 친구들에게 **배분되도록(몫을 받도록).**

Aku juga membawa pesananmu!　　　나는 또한 너의 주문품을 갖고 왔지!

Langsung saja kamu praktékkan di sini. 곧바로 네가 여기서 실험해 봐.

Jadi, teman dan Bu Guru dapat melihat　그러면, 친구와 선생님이

keahlianmu. (kemampuanmu)　　　　너의 유능함을 볼 수 있어.

Wina mengambil balon dan kaléng. Kemudian, ia gosok gosokkan **satu sisi balon** ke rambutnya. Setelah itu, **ia dekatkan balon itu** ke kaléng.

위나는 풍선과 깡통을 잡았다. 그 후에, 그는 **풍선한 한 쪽 옆을** 그의 머리에 문질렀다. 그 후, 그는 깡통으로 **풍선을 가까이 접근시켰다. (갖다댔다)**

A : Lihat! Kaléng itu **menggelinding. (berputar)** 봐라! 그 깡통이 **돌잖아. (움직이잖아)**
B : Kok, bisa, ya.　　　　　　　　　　와, 될 수 있구나.

Balon **menggerakkan kaléng?**　　　풍선이 **깡통을 움직이게 하는 거야?**
Seperti remote kontrol saja!　　　　리모컨 같잖아!
Héhe…itu bukan **sulap** dan **sihir.**　　헤헤… 그것은 **마술**이나 **마법**이 아니야.
Kita pun dapat melakukannya!　　　　우리도 그것을 할 수 있어!

Apa yang terlintas dalam benakmu ketika membaca bacaan di atas?

위의 글을 읽었을 때 **무엇이** 너의 뇌 속을 **지나쳤는가?** (당신의 뇌 속를 **지나간** 것은 무엇입니까?)

|심층 공부|

idola, pujaan 숭상　　　　　　　umpan 미끼, 유혹물, 낚싯밥
loncéng, bél 종　　　　　　　　krisis, darurat 위급한
saat itu juga 또한 그때　　　　　putar 회전

---

7. 옛날 학교와 지금 학교
Sekolah Dulu dan Sekarang

A : Kamu beruntung, Dimas!　　　　　너는 운이 좋은거야, 디마스!

B : Beruntung bagaimana, ya?　　　　어떻게 운이 좋다는 거예요?

A : Ya, kalian beruntung karena bersekolah　그래, 너희들은 운이 좋아 왜냐하면
　　dengan pakaian yang baik, rapi　　　신발을 신고, 단정하고 좋은 옷을 입고
　　dan bersepatu.　　　　　　　　　학교를 가기 때문이야.
　　Dulu, ketika bersekolah,　　　　　옛날에, 학교 다닐 때, 아빠는
　　ayah **berpakaian seadanya (apa adanya)** 평소 입은 그대로 입었고
　　dan tidak bersepatu.　　　　　　　신발을 신지 않았었어.

B : Apakah kaki ayah **tidak gatal?**　　아버지 발은 **가렵지 않았어요?**
　　Lagi pula, ruang kelas kan, jadi kotor?　더욱이, 교실이 더러워지잖아요?

A : Tidak gatal. Ruangan mémang kotor,　안 가려웠어. 교실은 정말 더러웠지만,
　　tapi tidak begitu kelihatan　　　　**그렇게 보이진 않았어** 왜냐하면
　　karena lantainya **hanya ubin biasa.**　그 바닥이 **그냥 일반 타일이었기** 때문이야.

B : Masa kaki ayah tidak gatal?　　　　아버지 발이 가렵지 않을 수가 있나요?

A : Barangkali kaki ayah **sudah kebal**　아마도 아버지 발은 이미 **면역이 됐었나봐**
　　karena sering tidak bersepatu.　　　왜냐면 자주 신발을 신지 않기 때문이야.

Selain itu, ayah dan teman-teman **juga biasa** ke tempat-tempat kotor.

그 외에도, 아버지와 친구들 역시 더러운 장소에 가는 것 **또한 적응됐지.**

|심층 공부|

putra 아들
melanjutkan, meneruskan 계속하다
risau 불안한
mencocokkan, membandingkan 비교하다, 일치시키다

tidak pernah salah 틀린 일이 없는
tangkas, sigap 민첩한
kekasih 애인, 연인

---

8. 춤 연습이 취소되다

Latihan Menari Tidak Jadi

Nit, latihan menari di rumahku soré ini **tidak jadi (dibatalkan).** Latihannya **akan diganti** menjadi hari Sabtu di rumah Ibu Santi. Kata Ibu Santi, sebelum hari Sabtu, **kita harus berlatih dulu** di rumah masing masing. Ibu Guru Santi ingin **agar kita sudah hafal gerakannya.**

닛, 오늘 오후 우리집에서 하기로 한 춤 연습은 **취소되었다.** 연습은 토요일에 싼띠 선생님 댁에서 하기로 **변경되었다.** 산띠 선생님 말씀은, 토요일 전에, 우리는 각자의 집에서 **먼저 연습을 하여야 한다고** 하셨다. 선생님은 우리가 그 동작을 이미 외우기를 바라신다.

|심층 공부|

pecandu narkoba 마약 중독자
menyerobot barisan 줄을 새치기하다
menyertakan, mengikutsertakan 참여시키다, 동행시키다, 첨부하다
menambahkan, melampirkan 동봉하다, 첨가하다
permohonan, permintaan 부탁, 요청

lokal, doméstik 국내의
takdir, nasib 운명

---

9. 입사 시험

Ujian Kerja

A : Bagaimana **ujian kerja?**	입사 시험이 어땠니?
Kamu berhasil (lulus), bukan?	너 합격했지, 그렇지?
B : **Aku tidak yakin.**	**나는 확실치 않아.**
Aku akan tahu hasilnya dengan pasti	나는 **돌아오는** 화요일에 **확실하게**
pada hari Selasa yang akan datang.	그 결과를 알거야.
Aku tidak puas	나는 내 답변에
dengan jawaban- jawabanya.	**만족하지 못했어.**
Aku rasa **tidak ada gunanya lagi**	나는 그 시험에 대해 얘기하는 것은
berbicara tentang ujian itu.	**더 이상 소용이 없다고** 생각해.
Waktunya sudah léwat.	**시간은 이미 지나갔어.**
Mungkin aku gagal.	아마도 나는 떨어졌을 거야.
A : **Jangan berpikir begitu.**	**그렇게 생각 하지마.**
Kamu pasti bisa lulus	너는 확실히 통과할 수 있어
karena kamu pintar, kan?	너는 똑똑하니까, 안 그래?
Mari kita ngobrol saja **tentang hal lain.**	우리 **다른 일에 대해서** 잡담이나 하자.
B : Minggu ini kamu ngapain?	이번 주에 넌 뭐 할거니?
A : Kamu kenal Mr Kim, bukan?	너 Mr Kim 알지, 몰라?
Aku diundang ke pésta ulang tahunnya.	**나는** 그의 생일 파티에 **초대 받았어.**
A : Ya. **Sepertinya aku kenal dia.**	그래. **그를 아는 것 같아.**
Siapa sih namanya?	그의 이름이 뭐더라?
Dia pelajar **yang tinggi kurus** dari Koréa?	그는 한국에서 온 **크고 마른** 학생이지?
B : Ya betul. Dia pernah belajar	그래 맞아. 그는 일 년 전
bahasa Jepang setahun yang lalu,	일본어를 공부한 적이 있지만,
tapi terpaksa berhenti karena sakit.	아파서 **어쩔 수 없이 중단했지.**
A : Oh, gitu. Boléhkah aku ikut?	오, 그래. 나도 따라 가도 되니?
B : Oh, kamu mau ikut?	그래, 너 따라 가고 싶어?
Oké, aku akan tanya kepadanya.	오케이, 내가 그에게 물어볼게.
A : Oké, aku tunggu ya. Terima kasih.	그래, 기다릴게. 고마워.

\# 입사 시험을 친 친구와의 대화 재미있었죠? 문장 하나하나 잘 보세요.

bahkan, malah, justuru 오히려, 더욱이
sél, penjara 감옥
berkat ~때문에는 좋은 일을 얘기할 때 주로 사용
terpilih, diterima 선택되다, 뽑히다
sukaréla 자원의, 스스로
ngilu, nyeri 통증, 고통, 쑤시다
data 자료, 데이터
tidak ada batas waktunya 시간 제한이 없다
Sabtu malam, malam Minggu 토요일

meraihi 당기다, 이루다 획득하다
mengirim 물건을 보내다, 사람을 보내다
karena는 안 좋은 일을 얘기할 때 주로 사용
transaksi 업무, 처리, 거래, 계약
sukarélawan 자원봉사자
rutin melakukan 일상으로 하는
sénggol, sentuh 접촉하다, 건드리다

10. 정직한 평가
Nilai Kejujuran

A : Anak-anak, ayo kumpulkan **tugas karya tulis** minggu kemarin.
Kalau sudah selesai mengumpulkan, **masukkan tas** dan **buku kalian!**
Mecca, **tolong bagikan** kertas ini!
Tulislah garis besarnya saja beserta pokok pokok kesimpulannya.
Sekarang, kalian boléh istirahat.
Tolong, Indah dan Fia **tetap di sini.**
Ibu mau bicara **dengan kalian berdua.**
Ibu minta kalian jujur.
Mengapa isi tugas kalian **bisa sama persis?**

B: **Apakah kalau saya berkata jujur** ibu memaafkan saya?

A : Baiklah, **alasan kamu** bisa ibu terima.
Lalu, kamu, Indah.

애들아, 지난 주 **글짓기 과제물**을 제출해라.
만일 제출이 끝났으면,
너희들 가방과 책을 넣어라!
메짜, 이 종이를 좀 **나누어 주어라!**
그 요약 주제들과 함께
큰 줄거리만 쓰도록 해라.
지금, 너희들 쉬어도 좋다.
인다와 피아는 **여기에 그대로 있어라.**
선생님은 **너희 둘과** 이야기하고 싶구나.
선생님은 너희들이 정직하기를 **바란다.**
왜 너희들의 숙제 내용이
정확히 똑같을 수가 있니?
만일 제가 정직하게 얘기한다면
선생님께선 저를 용서해 주실 겁니까?
좋아, **너의 이유를**
선생님이 받아 들일 수 있어.
그리고, 너, 인다.

Ada yang bisa kamu jelaskan
kepada Ibu?

너는 선생님께
설명 할 수 있는 것이 있니?

|심층 공부|

Bagimana mungkin?   Bagaimana bisa? 어떻게 가능하단 말인가?
langgeng, abadi, selama lamanya, selamanya 영원히
sudah lama, berlama lama 오랫동안   ambil cuti 휴가를 쓰다
menurut saya, saya kira, saya rasa, saya pikir 내 생각으로는

18 직업, 직장, 취업, 근무

1. 입사 지원하기
Melamar Kerja

B : Saya mau melamar kerja.

A : Silakan.

B : **Syaratnya** apa saja?

A : Untuk melamar kerja,
　　syaratnya sebagai berikut.

1. **Foto kopi** ijazah : 졸업장 **복사본**
3. Foto kopi **KTP** : 주민증 복사본
5. Surat pengalaman kerja : 경력 서류

2. Data pribadi : 개인 이력서
4. 2 lembar foto : 사진 두 장

B : **Melamarnya** ke mana, Pak?

A : **Ke bagian personalia.**

B : Pukul berapa **kantornya buka?**

A : Dari jam 07 sampai 16.00.

저는 취업 신청하려고 합니다.

그러세요.

조건이 무엇 무엇입니까?

취업 신청을 위해서는,
그 조건은 아래와 같아요.

신청은 어디로 갑니까, 선생님?

인사 관리부로 가세요.

몇 시에 **사무실이 문을 엽니까?**

오전 7시부터 오후 4시까지요.

|심층 공부|

ke dokter, ke rumah sakit 병원에 가다
mudah mudahan, semoga, moga moga 아무쪼록
élok, cantik 아름다운
terbuat dari, terbuat atas, terdiri dari, terdiri atas ~으로 만들어지다, 구성되다

jadi tahu 알게 되다
olok olok 조롱, 비웃음
pucat pasi 매우 창백한

---

2. 직업을 구하다

Mencari Pekerjaan

Yuda berkunjung ke **rumah Ani sepupunya.** 유다는 그의 사촌 아니의 집을 방문했다.

A : Ani, **lagi ngapain sih?** 아니, **지금 뭐하고 있는 거니?**
Banyak banget korannya. 신문들이 엄청 많네.

B : Ini **cari lowongan** untuk suamiku. 이것은 남편을 위해 **빈 일자리를 찾는거야.**

A : Loh, mémangnya kenapa dengan 어, 지금 남편의 직업이
pekerjaan suamimu yang sekarang? 정말 어떻다는 거니?
Ada masalah? 문제가 있는 거야?

B : Ya, gimana ya! 그래, 어떡해!
Di tempat kerja sekarang gajinya kecil. 지금 직장에서는 봉급이 적어..
Nggak ada **uang lembur juga.** **잔업 수당 또한 없어.**
Jadi, kalau suamiku kerja 그래서, 만일 남편이 **사무실 시간 외에**
di luar jam kantor, nggak dibayar. 일을 해도, 무급이야.

Tunjangan keséhatan juga ngga ada. **건강 보험금(수당, 후원금)** 또한 없어.

A : Oh··· gitu, répot ya! 오··· 그래, 힘들구나!

B : Iya..**merépotkan.** Kalau suamiku sakit, 그래.. **힘들게 한다.** 만일 남편이 아프면,
sekarang kan **biaya rumah sakit** mahal. 지금 말이야 **병원비가** 비싸잖아.
Kalau ada pekerjaan **yang lebih baik,** 만일 **더 좋은** 직장이 있다면,
kenapa tidak? 왜 안 가겠니?

A : Emm··· ya sih, dulu kenapa suamimu 음··· 예전에 왜 네 남편은
mau kerja di sana? **거기서 일하려고 했어?**

B : **Ya, namanya juga** orang sudah menikah 응, **보통** 결혼한 사람은
kan, harus punya pekerjaan. **직업이 있어야 하잖니.**

A : Terus, sekarang suamimu sudah 그래서, 지금 네 남편은 이미
mengundurkan diri? (keluar. berhenti) **퇴사한 거야?**

B : Belum, 아직, 아무튼 아직도
soalnya belum dapat **yang baru.** **새로운 직장을** 못 잡았다는 거야.

A : Emm··· iya, ya. 음··· 그래, 그래.
Suamimu harus cari 네 남편은 **더 좋은 직장을**
yang lebih baik nih. 찾아야 하는구나.

Lagi pula kantornya jauh sekali ya!
Tapi suamimu **dapat transport**
dan **uang makan kan?**

B : Éh… boro boro. (sepésér pun nggak dapat)

A : O ya, répot juga ya!
Gaji cuma habis **buat ongkos aja tuh.**
Éh… Ani suruh **suamimu**
masukkan lamaran ke kantorku saja.

B : Mémang ada lowongan?

A : Sepertinya sih,
temanku yang ada di bagian HRD **bilang,**
perusahaan **sedang banyak merekrut**
karyawan baru.
Kalau tidak salah, **yang dicari itu**
lulusan akuntansi dan universitas negeri
dan **IPKnya minimal 2.75.**

B : Wah, itu sih, suamiku banget.
Gitu gitu (apa lagi) dia lulusan akuntansi.
UI lagi dan **IPKnya** di atas tiga loh.

A : Hm, tapi kalau tidak salah,
meréka mencari **yang sudah punya**
pengalaman dua tahun.
Éh suamimu **sudah lama kerja**
di kantor itu **kan?**

B : Yah, baru 1 tahun 9 bulan.

A : Tapi coba aja nih.
Éh, tapi ku lupa déh.

B : Lupa apaan?

A : Éh, **kayaknya** meréka mau merékrut
yang belum menikah.
Soalnya ini **untuk cabang-cabang**
yang ada di Kalimantan.

B : Uh… **sama juga bohong**.

더욱이 그의 사무실은 너무 멀지!
하지만 네 남편은 **교통비**
그리고 **식비는 받잖아?**

말할 가치도 없어.

아 그래, 역시 힘들구나!
봉급은 오직 **차비를 위해** 없어질 뿐이구나.
참… 아니는 **네 남편이** 내 사무실로
취업 신청을 하도록 말해줘.

정말 빈 자리가 있는 거야?

아마도,
인력개발 부서에 있는 내 친구가 **말하길,**
회사는 새 직원을
많이 모집하고 있대.
만약 문제가 없다면, **찾는 사람은**
회계 졸업자 그리고 국립 대학 졸업자
그리고 **학점이 최소 2.75인** 졸업자이거든.

와, 그것이라면 내 남편이 딱이다 (대단하지).
더욱이 그는 회계학과 졸업생이야.
또한 우이 그리고 **성적은** 3학점 이상이야.

흠, 하지만, 만약 문제가 없다면,
그들은 이미 2년의 경험을
가진 사람을 찾아.
네 남편은 **이미 오래**
그 사무실에서 **근무 했잖아?**

그래, 1년 9개월 됐어.

그래도 시도해보자.
그런데, 내가 깜빡했어.

무엇을 깜빡했다는 거야?

아, **아마도** 그들은 **아직 결혼을**
하지 않은 사람을 뽑을 거야.
아무튼 이것은 깔리만딴에 있는
지점을 위한 거야.

쓸데없는 일이었군. (거짓말과 같구만)

3. 입사 면접

Wawancara Pekerjaan

Seorang pelamar kerja diwawancarai seorang manajer yang bergerak di bidang biro perjalanan.

한 구직자가 여행사 분야에서 활동하는 한 매니저에게 **면접을 받고 있다.**

B : Nama Anda Ressi, ya.	당신 이름은 레시이군요.
Anda **lulusan fakultas ékonomi UI**	당신은 5년 전에
lima tahun yang lalu, ya?	**우이대학 경제학부 졸업생이죠?**
A : Ya, betul, Bu.	네, 맞습니다, 선생님.
B : Sebelumnya sudah pernah bekerja?	그 전에 일을 한 적이 있습니까?
A : Sudah. **Di perusahaan asuransi**	네. 2년 3개월 동안
selama dua tahun tiga bulan.	**보험회사에서 근무했습니다.**
B : **Kenapa Anda tinggalkan (keluar, berhenti)?**	왜 당신은 그만 두셨어요?
A : Em… sebenarnya **saya kurang cocok**	음… 사실 **저는 오래 한 직장에서**
bekerja di perusahaan yang lama dan	**근무하는 게 맞지 않았어요** 그리고
saya ingin dapat **pengalaman baru**, Bu.	저는 **새로운 경험을** 갖고 싶어요, 선생님.
B : Tidak cocok ya?	잘 맞지 않는다는 말이죠?
A : Waktu itu **saya ada di divisi asuransi**	그 당시 **저는 건강 보험 부분에**
keséhatan dan saya tidak terlalu suka	있었어요 그리고 저는 **병원과 제약과**
berhubungan dengan rumah sakit	**관련된 일을** 그리
dan **farmasi.**	좋아하지 않았어요.
B : Oh… begitu!	오… 그래요!
Kenapa Anda ingin melamar	왜 당신은 이 회사로

ke perusahaan ini?

A : Selain ingin mencari pengalaman baru, sebenarnya saya sangat suka **dengan hal-hal yang berhubungan dengan wisata.**

B : Bukankah seharusnya Anda dulu masuk jurusan perhotélan?

A : Iya, Bu.

B : Boléh saya tahu, hobi Anda apa?

A : Hobi saya jalan jalan.

B : O, ya, sudah pernah ke mana saja?

A : Bali, Lombok, Manado dan Papua.

B : Ke Papua?

A : Iya, Bu. Sudah dua kali, terus saya pernah ke Cina, India, Koréa **dan empat bulan yang lalu** saya baru ke Austria.

B : Wah.. sudah banyak ya! Mémang **gaji Anda dulu berapa?** Kok bisa jalan-jalan ke mana-mana.

A : **Kalau melampaui targét,** kami **mendapat inséntif dan di akhir tahun** kami mendapat bonus. **Itu sengaja saya simpan** untuk jalan-jalan.

B : Terus, kalau diterima di sini, **berapa gaji yang Anda minta?**

A : Saya ingin gaji saya tidak kurang dari gaji sebelumnya.

B : Tapi, Anda sudah baca **profil perusahaan kami kan?** Nah, menurut Anda, kalau Anda diterima, **apa yang dapat Anda kontribusikan** untuk perusahaan kami?

A : Berdasarkan pengalaman saya di perusahaan yang lama, **saya bisa lebih**

취업하려고 해요?

새로운 경험을 찾고 싶은 것 외에, 사실 저는 **여행과 관련된 일들을** 정말 좋아합니다.

당신은 당연히 먼저 호텔 업종의 학과를 들어가야 하는 게 아닌가요?

맞아요, 선생님.

알아도 된다면, 당신의 취미가 무엇인가요?

제 취미는 여행하는 것입니다.

오, 그래요, 이미 어디 어디 가 보셨어요?

발리, 롬복, 마나도, 빠뿌아입니다.

빠뿌아까지?

네, 선생님. 이미 두 번요, 계속해서 저는 중국, 인도 그리고 한국에 가 봤고요 그리고 **4개월 전에는 저는 바로** 오스트리아에 갔었어요.

와… 이미 많이 가보셨군요! **전에 당신 봉급은 얼마였나요?** 여기저기로 여행할 수 있었다니.

만일 목표치를 넘어서면, 우리는 **인센티브를 받고 연말에** 우리는 보너스를 받습니다. **그것을 일부러 저는** 여행하기 위하여 **저축했습니다.**

그리고, 만일 여기서 취직이 되면, **당신이 바라는 봉급은 얼마에요?**

저는 제 봉급이 그 전 봉급보다 적지 않기를 바랍니다.

하지만, 당신은 **우리 회사의 프로필을** 이미 읽었잖아요? 자, 당신 생각에는, 만일 취직이 된다면, 우리 회사를 위해 **당신이 기여할 수 있는 것은 무엇입니까?**

옛날 회사에서의 저의 경험을 토대로,

banyak menjaring pelanggan VIP
dan pelanggan antar perusahaan.

저는 회사 간의 특별고객과 고객을
더 많이 얻을 수 있습니다.

B : Lalu, **apa yang bisa dilakukan perusahaan**
ini untuk pengembangan ke depan?

그리고, 앞으로의 발전을 위하여
이 회사가 할 수 있는 것은 무엇입니까?

A : Saya lihat **ini belum fokus** pada
pengembangan paket wisata Eropa Timur.
Menurut saya, **poténsi wisata**
Eropa Timur sangat besar.

제가 보기에 **이 회사는** 동유럽 여행 패키지의
개발에 **아직도 포커스를 맞추지 않았습니다.**
제 생각에는, 동유럽 여행의 잠재성은
대단히 크다고 생각합니다.

 di divisi, di bidang, di bagian ~분야에
berkontribusi 기여하다

melampaui 지나가다, 통과하다, 지나치다, 넘어서다
ke depan, ke masa depan 미래에

|심층 공부|

bahwa ~이라고 하는 의미를 갖고 있습니다. 가끔,
kalau를 사용할 때도 있습니다. 일반 회화 시 생략도 가능합니다.

munafik 위선자   tersetrum 전기 감전되다
kumuh 더러운, 오염된   gado-gado 야채 샐러드
dana, sumbangan 증여, 기부금
mengenaskan, menyedihkan 마음 아프게 하다

---

4. 누가 오늘 결근했나?

Siapa yang tidak hadir hari ini?

A : Siapa **yang tidak hadir hari ini?**

누가 오늘 출근(참석) 안했니?

B : Ressi dan Lili, Pak.
Ressi masih sakit, Pak.

레시와 릴리입니다, 사장님.
레시는 여전히 아파요, 사장님.

A : Bagaimana dengan Lili?
Apakah dia sakit juga?

릴리는 어떻게 된거야?
릴리도 아픈거야?

B : **Tidak ada kabar** tentang Lili, Pak.

릴리에 대한 **소식은 없어요**, 사장님.

— Tiba tiba pintu kantor diketuk —

갑자기 사무실 문을 노크했다.

A : Ya, masuk!

네, 들어오세요!

C : Maaf, Pak. Saya kesiangan!

미안해요, 사장님. 제가 늦었네요!

A : **Mengapa kamu terlambat?**

왜 너는 늦은 거야?

C : **Saya bangun kesiangan.**

Tadi malam, saya tidur **larut malam.**

A : Kenapa sampai larut malam?

B : Saya menonton film.

C : **Lili memang sudah biasa**

datang terlambat, Pak.

A : **Karena terlambat** kamu

harus membayar denda.

Bésok **jangan telat lagi!**

제가 **늦게 일어났어요.**

어젯밤에, 제가 **밤늦게** 잤어요.

왜 밤늦게까지?

전 영화를 봤어요.

릴리는 정말 늦게 오는 게

이미 습관화됐어요, 사장님.

너는 **늦었으니** 벌금을

내야 해.

내일은 **또 지각하지마!**

|단어 공부|

vitamin B kompléks	복합 비타민 B
terbata bata	말을 더듬다, 주저하다
menggéléng-géléngkan	머리를 가로젓다
ahli gizi	영양사
tidak ternilai harganya	값이 평가될 수 없는
penduduk asli	원주민
hanyut terbawa air	물에 휩쓸려 가다

---

5. 나노는 사무실에 출근하지 않았다

Nano tidak Masuk Kantor

Ali ingin menanyakan **alasan Nano tidak masuk kantor** hari ini.
Ali segera menélépon Nano **sepulang kerja.**

알리는 **나노가 오늘 사무실로 출근하지 않은 이유를** 묻고 싶었다.
알리는 퇴근하자마자 즉시 나노에게 전화했다.

A : Halo, selamat siang. **Ini Ali.**

Apakah saya bisa bicara dengan Nano?

B : Hai, Ali. Ini aku, Nano. Ada apa?

A : Oh, Nano. Bagaimana kabarmu hari ini?

Kemarin kamu tidak masuk kantor.

Kenapa?

여보세요, 안녕하세요. **전 알리에요.**

나노와 통화할 수 있나요?

안녕, 알리. 나야, 나노. 무슨 일 있어?

오, 나노. 오늘 너 괜찮은 거니?

너 어제 사무실에 출근 안 했던데.

왜 무슨 일 있었니?

B : Betul, Ali. Kemarin aku **sakit gatal-gatal.** 맞어, 알리. 어제 나는 **가려움증에 걸렸어.**

A : Oh, begitu. Apakah sekarang **masih gatal?** 오, 그래. 지금도 **여전히 가려워?**

B : Tidak, **sudah membaik.** 아니, **이미 좋아졌어.**

A : **Segera obatilah** dan semoga cepat sembuh **당장 치료받고** 빠른 회복하길 바랄게
supaya kamu segera masuk kantor. 네가 신속히 사무실에 출근하도록.

B : Ya, baiklah. 그래, 좋아.
Jika gatal-gatal ini sudah sembuh, 만일 이 가려움이 나으면,
aku akan cepat kembali ke kantor. 나는 빨리 다시 사무실에 나갈거야.

|심층 공부|

ketimbang 비교하여, ~보다도, ~에 비해서 secara rinci, secara terperinci 상세하게

tersisa, tertinggal 남은, 남겨진 seberang 길 건너편

saku, kantong 주머니 berseberangan 길 건너에 있는

berpapasan, berhadapan 서로 마주치다

---

6. 우체부

Pak pos

Saya telah meléwati **tahap seléksi** untuk menjadi pegawai pos. Banyak surat **yang harus saya antar setiap hari.** Tugas saya tidaklah ringan. Saya **harus memilah** surat surat yang datang dari berbagai daérah. Surat surat itu **dikelompokkan menurut alamatnya,** sesuai daérah masing masing. **Daérah antar saya** meliputi dua kecamatan. Walaupun demikian, **hambatan tetap saja ada,** misalnya alamat yang tidak jelas.

나는 이미 우체국 직원이 되는 **선발 과정을** 통과했다. **매일 내가 배달해야 할** 편지는 많다. 내 임무는 가볍지 않다. 나는 여러 지역에서 온 편지들을 **분류해야 한다.** 그 편지들은 각각의 배달 지역에 맞게, **그 주소에 따라서 분류된다.** 내 배달 지역은 두 면(읍)을 포함하고 있다. 비록 그럴지라도, **번거로움은 여전히 있다,** 예를 들어 정확하지 않은 주소.

Saya pun ikut sedih **jika surat yang diantar** tidak dapat sampai **kepada yang dituju.** Akhirnya, surat itu **terpaksa dikembalikan lagi** kepada pengirim. **Satu hal yang membanggakan hatiku** ialah jika surat yang aku antar **sampai**

kepada penerima. Saya punya semboyan(selogan, motto), yaitu **memberikan pelayanan terbaik** kepada masyarakat. **Terlebih** jika surat itu **merupakan surat panggilan kerja**. Tentu saja akan sangat merugikan **jika sampai terlambat diterima.**

나는 또한 안타깝다 배달되는 편지가 전해질 사람에게 도착하지 못하면. 결국, 그 편지는 **어쩔 수 없이 보낸** 사람에게 **다시 돌려주어야 한다.** 내가 자랑스럽게 여기는 하나의 일은 내가 배달한 편지가 받는 사람에게 도착했을 때이다. 나는 좌우명을 갖고 있다, 말하자면 주민에게 **가장 좋은 봉사를 하는 것이다.** 더욱이 그 편지가 **취업 합격 통지서이면.** 만일 늦게 수령될 시 당연히 많은 손해를 끼칠 것이다.

|심층 공부|

mengiris ~을 썰다
menghuni, menempati, mendiami 거주하다
dosis obat 약 용량
berpangku tangan 무위도식

melahirkan 아이를 낳다
diangkat 추대되다
éféktivitas, éfék 효과
média massa 대중 매체

---

7. 새 직장
Pekerjaan Baru

A : Kerjaku **berhububungan dengan sales** dan **angka**. Jadi aku pusing.

내 일은 판매 실적과 관련되어 있어. 그래서 나는 골치 아퍼.

B : Oh gitu. **Dulu, kerja** di bidang apa dan **sekarang apa?**

오 그래. **전에는,** 무슨 분야에서 **일했고** 지금은 무슨 분야에서 일해?

A : Sekarang kosmétik, **dulu pabrik garmen.**

지금은 화장품 분야이고, **전에는** 옷 공장이야.

B : Wah, kamu bisa beli kosmétik **lebih murah.**

와, 넌 화장품을 **더 싸게** 살 수 있겠구나.

A : Mungkin.

아마 그렇겠지.

B : Aku juga mau beli **seperti kamu. Tolong belikan saja.**

나도 **너처럼** 사고 싶어. **좀 사주라.**

A : Tunggu ya. **Aku kan baru kerja.** Harus lihat situasi.

기다려라. **나는 이제 근무했잖아.** 상황을 봐야 돼.

B : Ok, aku tunggu ya.

오케이, 나 기다릴게.

| 심층 공부 |

merintis 소로를 내다, 길을 트다, 개척하다   mewujudkan 실현시키다
pantang mundur 포기, 굴복하지 않다   menjadi-jadi 점점 심해지다
wafat, téwas, meninggal dunia, mati 죽다   sepertinya, seolah-olah 마치 ~와 같은

8. 3D 인테리어 디자인

Desain Intérior 3 Diménsi 3

A : Mau tanya-tanya sedikit, nih. Boléh, kak?
좀 물어 보고 싶은데. 괜찮을까요, 형?

B : Oh, silakan! Banyak juga boléh.
그래, 해 봐! 많아도 괜찮아.

A : Gambar-gambar buatan kakak ini
disebut apa, sih?
형이 만든 이 그림들은
뭐라고 불러요?

B : Gambar gambar ini namanya
desain intérior 3 diménsi.
Sebenarnya, gambarnya datar,
tapi karena 3 diménsi,
gambarnya seperti sungguhan.
Lihat saja, ada kursi, méja, lekukan,
benar-benar **menyerupai barang sebenarnya.**
이 그림들의 이름은
3D 인테리어 디자인이라고 해.
사실, 그 그림은 평면이야,
하지만 3D이기 때문에,
그 그림은 실제와 같아.
봐봐, 의자, 책상, 굴곡이 있는데,
진짜 **실제 물건과 유사해.**
(닮았잖아)

A : Jadi, **nama pekerjaan kakak** sebagai
pembuat gambar-gambar ini **apa?**
그러면, 이 그림들을 그린 사람으로서
형의 직업명은 뭐에요, 형?

B : **Pekerjaan kakak ini** biasa disebut sebagai
"Konsultan Desain Intérior 3 Diménsi".
이 형의 직업은 보통 "3D
인테리어 디자인 컨설턴트"라고 불린다.

A : Oh, begitu! Sudah berapa lama
kakak menjalani pekerjaan ini?
오, 그래요! 얼마 동안
형은 이 일을 하셨어요?

B : Sudah 4 tahun.
이미 4년 됐어.

A : Jadi, gambar gambar kakak ini
digunakan untuk apa?
그러면, 형의 그림들은
무엇을 위해 사용되나요?

B : **Gambar gambar ini dipakai**
untuk desain ruangan, untuk film,
kafé, réstoran dan hotél.
이 그림들은 영화, 카페, 레스토랑,
호텔과 방
디자인에 **사용되지.**

A : Seluruh gambar ini **kakak kerjakan sendiri?**　이 모든 그림을 **형 혼자 그렸어요?**

B : **Sebagian besar sendirian,**　대부분은 혼자했지,

　　walaupun ada juga **yang dibantu teman.**　비록 **친구가 도와준 것도** 있지만.

A : Kak, apakah membuat gambar itu **sulit?**　형, 그 그림은 만드는 게 어려워요?

　　Berapa lama waktu yang kakak perlukan　이 하나의 그림을 만드는데

　　untuk membuat sebuah gambar?　형이 걸리는 시간은 **얼마예요?**

B : Hm, berbéda béda **tergantung**　흠, 그 어려움의 정도에 따라서

　　tingkat kesulitannya.　달라.

　　Ada yang 1 jam sudah selesai.　1시간에 이미 끝내는 것이 있어.

　　Ada juga **yang seharian belum bisa selesai.**　**하루 종일 해도 끝낼 수 없는 것도** 있어.

A : Tolong ceritakan sedikit, dong, kak.　제발 좀 말해 주세요, 형.

　　Cara kakak membuatnya, boléh, kak?　형이 그것을 만든 방법을요, 가능해요 형?

B : Oh, boléh. Begini.　오, 당연하지. 방법은 이거야.

　　Mula-mula, **kakak gambar skétsanya dulu.**　처음에는, **형이 먼저 스케치를 해.**

　　Setelah itu, di-scan.　그 다음, 스캔을 해.

　　Kemudian, **hasil scan gambar dimasukkan**　그 후에, **스캔한 그림을**

　　ke komputer.　컴퓨터에 **넣어.**

　　Begitu caranya.　**방식은 이거야.**

A : Wah, **menarik sekali pekerjaan kakak!**　와, **형의 일은 정말 매력있어요!**

　　Apa syaratnya jika saya ingin memiliki　만일 제가 형처럼 전문성을

　　profési seperti kakak?　가지려면 그 조건이 뭐예요?

B : Jadi, jika ingin bekerja seperti kakak,　그럼, 만일 형처럼 일하고 싶으면,

　　syaratnya adalah **kamu harus menguasai**　그 조건은 **네가 컴퓨터를**

　　komputer.　**마스터 해야 한다.**

　　Kemudian,　그런 다음,

　　kamu juga harus bisa menggambar.　너도 그림을 그릴 수 있어야 해.

　　Selain itu, kamu harus banyak membaca　그 외에, 너는 **지식을 얻기 위해서**

　　untuk menambah wawasan dan rajin berlatih.　많이 읽고 열심히 연습해야 한다.

　　Nah, untuk belajarnya,　자, 그것을 공부하기 위해,

　　kamu pilih saja **kuliah jurusan**　너는 **그래픽 디자인 분야나**

　　Desain Grafis atau **Desain Intérior.**　**인테리어 분야의 대학을** 선택하렴.

9. 결근 허락

Izin Tidak Masuk

A: **Besok saya izin tidak masuk**
karena istri saya akan melahirkan
anak pertama saya.

B: Wah selamat, kamu akan menjadi Bapak ya.

A: Terima kasih Yoo.

B: Istri kamu akan melahirkan di mana?

A: Di rumah sakit dekat rumah saya, di Bekasi.

B: Oh iya, kamu harus temani istrimu
waktu dia melahirkan ya.
Bagaimana dengan pekerjaan kamu?
Ada pekerjaan penting untuk besok?

A: Semua pekerjaan **sudah saya selesaikan hari ini.**
Kalau ada urusan mendadak,
kamu bisa hubungi saya lewat telepon.

B: Oke Romi.
Semoga urusan kamu lancar ya besok.

내일 나는 결근할 것을 허락받을 거야
왜냐하면 와이프가
첫 아이를 출산하려고 해.

와 축하해, 너 아버지가 되겠네.

고마워 유.

와이프는 어디서 출산할 거니?

브까시에 위치한 우리 집에서 가까운
병원에서.

오 그래, 너는 **와이프가 출산할 때**
함께 있어야 해.
네 일은 어떻게 해?
내일 중요한 일이 있어?

모든 일을 내가 오늘 끝냈어.
만일 급박한 일이 있으면,
네가 전화로 나에게 연락해.

오케이 로미.
아무쪼록 내일 너의 일이 순조롭기를
바라.

10. 퇴사하다

Mengundurkan Diri

A: Aku dengar kamu **akan mengundurkan diri** bulan depan ya?

너 다음 달 회사 그만둔다며?

B: Iya.

그래.

A: Kenapa mengundurkan diri?
Kantor **pasti jadi sepi** kalau tidak ada kamu.

왜 그만두는 거야?
네가 없으면 사무실은 **정말 쓸쓸해 질 거야.**

B: Masih banyak teman-teman yang lain kan.
Aku rasa **sudah cukup bekerja di sini** selama 5 tahun.
Aku mau mencari **tantangan yang baru.**

아직도 다른 친구들이 많잖아.
나는 5년 동안 **여기서 충분히 일했다고** 생각해.
나는 새로운 도전을 찾고 싶어.

A: Kamu sudah dapat perusahaan yang baru?

너는 이미 새로운 회사를 찾았어?

B: Mungkin **aku mau mencoba bisnis kecil-kecilan** di rumah.

아마도 **나는** 집에서 **조그만 사업을 시도해 볼 거야.**

A: **Sudah bilang ke bos** kalau kamu mau mengundurkan diri?

사장님에게 네가 그만둘 거라고 **벌써 얘기했어?**

B: Sudah. Bos kelihatannya kurang senang.

했어. 사장님은 기분이 좋아 보이지 않았었어.

A: **Siapa yang senang** kalau pegawai terbaiknya mau mengundurkan diri?

가장 뛰어난 직원이 그만두려는데 **누가 좋아하겠어?**

11. 월간 청구

Tagihan Bulanan

A: **Ini** ada beberapa invoice
  yang harus ditandatangani, Bu.

여기 사인을 해야 하는
몇 개의 청구서가 있습니다, 사모님.

B: Ini invoice untuk apa ya?

이것은 무슨 청구서입니까?

A: Bulan lalu, **ada pemasangan iklan**
  di 5 majalah dan ada biaya
  pembuatan brosur promosi.

지난 달, 5개 잡지에
광고 게재가 있었고
선전 책자 제작 비용이 있었습니다.

B: Kamu sudah pastikan **jumlahnya benar?**

당신은 그 총액이 맞는지 확인했습니까?

A: Sudah Bu.
  Saya juga **sudah lampirkan rinciannya**.

했어요 사모님.
저는 또한 그 세부사항을 이미 첨부
했습니다.

B: Oke, Saya tanda tangan di mana?

그래요, 제가 어디에 사인해야 되나요?

A: Di bagian ini, Bu.

이 부분입니다, 사모님.

B: Oh iya, kerjasama **sponsorship** dengan **acara**
  fashion show mall bulan depan bagaimana?

오 그래요, 다음 달 **스폰서**와 백화점
패션 쇼 행사 일정은 어떻게 됐어요?

A: Terakhir, **pihak mallnya** sudah setuju
  di angka Rp 50 juta,
  tapi akan saya **follow up lagi** hari ini.

최종적으로, **백화점 측이**
5억 루피아에 찬성했지만,
오늘 저는 **다시 확인**할 것입니다.

B: Oke, pastikan saja
  kita dapat penempatan logo yang sesuai ya.

네, **저희가** 적합한 **로고 위치를**
받도록 해주세요.

|단어 공부|

pléster	반창고
pengabadian	영원함
abad	세기
abadi	영원한
tertawaan	웃음거리
berkerudung	베일에 가린, 장막을 쓴
luhur	고귀한, 고상한
sengkéta	분쟁, 소송

Pembaca ： **Yulis, Ana** dari kantor marketing

Febri, Desi, Maya dari pegawai kanto

Adhina, Rasyid dari mahasiswa UI

Yuni, Yatty dari mahasiswi UI jurusannya kedoktran

Kusuma, Hani, Putri, Sandi, Dodi dari mahasiswa UI

Annisa, Deni, Ayu dari mahasiswa UI dan pegawai kopi shop

Arnol, Lia, Suryani, Niken, Human, Aldina dari mahasiwa Guna darma

Mahardhika, Amanullah, Satya, Josh, Sisy dari mahasiswa Guna darma

Nanda, Jody, Fernan, Ferghana, Ifan, Riko dari mahasiswa Guna garma

2권의 녹음을 위하여 도와주신 상기 34명에게 무한한 감사의 말씀을 드립니다.

감수자 : **Rere, Maudy, Arsya** dari mahasiswa UI jurusan bahasa korea

Ahmat, Abi, Andri, Amira, Adina, Azijah, Dapit, Suyadi
dari teman dan tetangga saya

이 책 감수를 위하여 도와주신 상기 11명 여러분에게도 무한한 감사를 드립니다.

"본문의 녹음 파일은 저자가 의도적으로
다양한 계층과 현지에서 직접 녹음한 관계로
완벽하지 않은게 있을 수 있습니다.
미진한 부분은 추가로 녹음하여 MP3 파일을 업로드할
예정이오니 참고 바랍니다."

Bab.2
인도네시아 노래

Indonesia Pusaka 인도네시아 유산

여기서 인도네시아 유명한 노래 한 곡 소개할게요. 곡도 좋고 내용도 좋으니 Youtube를 통하여 불러 보세요. 노래도 배우고 단어, 문장도 같이 배울 수 있겠죠? 인도네시아에 살게 되면 노래 몇 곡 정도는 알면 좋을 것입니다. 이 노래는 인도네시아인이면 다 아는 노래입니다.

01 ♪

Indonésia tanah air béta.
Indonésia sejak dulu kala.
Di sana tempat lahir beta.
Tempat berlindung di hari tua.

인도네시아는 내 조국이다.
인도네시아는 옛날부터.
거기는 나의 태어난 곳이다.
노년에 보호받을 수 있는 장소.

Pusaka abadi nan jaya.
Tetap dipuja-puja bangsa.
Dibuai dibesarkan bunda.
Sampai akhir menutup mata.

유산은 영원하고 번영하는 것이다.
변함없이 국민이 찬양했다.
엄마가 흔들면서 키워 주셨다.
마지막 눈을 감을 때까지

02 ♪

Sungguh indah tanah air béta.
Karya indah Tuhan Maha Kuasa.
Indonésia ibu pertiwi.
Tenagaku bahkan pun jiwaku.

내 조국은 너무 아름답다.
위대한 하나님의 아름다운 작품.
인도네시아는 모국이다.
내 힘 그리고 내 영혼 또한.

Tiada tandingnya di dunia.
Bagi bangsa yang memujanya.
Kau kupuja kau kukasihi
Kepadamu réla kuberi.

세계에서 비교할 곳 없는.
그것을 찬양하는 민족을 위하여.
너를 내가 찬양하고 너를 내가 사랑한다.
너에게 기꺼이 내가 준다.

03 ♪

Di sana tempat lahir béta.
Tempat berlindung di hari tua.

거기는 내가 태어난 곳이다.
노후에 보호받을 수 있는 장소.

Dibuai dibesarkan bunda.
Sampai akhir menutup mata.

엄마가 흔들면서 키워 주셨다.
마지막 눈을 감을 때까지.

❖ 인도네시아 학교에서는 위의 노래를 의무적으로 가르칩니다. 누구나 아는 노래이기 때문에, 한 번 들어보시고 알아두는 것도 좋을 것 같습니다.

부록.

인도네시아어 관광통역사 면접시험 예상 문제(1~50항)

Selamat siang, selamat datang Mr. Kim

Hari ini kita akan mengadakan ujian Bahasa Indonesia untuk menjadi seorang pemandu wisata. Ujian ini akan dilakukan dengan cara wawancara. Disini saya akan menguji kemampuan Mr. Kim sebagai pemandu wisata menggunakan Bahasa Indonesia. Saya akan mengajukan pertanyaan dalam Bahasa Indonesia dan Mr.Kim harus menjawab dengan menggunakan Bahasa Indonesia juga. Dalam menjawab pertanyaan nanti, Mr. Kim harus menjelaskan dengan teliti dan seksama. Apakah Mr. Kim merasa tegang?

Saya akan memulai ujian wawancara. apakah Mr. Kim siap?

안녕하세요, 어서 오세요. 김 선생님.
오늘 우리는 관광안내사가 되기 위한 인도네시아어 시험을 개최하려 합니다. 이 시험은 인터뷰 방식으로 할 것입니다. 여기서 저는 인도네시아어를 사용하는 관광 안내사로서의 김 선생님의 능력을 시험할 것입니다. 저는 인도네시아어로 질문을 할 것이고 김 선생님도 인도네시아어로 답을 해야 합니다. 나중에 답하실 때, 김 선생님은 상세하고 세밀하게 답해야 합니다. 김 선생님, 준비되셨습니까?

001

Apa saja persyaratan dan prilaku yang harus dimiliki seorang pemandu wisata?
(Persyaratan dan prilaku apa saja yang harus dimiliki seorang pemandu wisata?)
관광안내자가 갖추어야하는 조건과 행동은 어떤 것들입니까?

Untuk menjadi pemandu wisata harus memiliki syarat-syarat sebagai berikut :

1. Harus memiliki pengetahuan yang luas tentang pariwisata. contohnya:sejarah, budaya dan sebagainya.
2. Harus bisa berbicara bahasa asing.
3. Harus memiliki sifat yang baik, sopan, mudah bergaul, suka membantu dan sebagainya.
4. Harus memiliki kemampuan menyelesaikan suatu masalah karena bisa terjadi hal yang tidak diharapkan.

5. Harus memiliki rasa penasaran tentang hal baru dan memiliki informasi terbaru

관광안내자가 되기 위하여 아래와 같은 조건들을 갖추어야 한다.

1) 첫째. 관광에 대한 넓은 지식을 갖추어야 한다. 예로 역사, 문화 그리고 기타 등.
2) 둘째. 외국어를 할 수 있어야 한다.
3) 셋째. 선하고, 겸손하고, 사람을 잘 사귀고, 돕기를 좋아하는 성격 등을 가져야 한다.
4) 넷째. 우리는 바라지 않는 문제가 발생할 수 있기 때문에 어떠한 일을 해결할 수 있는 능력을 갖추어야 한다.
5) 다섯째. 새로운 일에 대한 궁금증을 가지고 새로운 정보를 가져야 한다.

002

Apa yang membuat kamu melamar pekerjaan sebagai pemandu wisata?
(Apa alasan kamu menjadi pemandu wisata?)
당신이 관광안내자로서의 직업을 신청하게 만든 이유는 무엇입니까?
(관광안내자가 되려는 당신의 이유는 무엇입니까?)

Saya suka jalan-jalan dan mengenal budaya yang berbeda. Saya selalu berharap mengalami hal baru, jadi saya memutuskan menjadi pemandu wisata. Untuk mencapai hal yang saya suka, saya mulai belajar Bahasa Indonesia untuk menjadi pemandu wisata. Kadang orang asing bertanya sesuatu, lalu saya jawab dengan baik. Saat itu saya merasa puas. Teman-teman bilang, saya orang yang suka bergaul dengan orang lain dan menyenangkan, sering membuat orang tertawa dengan cerita-cerita lucu. Oleh karena itu, jika saya menjadi pemandu wisata, saya akan berusaha memberi kenangan yang bagus tentang Korea. Kemudian, saya mau membanggakan tanah air kepada orang asing. Ini alasan saya menjadi pemandu wisata.

나는 여행을 좋아하고 서로 다른 문화를 알기 좋아한다. 나는 항상 새로운 일을 경험하고 싶어한다, 그래서 나는 관광 안내사가 되기로 결심했다. 내가 좋아하는 일을 이루도록, 나는 관광가이드가 되기 위하여 인도네시아어를 공부하기 시작했다. 가끔 외국인들은 어떠한 것을 질문했고, 나는 올바르게 답했다. 그때 나는 만족스러움을 느꼈다. 친구들은 내가 다른 사람 사귀기를 좋아하고, 즐거워하고, 가끔 재미있는 이야기로 사람을 웃게 만든다고 말했다. 그래서, 내가 관광가이드가 되면, 나는 한국에 대한 좋은 추억을 주려고 노력할 것이다. 그리고, 나는 외국인들에게 조국을 자랑하고 싶다. 이것이 내가 관광가이드가 되려는 이유이다.

003

Apa saja usaha yang kamu lakukan untuk menjadi seorang pemandu wisata?
(Usaha apa saja yang kamu lakukan untuk menjadi seorang pemandu wisata?)
관광가이드가 되기 위하여 당신이 한 노력은 무엇입니까?

1. Saya belajar bahasa Indonesia dengan keras setiap hari.
2. Saya berusaha mengumpulkan informasi tentang budaya, sejarah Negara
    lain.
3. Saya membaca koran, majalah tentang budaya mancanegara.
4. Saya mengumpulkan informasi tentang pengetahuan wisata melalui
    internet.

1) 나는 매일 인도네시아어를 열심히 공부했다.
2) 나는 문화에 대한 정보, 다른 나라의 역사에 대한 정보를 모으려고 노력한다.
3) 나는 외국 문화에 대한 신문, 잡지를 읽는다.
4) 나는 인터넷을 통하여 여행지식에 대한 정보를 모은다.

004

Mengapa pemandu wisata disebut duta (diplomat) non pemerintahan?
왜 관광가이드를 비 정부 대사라 부릅니까?

Pemandu wisata harus memiliki sifat baik dan sopan karena pemandu wisata
selalu bertemu dengan wisatawan. Pemandu wisata selalu di dekat wisatawan
asing. Jika pemandu wisata berbuat baik, banyak wisatawan akan berkunjung
ke Korea. Oleh karana itu, kesan mereka adalah kesan utama Korea. Pemandu
wisata harus memberikan kesan terbaik. Tugas mereka sama dengan tugas
diplomat (duta). oleh karena itu, mereka disebut duta (diplomat) non
pemerintahan.

관광가이드는 항상 관광객을 만나기 때문에 좋은 성격과 겸손함을 갖고 있어야 한다. 관광가이드는
항상 외국 관광객 가까이에 있다. 만일 관광가이드가 좋게 행동하면, 많은 관광객은 한국을 방문할 것
이다. 그런 이유로, 그들의 인상은 곧 한국의 얼굴이다. 관광가이드는 가장 좋은 인상을 주어야 한다.
그들의 임무는 대사의 의무와 같다. 그래서 그들은 비 정부 대사로 불린다.

005

Menurut kamu servis (pelayanan) itu apa? 당신의 생각에 봉사란 무엇입니까?
(Service (pelayanan) itu menurut kamu apa?)

Servis adalah memberikan kesenangan dan kepuasan, jadi kita harus memberikan senyum ketika bertemu dengan orang lain. Dan harus berbuat sopan, lalu kita harus memberi hati sungguh-sungguh tanpa mengharap balasan. Oleh karena itu, pemandu wisata harus bercerita dengan sopan, ramah dan hati tulus. Untuk orang lain, manusia harus bersiap membantu kapan pun dan dimana pun.

봉사란 즐거움과 만족을 주는 것이다. 그래서 우리는 외국인을 만났을 때 미소를 주어야 한다. 그리고 겸손하게 행동해야 하고 대가를 바라지 않고 진실한 마음을 주어야 한다. 그래서, 관광가이드는 겸손하고, 부드럽고, 진실한 마음으로 얘기해야 한다. 다른 사람을 위해. 사람은 언제 어디서나 도울 준비를 해야 한다.

006

Bagaimana cara mengurus jika ada wisatawan sakit atau terluka?
Apa yang kamu lakukan jika ada wisatawan sakit atau terluka?
만일 관광객이 아프거나 부상을 당한 관광객이 있다면 어떻게 조치해야 합니까?

1. Saya akan merawat dulu wisatawan yang terluka.
2. Saya akan menelepon Kedutaan Besar.
3. Saya akan segera membawa ke rumah sakit.
4. Saya akan menelepon keluarga atau temannya.
5. Saya akan merawat sampai keluarga atau temannya datang.

1) 첫째. 나는 부상당한 관광객을 먼저 치료할 것이다.
2) 둘째. 나는 대사관에 전화할 것이다.
3) 셋째. 나는 즉시 병원으로 데려갈 것이다.
4) 넷째. 나는 그의 가족이나 친구에게 전화할 것이다.
5) 다섯째. 나는 가족이나 친구가 올 때까지 보호할 것이다.

007

Apa yang harus kamu lakukan jika wisatawan kehilangan passport mereka?
만일 관광객이 그들의 여권을 분실했다면 당신은 무엇을 해야 합니까?

1. Saya akan berusaha membantu dengan cepat.
2. Saya akan melaporkan ke polisi.
3. Saya akan melaporkan ke Kedutaan Besar bahwa wisatawan ini kehilangan paspor.
4. Lalu saya akan mengantarkannya ke Kedutaan Besar untuk meminta salinan paspor.

1) 첫째. 나는 즉시 도우려고 노력할 것이다.
2) 둘째. 나는 경찰에 신고할 것이다.
3) 셋째. 나는 관광객이 여권을 분실했다고 대사관에 연락할 것이다.
4) 넷째. 나는 여권 사본을 부탁하러 대사관으로 데려갈 것이다.

008

Apa yang kamu lakukan jika wisatawan komplain?
만일 관광객이 불평을 하면 당신은 무엇을 할 것입니까?

1. Saya akan mendengar komplain dengan baik.
2. Saya akan menanyakan dulu masalahnya apa?.
3. Setelah mendengarkan dengan jelas, saya akan memeriksa situasi yang terjadi.
4. Saya akan berusaha menyelesaikan masalah tersebut, termasuk masalah hotel, akomodasi dan sebagainya.
5. Setelah masalah itu selesai, saya akan berusaha tidak terjadi lagi peristiwa seperti itu.
6. Bagaimanapun kita harus melakukan yang terbaik untuk wisatawan.

1) 첫째. 나는 올바르게 컴플레인을 들을 것이다.
2) 둘째. 나는 무슨 문제인지 먼저 들을 것이다.
3) 셋째. 분명하게 들은 후, 나는 발생한 상황을 조사할 것이다.
4) 넷째. 나는 호텔 문제, 시설 문제 등을 포함하여 그 문제들을 해결하려고 노력할 것이다.
5) 다섯째. 그 문제가 끝난 후, 나는 그 같은 사건이 다시 발생하지 않도록 노력할 것이다.
6) 여섯째. 어쨌든 우리는 여행객을 위하여 최선을 다해야 한다.

009

Bagaimana jika salah satu wisatawan ada yang terlambat dan wisatawan yang lain melakukan komplain, apa yang kamu lakukan?

(Apa yang kamu lakukan jika salah satu wisatawan ada yang terlambat dan wisatawan yang lain komplain?)

여행객 중에 늦는 사람이 있거나 다른 여행객이 불평을 한다면,
당신은 어떻게 할 것입니까?

1. Saya akan menjelaskan alasan orang itu terlambat.
2. Saya akan mengucapkan terima kasih kepada wisatawan yang bersedia menunggu.
3. Selama menunggu, saya akan bercakap-cakap tentang kegiatan hari ini. Kita saling berkenalan satu sama lain.
4. Saya akan berusaha membuat suasana tidak bosan.

1) 나는 그 사람이 늦은 이유를 설명할 것이다.
2) 나는 기다려주신 관광객에게 고맙다고 인사말을 할 것이다.
3) 기다리는 동안, 나는 오늘의 일정에 대해서 얘기할 것이다. 우리는 서로 인사할 것이다.
   (소개한다)
4) 나는 지루하지 않은 분위기를 만들려고 노력할 것이다.

010

Mengapa sinetron Korea terkenal di seluruh dunia?
왜 한국 드라마가 전 세계에서 유명합니까?

1. Banyak orang mengatakan sinetron Korea itu lucu dan romantis.
2. Aktornya ganteng dan aktrisnya cantik.
3. Aktor dan aktrisnya memakai baju yang indah dan bagus.
4. Di setiap episodenya, mengandung kebudayaan Korea.

1) 많은 사람이 한국 드라마는 재미있고, 로맨틱하다고 말한다.
2) 남자 배우는 잘생기고, 여자 배우는 예쁘다.
3) 배우들은 아름답고 좋은 옷을 입고 있다.
4) 모든 에피소드 안에는, 한국의 문화를 담고 있다.

011

Apa perbedaan pariwisata dan perjalanan (travel)?
관광과 여행의 차이는 무엇입니까?

Perbedaan pariwisata dan jalan-jalan tergantung tujuan. Pariwisata mempunyai tujuan khusus seperti rekreasi, bisnis, keagamaan dan lain-lain. Sedangkan tujuan perjalanan adalah mempelajari dan merasakan hal baru, contohnya tinggal di desa dan merasakan kebudayaan, sejarah dll. Orang-orang bisa menjadi wisatawan dan pejalan tergantung pada situasinya.

관광과 여행의 차이는 목적에 달려있다. 관광은 특별한 목적을 갖고 있다. 오락, 사업, 종교 등처럼. 반면에 여행은 새로운 일을 느끼고 공부하는 것이다. 그 예로, 마을에 머무르면서 문화, 역사 등을 느끼는 것이다. 사람들은 그 상황에 따라 관광객이나 여행객이 될 수 있다.

012

Menjelaskan tentang jenis-jenis usaha perjalanan.
관광사업 종류에 대해서 설명해 보세요.

Di dalam usaha perjalanan ada tiga jenis :
1. Perjalanan umum yaitu: orang Korea dan orang asing berjalan-jalan di Korea atau luar negeri.
2. Perjalanan luar negeri yaitu: orang Korea berjalan-jalan ke luar negeri.
3. Perjalanan domestik (dalam negeri) yaitu: orang Korea berjalan-jalan di dalam negeri.

관광사업 안에는 세 종류가 있다:
첫째. 일반 관광 예를 들면: 한국인과 외국인이 한국이나 외국에서 여행하는 것이다.
둘째. 외국 관광 예를 들면: 한국인이 외국으로 여행하는 것이다.
셋째. 국내 관광 예를 들면: 한국인이 국내에서 여행하는 것이다.

013

Menjelaskan apa paspor itu dan jenis-jenis paspor?
여권이 무엇이고 여권의 종류가 무엇인지 설명해 보세요.

Paspor adalah dokumen perjalanan resmi dan dokumen yang bisa membuktikan identitas dan kebangsaan seseorang. Untuk masuk dan keluar suatu Negara diperlukan paspor.

Jenis paspor ada tiga. sebagai berikut:

1. Paspor umum digunakan untuk orang biasa. Paspor umum dibagi dua yaitu paspor singular dan paspor multiple. Paspor singular untuk satu kali perjalanan ke luar negeri dan multiple paspor untuk banyak perjalanan ke luar negeri sampai masa berlaku habis.
2. Paspor pemerintah digunakan untuk petugas pemerintah.
3. Paspor diplomatik digunakan untuk diplomat dan keluarganya.

여권은 공식적인 여행 문서이며, 어떤 사람의 국적과 신분을 증명해 줄 수 있는 문서이다. 어떤 나라를 출국이나 귀국을 하기 위하여 여권을 필요로 한다.

여권의 종류는 3 가지가 있는데. 아래와 같다:

1) 일반여권은 일반사람을 위해 사용된다. 일반여권은 두 가지로 분리되는데 예로 단수여권과 복수여권이 있다. 일반여권은 외국으로 한번 여행하는 것이고 복수여권은 유효기간이 소멸될 때까지 외국으로 자주 왕래하는 것이다.
2) 공용여권은 정부 직원을 위해서 사용된다.
3) 외교여권은 외교관이나 그의 가족을 위해 사용된다.

014

Apa perbedaan antara paspor dan visa?
여권과 비자 사이의 차이는 무엇입니까?

Paspor adalah dokumen perjalanan resmi dan dokumen yang bisa membuktikan identitas dan kebangsaan seseorang. Paspor dikeluarkan oleh pemerintah. Visa adalah dokumen resmi untuk masuk ke Negara tertentu. Visa dikeluarkan oleh Negara yang akan dikunjungi. Paspor menjelaskan identitas turis selama berada di luar negeri. Sedangkan visa adalah izin tinggal turis sementara di Negara tertentu.

여권은 공식적인 여행 문서이며, 어떤 사람의 국적과 신분을 증명해 줄 수 있는 문서이다. 여권은 정부가 발행한다. 비자는 특정 국가로 들어가기 위한 공식 문서이다. 비자는 방문하려는 국가가 발행한다. 여권은 외국에 있는 동안 여행객의 신분을 설명한다. 반면에 비자는 특정국가에 (정해진 국가) 있는 동안 관광객의 거주 허가이다.

015

Apa perbedaan antara inbound pariwisata dan outbound pariwisata?
국내 여행과 해외 여행 사이의 차이는 무엇입니까?

Inbound adalah orang asing mengunjungi Korea, contohnya orang Cina mengunjungi Korea. Outbound adalah orang domestik mengunjungi Negara lain, misalnya orang Korea mengunjungi Cina. Inbound lebih baik daripada outbound, karena wisatawan mengeluarkan banyak uang. Jadi keuntungan ekonomi meningkat.

인바운드는 외국인이 한국을 방문하는 것이다. 예로 중국인이 한국을 방문하는 것이다. 아웃 바운드는 국내 사람이 다른 나라를 방문하는 것이다. 예로 한국인이 중국을 방문하는 것이다. 인바운드가 아웃바운드보다 더 유익하다. 왜냐하면 여행객이 많은 돈을 지출하기 때문이다. 그래서 경제 이득은 높아진다.

016

Apa yang dimaksud dengan Tour Escort.
투어 에스코트가 의미하는 것은 무엇입니까?

Tour Escort adalah pemandu yang menemani wisatawan jalan-jalan ke luar negeri. Khususnya membantu memeriksa barang, mencari tiket pesawat, memesan hotel dan sebagainya. Jadi Tour Escort harus berbicara bahasa asing dengan lancar, ramah, sopan dan lain-lain. Selama perjalanan, tour escort membantu semua keperluan wisatawan.

투어 에스코트는 외국으로 여행하는 여행객과 동행하는 가이드이다. 특히 물건을 검사하는 것을 돕고, 탑승표를 받고, 호텔이나 기타 등을 예약하는 것이다. 그래서 투어 에스코트는 외국어를 능숙하게 말해야 하고, 부드럽고, 겸손하고, 기타 등. 여행하는 동안, 투어 에스코트는 관광객의 모든 필요한 것을 도와야 한다.

017

Apa yang dimaksud dengan Fam Tour?
팜 투어가 의미하는 것은 무엇입니까?

Fam Tour singkatan dari Familiarization Tour (Tur Perkenalan). Fam Tour adalah tur khusus untuk mengundang agen perjalanan dan wartawan. Biasanya tur ini untuk memperkenalkan produk wisata baru. Agen perjalanan mendukung tur ini untuk promosi. Hal ini sangat dibutuhkan untuk menarik wisatawan.

팜 투어는 Familiarization Tour(Tur Perkenalan 소개여행) 의 약어이다. 팜 투어는 여행사나 기자를 초대하는 특별한 여행이다. 보통 이 여행은 새로운 여행상품을 소개하기 위한 것이다. 여행사는 홍보를 위하여 이 여행을 후원한다. 이 일은 관광객을 끌어들이는데 매우 필요하다.

018

Jelaskan tentang ekowisata.
생태관광에 대해서 설명하세요.

Pariwisata biasanya menyebabkan banyak kerusakan. Ekowisata adalah pariwisata yang bertanggung jawab terhadap alam. Ekowisata menganjurkan wisatawan menggunakan barang ramah lingkungan, barang daur ulang dll. Lalu wisatawan tidak boleh buang sampah sembarangan dan pemerintah harus menjaga lingkungan dengan baik.

관광은 보통 많은 파괴를 불러일으킨다. 생태 관광은 자연에 대하여 책임을 지는 관광이다. 생태 관광은 관광객에게 친환경 물건, 재활용 물건 등을 사용하도록 제안하는 것이다. 그리고 관광객은 쓰레기를 함부로 버려서는 안 되고. 정부는 올바르게 환경을 지켜야 한다.

019

Apa yang dimaksud dengan pariwisata berkelanjutan (sustainable tourism)?
지속 가능한 관광은 무엇입니까?

Tujuan pariwisata berkelanjutan melestarikan alam terus menerus. Artinya tidak boleh merusak lingkungan alam sembarangan. Untuk itu kita harus mengembangkan secara keseimbangan alam itu. Lalu, penduduk desa perlu dihardrikan usaha pariwisata. Tapi untuk menjaga kegiatan itu, pariwisata berkelanjutan sangat penting. Bagaimanapun manusia harus melestarikan bumi kita dengan baik untuk anak cucu.

지속 가능한 관광 사업의 목표는 지속적으로 자연을 보존하는 것입니다. 그 의미는 자연 환경을 아무렇게나 파괴해서는 안 된다는 것입니다. 그것을 위하여 우리는 자연을 균형적으로 개발하여야 합니다. 그리고, 마을 주민을 관광 사업에 참여시킬 필요가 있습니다. 그리고 그 일을 위해, 지속 가능한 관광은 매우 중요합니다. 어쨌든 인간은 자손들을 위하여 올바르게 우리의 자연을 보존해야 합니다.

020

Penjelasan tentang pariwisata hijau.
녹색 관광에 대한 설명하세요.

Pariwisata hijau adalah melestarikan lingkungan hijau. Semua pariwisata harus menjaga lingkungan untuk masa depan. Dengan menjaga lingkungan, kita semua bisa melihat alam yang indah terus-menerus.

녹색 관광은 푸른 환경을 보존하는 것이다. 모든 관광객은 미래를 위하여 환경을 지켜야 한다. 환경을 지킴으로써, 우리 모두는 계속해서 아름다운 자연을 볼 수 있다.

021

Apa yang dimaksud dengan tur insentif?
(Apa tur insentif itu?) 인센티브 관광이 의미하는 것은 무엇입니까?

Tur insentif adalah wisata untuk karyawan yang dibuat oleh perusahaan. Tujuannya adalah memberikan insentif, hadiah wisata untuk karyawan atas kerja keras mereka. Di tur insentif,
biasanya perusahaan mengajak karyawan dan keluarganya. Dari sisi karyawan, tur insentif selain bisa mendapat jalan-jalan juga mendapat waktu istirahat. Tur insentif menghasilkan keuntungan besar bagi industri pariwisata karena karyawan membutuhkan wisata yang bagus. Lalu mereka mengeluarkan banyak uang. Perusahaan berharap karyawan bekerja lebih giat setelah wisata. Oleh karena itu, pengusaha perlu sering mengadakan tur insentif agar perusahaan lebih maju.

인센티브 여행은 회사가 양성하는 직원을 위한 여행이다. 그 목적은 직원들의 수고에 대해 직원을 위한 관광 선물, 인센티브를 주는 것이다. 인센티브 관광에서는 보통 회사가 직원과 그 가족을 초대한다. 직원 입장에서 보면, 인센티브 관광은 여행을 얻을 수 있는 것 외에 또한 휴식시간을 얻는다. 인센티브 관광은 관광 산업에 큰 이득을 생산한다. 왜냐하면 직원은 좋은 관광을 필요로 하기 때문이다. 그리고 그들은 많은 돈을 지출한다. 회사는 여행 후에 직원이 더 열심히 일하기를 바란다. 그래서, 사장은 회사가 더 발전하도록 자주 인센티브 여행을 개최할 필요가 있다.

022

Berikan penjelasan tentang tur paket (package tour).
Menjelaskan tentang tur paket. 패키지여행에 대해서 설명하세요.

Tur paket adalah paket perjalanan yang meliputi transportasi, akomodasi, hotel, dan sebagainya. Selama perjalanan, wisatawan mengikuti aturan yang dibuat oleh agen wisata. Agen wisata membeli produk wisata dengan harga murah, lalu mengumpulkan wisatawan. Wisatawan bisa berwisata dengan harga lebih murah. Kalau ingin pengalaman khusus, wisatawan bisa memilih paket wisata lain. Tetapi wisatawan membayar dengan harga lebih mahal.

패키지 여행은 교통, 숙박시설, 호텔 그리고 기타 등을 포함한 관광 패키지이다. 여행 중에는, 관광객은 여행사가 만든 규칙을 따른다. 여행사는 싼 여행상품을 구매하고 여행객을 모은다. 여행객은 더 싼 가격으로 여행을 할 수 있다. 만일 특별한 경험을 원하면, 관광객은 다른 여행상품을 선택할 수 있다. 그러나 여행객은 더 비싼 가격을 지불한다.

023

Apa pariwisata medis (kesehatan) itu?
의료 관광은 무엇입니까?

Tujuan pariwisata medis adalah untuk mendapatkan perawatan medis. Korea memiliki teknologi kesehatan yang bagus, jadi banyak orang asing mengunjungi rumah sakit di Korea. Di Korea, banyak pasien diobati penyakitnya yaitu kanker, gigi dan operasi plastik. Operasi plastik sangat terkenal di Korea, terutama karena bantuan Hallyu. Pasien dan keluarga perlu tinggal di Korea selama perawatan. Jadi mereka membutuhkan hotel di dekat rumah sakit. Tetapi fasilitas pendukungnya sangat kurang. Jadi, Pemerintah harus menyiapkan fasilitas tersebut.

의료 관광의 목적은 의료 치료를 받기 위한 것이다. 한국은 좋은 의료기술을 갖고 있다. 그래서 많은 외국인이 한국의 병원을 방문한다. 한국에는, 많은 환자가 질병을 치료받는다. 예로 암, 치아 그리고 성형수술이 있다. 특히, 한류로 인해, 한국에서의 성형수술은 정말 유명하다. 환자와 가족은 치료기간 동안 한국에서 거주할 필요가 있다. 그래서 그들은 병원 가까이에 있는 호텔을 필요로 한다. 그러나 지원 시설은 매우 부족하다. 그래서, 정부는 언급된 시설을 준비하여야 한다.

024

Jelaskan apa pariwisata gelap (dark tourism) dan mengapa pariwisata gelap itu penting?
pariwisata gelap이 무엇인지를 설명하고, 왜 pariwisata gelap이 중요합니까?

Pariwisata gelap adalah tur mengunjungi tempat terjadinya kekejaman, kematian. Dengan mengunjungi tempat itu, turis bisa mendapat pesan. Contohnya turis mengunjungi monumen perang di Yongsan. Pariwisata gelap penting karena turis dapat belajar tentang tempat terjadinya perang, pembunuhan atau bencana.

pariwisata gelap은 참혹함과 전사자 발생지를 방문하는 관광이다. 그 곳을 방문함으로써, 관광객은 교훈을 얻을 수 있다. 그 예로, 여행객은 용산에 위치한 전쟁 기념관을 방문하는 것이다. Pariwisata gelap은 중요하다, 왜냐하면 관광객은 전쟁발발지, 살상지, 사고지에 대하여 공부할 수 있기 때문이다.

025

Jelaskan apa itu MICE dan dampaknya terhadap ekonomi Korea?
Jelaskan tentang MICE dan efeknya terhadap ekonomi Korea?
Mice가 무엇이고 한국경제에 대한 그 영향이 무엇인지를 설명하라.

MICE adalah singkat dari Meetings (Pertemuan), Incentives (Insentif), Conference (Konferensi) and Exhibition (Pameran). Empat kegiatan ini mendatangkan banyak orang. Di pertemuan (Meetings), banyak orang yang datang untuk berdiskusi. Di tur insentif, banyak karyawan perusahaan yang terlibat. Konferensi adalah pertemuan yang digunakan untuk pertukaran informasi. Pameran digunakan untuk mempromosikan produk dan servis.
Industri MICE itu penting karena memberikan keuntungan, pekerjaan baru dan pembangunan daerah. Industri MICE adalah industri nilai tambah yag tinggi.

MICE는 meeting, incentives, conference and exhibition의 줄임이다. 이 네 가지 활동은 많은 사람을 초청한다. 많은 사람이 회의를 위해 회담에 참석한다. 인센티브 관광에서는, 많은 회사 직원이 관련된다. 회담은 정보 교환을 위하여 이용되는 만남이다. 전시는 상품과 서비스를 홍보하기 위하여 이용된다. MICE 산업은 이윤을 주고, 새로운 일자리 그리고 지역 건설을 제공하기 때문에 중요하다. MICE 산업은 고부가가치의 산업이다.

026

Apa slow city movement (pergerakan kota lambat) itu?
slow city movement 는 무엇입니까?

Pergerakan kota lambat adalah cara hidup lebih lambat. Karena teknologi semakin canggih, hidup menjadi mudah, jadi kehidupan sangat cepat. Oleh karena itu, sekarang ini banyak orang ingin hidup alami, bebas polusi, bebas macet. Hampir semua manusia ingin hidup dengan alam dan santai. Contoh kota-kota yang lambat di Korea adalah Cheongsando di Wando, Hadong di Gyeongsangnam-do, dan sebagainya.

Pergerakan kota lambat 는 '느리게 살기'의 방법이다. 기술은 점점 발달하고, 삶이 편리해졌기 때문에 우리의 삶은 매우 빨라졌다. 그래서, 최근에 많은 사람은 자연의 삶을 살기를 원하고, 공해로부터 해방되고, 교통체증에서(을) 벗어나 살기를 바란다. 거의 대부분의 인간은 자연과 함께 한가롭게 살기를 바란다. 한국에서 '느리게 살기'의 도시들은 완도에 위치한 청산도와 경상남도에 위치한 하동 등이 있다.

027

Apa sending service (servis pengiriman) itu?
sending service 는 무엇입니까?

Servis pengiriman adalah servis untuk membantu wisatawan di bandara sampai naik pesawat. Tugasnya membantu memeriksa bagasi, mencarikan tempat duduk di pesawat dan mendapatkan boarding passes. Jika mendapat servis pengiriman, wisatawan bisa cepat selesai dan cepat berangkat dari bandara.

샌딩 서비스는 공항에서 비행기에 탈 때까지 관광객을 샌딩하는 서비스이다. 그 임무는 짐을 부치고, 비행기 좌석을 지정해주고 탑승권 받는 것을 도와준다. 만일 샌딩 서비스를 받으면, 관광객은 빨리 마칠 수 있고, 빨리 공항에서 출발할 수 있다.

028

Apa CIQ itu? CIQ는 무엇입니까?

CIQ adalah tiga proses penting saat masuk dan keluar bandara. Proses tersebut adalah Customs, Immigration (Imigrasi), Quarantine (Karantina). Proses customs adalah memeriksa penumpang menggunakan mesin x-ray. Proses imigrasi untuk memeriksa paspor dan visa, dan berapa lama akan tinggal. Sedangkan proses karantina adalah mengamati apakah orang itu menderita penyakit menular atau tidak.

CIQ는 공항을 출입할 때 중요한 세 가지 과정이다. 그 과정은 Customs, Immigration(Imigrasi), Quarantine(Karantina) 이다. Proses customs(세관 과정)은 엑스레이를 통하여 손님을 검사하는 것이다. Proses imigrasi(출입국 심사)는 여권과 비자를 검사하고, 얼마나 머무를지를 검사한다. 반면에 proses karantina(검역)은 그 사람이 전염병을 앓는지 아닌지를 조사한다.

029

Berikan penjelasan tentang SIT dan FIT.
SIT dan FIT에 대해 설명하세요.

SIT adalah Wisata Tujuan Khusus (Special Interest Travel). SIT memiliki tema atau tujuan khusus, misalnya wisata sejarah, seni, dsb. SIT didampingi oleh pemandu wisata yang profesional. Jadi turis akan mendapatkan informasi dan pengalaman yang diinginkan.
Sedangkan FIT adalah wisata bebas (Foreign Independent Travel). Selama berwisata, turis tidak didampingi pemandu wisata. Biasanya turis membeli tiket dan memesan hotel dari agen perjalanan. Lalu wisatawan bisa jalan-jalan dengan bebas karena tidak ada rencana tertentu.

SIT는 특수 목적 관광이다. SIT 는 주제나 특수목적을 갖고 있다, 예를 들어, 역사여행, 예술여행 등 등. SIT 는 전문 관광가이드가 동행한다. 그래서 관광객은 정보를 받을 것이고, 원하는 경험을 얻을 것이다. 반면에 FIT 는 개별 자유여행이다. 여행하는 동안, 여행객은 여행가이드가 동행하지 않는다. 보통 여행객은 여행사로부터 표를 구입하고 호텔을 예약한다. 그런 후 관광객은 자유롭게 여행할 수 있다. 왜냐하면 정해진 계획이 없기 때문이다.

030

Berikan penjelasan tentang polisi wisata. **관광 경찰에 대해서 설명하세요.**

Polisi wisata adalah polisi yang bertugas di daerah wisata. Tugas polisi wisata adalah membantu turis agar merasa aman dan nyaman selama berwisata di Korea. Polisi wisata memberikan informasi sambil mencegah tindakan ilegal dan kejahatan. Polisi wisata menggunakan lencana dengan warna yang berbeda. Alasan itu menunjukkan bahwa polisi wisata bisa berbicara bahasa asing yang berbeda.

관광 경찰은 여행지역에서 근무하는 경찰이다. 관광 경찰의 임무는 한국에서 여행하는 동안 안전하고 안락하게 느끼도록 여행객을 돕는 것이다. 관광 경찰은 부정하고, 나쁜 행동을 예방하면서 정보를 제공한다. 관광 경찰은 다른 색의 휘장을 사용한다. 그 이유는 관광 경찰이 다른 외국어를 말할 수 있다는 것을 보여 주는 것이다.

031

Apa 1330 itu? **1330 은 무엇입니까?**

1330 adalah nomor telepon Organisasi Pariwisata Korea. 1330 memberikan informasi dan servis untuk wisatawan. Operator 1330 memberikan rasa mudah dan nyaman selama berwisata di Korea. Servis 1330 dapat berbicara dalam bahasa Korea, Inggris, Jepang dan Cina. 1330 juga memberikan menyediakan semua informasi tempat-tempat wisata di Korea.

1330은 한국 관광공사 전화번호이다. 1330은 관광객을 위하여 정보와 서비스를 제공한다. 1330 교환수는 한국에서 여행하는 동안 안락하고 편한 느낌을 제공한다. 1330 서비스는 한국어, 영어, 일본어 그리고 중국어 서비스가 가능하다. 1330은 또한 한국에 있는 모든 여행 장소의 정보를 알려준다.

032

Apa perbedaan antara resort (kawasan) tur dan resort komplek?
resort tur dan resort komplek 의 차이는 무엇입니까?

Resort tur adalah tempat yang memberikan pemandangan alam dan budaya tradional. Resort tur menyediakan fasilitas dasar untuk wisatawan. Sedangkan resort komplek adalah tempat pemandangan alam yang luas dan tempat hiburan tur. Resort komplek meliputi wilayah lebih luas dari pada resort tur. Resort tur memiliki fasilitas dasar seperti parkir dan toilet, sedangkan resort komplek memiliki banyak fasilitas dan hiburan. Jadi, jika resort tur diubah menjadi resort komplek, maka banyak fasilitas yang harus dibuat untuk memenuhi kebutuhan wisatawan.

Resort tur는 자연경관과 전통문화를 알려주는 곳이다. Resort tur는 관광객을 위하여 기본 시설을 제공한다. 반면에 resort komplek는 넓은 자연경관지구이다. 그리고 여행 휴양지다. Resort komplek는 resort tur보다 넓은 지역을 갖고 있다. Resort tur는 주차장이나 화장실처럼 기본시설을 갖고 있고, 반면에 resort komplek는 많은 시설과 휴양시설을 갖고 있다. 그래서, 만일 resort tur가 resort komplek로 변경된다면, 관광객의 필요를 충족시키기 위하여 많은 시설을 만들어야 한다.

033
Menjelaskan tentang Konvensi Ramsar.
Konvensi Ramsar 에 대해서 설명하세요.

Konvensi Ramsar adalah perjanjian Internasional untuk melindungi tanah lembab yang penting di dunia. Tanah lembab sangat penting untuk melindungi kehidupan liar dan ekosistem. Perpindahan burung dari suatu Negara ke Negara lain dapat dilindungi oleh perjanjian ini.
Konvensi Ramsar dibuat pada tahun 1971 di Ramsar, Iran. Korea ikut tanda tangan pada konvensi tersebut. Sekarang ini, banyak tanah lembab semakin berkurang. Jadi kita harus melestarikan tanah lembab karena ini tanggung jawab semua manusia. Pelabuhan Suncheonman adalah salah satu dari banyak tanah lembab di Korea. Di sana bisa melihat burung unik (langka) dan padang alang-alang yang luas.

람사르 회의는 세계에서 중요한 습지를 보호하기 위한 국제 조약이다. 습지는 야생동물과 생태계를 보호하기 위하여 매우 중요하다. 어떤 나라에서 다른 나라로의 새의 이동은 이 약속에 의해 보호될 수 있다. 람사르 회담은 1971 람사르에서 결성되었다. 한국은 그 회의에서 함께 서명했다. 최근에, 많은 습지가 점점 줄어들고 있다. 그래서 우리는 습지를 보존해야 한다. 왜냐하면 이것은 모든 사람의 책임이기 때문이다. 순천만 항구는 한국에 있는 많은 습지 중의 하나이다. 거기에서 특별한 새와 넓은 갈대밭을 볼 수 있다.

034

Menjelaskan tentang tipe (jenis) kamar hotel.
호텔방 종류에 대해서 설명하세요.

Di dalam hotel ada empat jenis kamar.

Jenis kamar hotel sebagai berikut:

1. Single room (kamar single): memiliki satu tempat tidur kecil.
2. Double room (kamar ganda): memiliki satu tempat tidur besar.
3. Twin room (Kamar kembar): memiliki dua tempat tidur kecil.
4. Suite room: memiliki banyak ruangan seperti ruang keluarga, ruang rapat, dapur dsb. Suite room biasa digunakan oleh keluarga dan pebisnis untuk waktu lama.

호텔 안에는 네 종류의 방이 있다. 호텔 방의 종류는 아래와 같다.

싱글룸: 작은 침대 하나를 소유한 방

더블룸: 큰 침대 하나를 소유한 방

트윈룸: 두 개의 작은 침대가 있는 방

스위트 룸: 거실, 회의실, 부엌 등 많은 방을 소유한 방. 스위트룸은 보통 오랜 시간을 위하여 가족이나 사업자가 사용한다.

035

Apa over booking (kelebihan pesanan) itu dan pada situasi apa over booking diperlukan?
오버 부킹은 무엇이고 어떤 상황에 오버 부킹은 필요합니까?

Pihak hotel menjual kupon kamar lebih banyak dari jumlah kamar yang ada. Pihak hotel melakukan over booking untuk menghindari turis yang tidak datang atau membatalkan pesanan. Jika tamu tidak jadi pesan, pihak hotel akan mendapat kerugian. Oleh karena itu, pihak hotel melakukan over booking untuk menghindari kerugian.

호텔 측은 가지고 있는 객실 수보다 더 많은 객실 숙박권을 판매한다. 호텔 측은 오지 않는 여행객과 예약을 취소하는 여행객을 피하기 위하여 오버 부킹을 한다. 만일 손님이 예약을 취소하면, 호텔 측은 손해를 받을 것이다. 그래서, 호텔 측은 손해를 피하기 위하여 오버부킹을 한다.

036

Apa saja masalah pariwisata Korea dan cara memperbaikinya?
한국 관광의 문제는 무엇이고, 그것을 고치는 방법은 무엇입니까?

Di bidang pariwisata memiliki banyak masalah, contohnya :

1. Turis asing kesulitan berkomunikasi.
2. Ada banyak prilaku ilegal (tidak resmi) seperti menjual secara paksa.
   Meminta membeli harga yang lebih mahal kepada turis asing.
   Pemandu wisata yang tidak ada izin, taksi illegal, dsb.
3. Wisatawan hanya ramai di Kota Seoul dan Pulau Jeju.

Untuk memperbaiki masalah-masalah itu, ada cara-cara berikut:

1. Untuk komunikasi harus ada papan dan catatan dalam bahasa asing
2. Untuk menghilangkan kejahatan dan prilaku ilegal perlu dihukum berat
   dan mengadakan kampanye wisata.
3. Harus menyediakan objek wisata yang lebih banyak selain Seoul
   dan pulau Jeju. Untuk menyebarkan wisatawan, transportasi dan
   akomodasi juga harus disediakan. Pemerintah harus membuat banyak
   produk wisata.

관광 분야에는 많은 문제를 갖고 있다. 그 예로:

1) 관광객은 소통하는데 어렵다.
2) 강제로 판매하는 것처럼 부정행위가 많다. 외국 관광객에 더 비싼 가격으로 구매하라고
   강요한다. 허가 없는 관광가이드, 불법 택시 등.
3) 관광객은 오직 서울과 제주에서만 붐빈다.

그 문제들을 고치기 위해서는 아래의 방법이 있다.

1) 소통을 위하여 외국어로 된 간판과 문서가 있어야 한다.
2) 범죄와 불법행위를 근절시키기 위하여 무거운 벌을 줄 필요가 있고 여행 캠페인을 개최할 필
   요가 있다.
3) 서울과 제주 외에 더 많은 여행지를 준비해야 한다. 관광객을 분산시키기 위해 교통과 시설
   또한 준비되어야 한다. 정부는 많은 여행상품을 만들어야 한다.

037

Apa efek industri pariwisata terhadap ekonomi Negara?
국가 경제에 대하여 관광산업의 효과는 무엇입니까?

Industri pariwisata memberikan keuntungan besar kepada Negara.

1. Industri pariwisata adalah cara terbaik untuk mendapatkan uang asing.
   Industri pariwisata disebut perdagangan tak terlihat.
2. Industri pariwisata dapat mengurangi pengangguran dan menciptakan
   banyak pekerjaan karena pariwisata berhubungan dengan banyak pihak,
   contohnya: hotel dan restoran.
3. Pariwisata bisa meningkatkan uang masuk ke Korea. Lalu bisa meningkatkan
   ekspor dan bisa masuk penanaman modal asing.

> 관광산업은 나라에 많은 이익을 준다.
>
> 1) 관광산업은 외화를 버는 가장 좋은 방법이다. 관광산업은 보이지 않는 무역이라 불린다.
> 2) 관광산업은 실업을 줄이고 많은 일자리를 창출할 수 있다. 왜냐하면 관광은 많은 부분과
>   관련되어 있다.
>   그 예로 호텔과 레스토랑
> 3) 관광은 한국으로 자본이 들어오는 것을 증가시킬 수 있다. 그리고 수출을 증가시킬 수 있고,
>   외국 자본이 들어 올 수 있다.

038

Apa efek (pengaruh) pengembangan teknologi terhadap industri
pariwisata?
관광 산업에 대한 기술 발전의 효과는 무엇입니까?

Pengembangan teknologi mengubah sistem wisata:

1. Perubahan teknologi memberi informasi wisata lebih cepat dan mudah.
   Wisatawan bisa menggunakan internet untuk memesan hotel atau tiket
   pesawat. Sepanjang perjalanan, wisatawan bisa menggunakan web guide
   wisata menggantikan pemandu wisata.
2. Promosi online dan SNS marketing penting untuk kesuksesan bisnis.
3. Agen perjalanan perlu menggunakan media sosial untuk promosi produk.
   Agen perjalanan perlu mengolah pelanggan online.

> 기술의 발전은 관광 시스템을 변화시켰다 :

1) 기술의 변화는 더 빠르고 쉽게 관광 정보를 준다. 관광객은 호텔과 비행기 표를 예약하기 위해 인터넷을 사용할 수 있다. 여행 중, 관광객은 관광가이드를 대신하여 관광가이드 웹을 사용할 수 있다.
2) 온라인 광고와 SNS 마케팅은 사업 성공을 위하여 중요하다.
3) 여행사는 광고 홍보를 위하여 소셜 미디어를 사용할 필요가 있다. 여행사는 온라인 손님을 관리할 필요가 있다.

039

Jelaskan tentang fénomena (situasi) Hallyu dan arahnya ke masa depan?
한류 현상에 대해서 설명하세요 그리고 미래로 가는 그 방향은?

Hallyu artinya arus kebudayaan Korea, terutama K-Pop dan K-Drama paling banyak digemari di mancanegara. Banyak orang asing suka musik, penyanyi, pemain film, sinetron Korea. Banyak wisatawan mengunjungi Korea untuk merasakan budaya Korea. Oleh karena itu, orang Korea harus menyebarkan Hallyu. Melalui Hallyu kita mengembangkan produk wisata, contohnya, makanan Korea, pertunjukkan musik Korea, tempat wisata dsb. Lalu melalui online, offline dan SNS marketing kita juga harus mengharumkan budaya Korea ke mancanegara.

한류 그 뜻은 한국문화의 흐름이다. 특히 케이 팝 그리고 케이 드라마는 전 세계에서 가장 인기 있다. 많은 외국인이 음악, 가수, 영화배우, 한국 드라마를 좋아한다. 많은 관광객이 한국문화를 즐기기 위하여 한국을 방문한다. 그래서, 한국인은 한류를 전파해야 한다. 한류를 통하여 우리는 관광 상품을 발전시킨다. 그 예로, 한식, 한국의 음악 공연, 여행지 등 온라인, 오프라인, SNS 마케팅을 통해 우리는 또한 전 세계로 한국문화를 알려야 한다.

040

Apa arti BENIKEA? BENIKEA 의 뜻은 무엇입니까?

BENIKEA adalah rangkaian bisnis hotel yang dikelola oleh Organisasi Pariwisata Korea (KTO). BENIKEA singkatan dari BEST NIGHT in KOREA (malam terindah di Korea). Artinya itu jamuan terbaik. Tujuan BENIKEA adalah memberikan akomodasi terbaik dengan harga yang sesuai untuk meningkatkan daya saing. Untuk menjadi anggota BENIKEA, hotel harus melewati tes servis.

BENIKEA는 한국관광공사가 관리하는 비즈니스 호텔 체인이다. BENIKEA는 BEST NIGHT in KOREA의 약자이다. 그것은 최고의 접대를 의미한다. BENIKEA의 목적은 경쟁력을 높이기 위하여 적당한 가격으로 가장 좋은 시설을 제공하는 것이다. BENIKEA 의 회원이 되기 위해 호텔은 서비스 심사를 거쳐야 한다.

041

Apa yang dimaksud dengan Dangun Wang-geom?
단군왕검이 의미하는 것은 무엇입니까?

Kata Dangun berarti langit, matahari atau Dewa. Kata Wang-geom berarti penguasa. Menurut catatan di Samguk Yusa, dia membawa tiga anak buah yang dapat menguasai angin, awan dan hujan. Hal ini artinya Dangun Wang-geom memiliki kemampuan untuk bertani. Oleh karena itu, Dangun adalah penyembah untuk panen yang bagus. Gojoseon, Negara yang didirikannya diperkirakan menjadi Negara pertanian sosial.

단군이라는 단어는 하늘, 태양 혹은 신이라는 뜻이 있다. 왕검 단어는 지배자를 의미한다. 삼국유사 기록에 의하면, 그는 바람, 구름 그리고 비를 관장하는 세 부하를 데리고 왔다. 이것은 단군왕검이 농사를 짓기 위한 능력을 갖고 있다는 것을 의미한다. 그래서, 단군은 풍작을 비는 제사를 지내는 제사장이다. 고조선, 그가 설립한 나라는 농경사회의 나라가 된 것으로 추정된다.

042

Ringkaslah tentang sejarah Korea. **한국 역사에 대해 요약하세요.**

Gojoseon adalah Negara pertama yang didirikan di Korea. Gojoseon didirikan oleh Dangun Wang-geom. Dari abad ke 4 sampai abad ke 7, ada 3 zaman dinasti di Korea, yaitu: Goguryeo, Baekje dan Silla. Ketiga kerajaan ini bersaing memperebutkan wilayah kekuasaan. Kerajaan Silla pernah menyatukan tiga kerajaan tetapi kemudian Korea membagi menjadi 3 lagi.
Wang geon menyatukan lagi Korea dan membangun Goryeo. Korea mengembangkan perdagangan internasional dan berdagang dengan Cina, Jepang, Arab= dan Persia. Pada masa ini, Korea mulai dikenal di dunia. Setelah itu, Joseon dibangun oleh Lee Seong-gye. Dinasti Joseon dijalankan selama 500 tahun. Ajaran yang dipakai adalah Kong Hu cu. Kebudayaan Kong Hu cu berpengaruh di Korea sampai sekarang. Dalam dinasti Joseon, negara Jepang

menyerang Joseon. Lalu, Korea dijajah oleh Jepang selama 36 tahun. Setelah merdeka, Korea dibagi menjadi Korea Utara dan Korea Selatan. Sesudah itu, di Korea terjadi perang utara selatan. Sampai sekarang Korea Utara dan Korea Selatan berhadapan dengan musuh.

고조선은 한국에서 건국된 첫 번째 나라이다. 고조선은 단군왕검이 세웠다. 4세기부터 7세기까지, 한국에는 세 나라의 왕조시대가 있었다. 예로 고구려, 백제 그리고 신라. 이 세 왕국은 권한 지역을 빼앗기 위해 경쟁했다. 신라왕국은 세 왕국을 통일시킨 일이 있었지만 그 후, 한국은 다시 세 나라가 되어 분할됐다. 왕건은 한국을 다시 통일시켰고, 고려를 세웠다. 한국은 국제 무역을 발전시켰으며 중국, 일본, 아랍 그리고 페르시아와 무역을 했다. 이 시기에, 한국은 세계에 알려지기 시작했다. 그 후, 조선을 이성계가 세웠다. 조선왕조는 500년 동안 영위됐다. 채택된 사상은 유교였다. 유교 문화는 오늘날까지 한국에 영향을 끼치고 있다. 조선시대에, 일본은 한국을 침략했다. 그 후, 한국은 일본에 의해서 36년 동안 지배당했다. 독립 후, 한국은 남한과 북한으로 갈라졌다. 그 후, 한국에서는 남북전쟁이 발발되었다. 지금까지 남북한은 적으로 서로 대치하고 있다.

043
Berikan penjelasan tentang Gaya.
가야에 대해서 설명하세요.

Menurut Samguk Yusa, pada tahun AD 42, Kim Suro menjadi raja Geumgwan Gaya. Raja terkuat di antara Negara lain.
Tidak banyak cerita tentang Gaya. Gaya memiliki budaya mewah dan bagus. Gaya juga memiliki budaya yang canggih. Dengan transportasi laut, Gaya berdagang dengan Cina dan Jepang. Raja Gasil berhasil menemukan Gayageum. Ureuk menciptakan banyak lagu menggunakan Gayageum.

삼국유사에 의하면, 기원전 42년에 김수로가 금관가야의 왕이 되었다. 왕은 다른 나라 사이에서 가장 강했다. 가야에 대한 이야기는 많지 않다. 가야는 화려하고 좋은 문화를 갖고 있었다. 가야는 또한 현대 문화를 갖고 있었다. 해상 교통으로 가야는 중국, 일본과 무역했다. 가실왕은 가야금을 발명하는 데 성공했다. 우륵은 가야금을 사용하여 많은 노래를 창작했다.

044
Apa perbedaan dari Goguryeo, Baekje dan Silla?
고구려, 백제, 신라의 차이는 무엇입니까?

Ada tiga kerajaan yang dibuat oleh orang Korea, tetapi memiliki kebudayaan yang berbeda. Pada masa Goguryeo, orang Goguryeo perang dengan musuh asing. Ini membuat orang Goguryeo menjadi kuat dan berani. Padahal orang Goguryeo juga suka bernyanyi dan menari. Baekje bersumber dari Goguryeo lalu mendapat pengaruh dari Goguryeo. Kebudayaan Baekje lebih halus dan lembut. Lahan Baekje sangat subur dan menerima budaya Cina melalui perdagangan laut. Jadi, Baekje mengembangkan budaya harmonis dan teliti. Silla mengembangkan budaya bebas sambil menggabungkan budaya Goguryeo dan Baekje. Silla menerima budaya yang lebih maju dari Negara Tang dan menciptakan banyak karya besar yang terkenal seperti Candi Bulgusa, Kuil Batu, dan Gua Seokguram.

한국인이 세운 세 왕국이 있었지만 서로 다른 문화를 갖고 있었다. 고구려 시대에, 고구려인은 외세와 전쟁을 했다. 이것이 고구려 사람을 강하고 용감하게 만들었다. 한편 고구려인은 또한 노래와 춤을 좋아했다. 백제는 고구려로부터 왔기에 고구려의 영향을 받았다. 백제의 문화는 더 부드럽고 유연하다. 백제의 땅은 매우 기름지고 해상 상업을 통하여 중국의 문화를 받아들였다. 그래서, 백제는 조화와 섬세한 문화를 발전시켰다. 신라는 고구려와 백제의 문화를 통합하여 자유로운 문화를 발전시켰다. 신라는 당나라로부터 더 발전된 문화를 받아들였고 불국사, 석탑, 절 그리고 석굴암 같은 걸작을 창조하였다.

045
Jelaskan latar belakang Pembangunan Joseon.
조선 건국의 뒷 배경을 설명하세요.

Sebelum dinasti Joseon, sudah ada dinasti Goryeo. Di akhir dinasti Goryeo, banyak penguasa memiliki kekuasaan dan kekayaan. Jadi, banyak orang hidup di situasi yang sulit. Padahal Goryeo berencana untuk menaklukan daerah Yodong. Saat itu, ada Lee Seong-gye yang berpengaruh. Lee Seong-gye adalah Jenderal yang berpengaruh. Di dalam perjalanan menuju Yodong untuk menyerang Negara Myeng, dia malah berbalik dan menghancurkan Dinasti Goryeo untuk menjaga rakyat miskin. Lalu dia mendirikan Negara baru. Joseon, yang artinya ingin mengikuti kesuksesan Gojoseon.

조선왕조 전에, 고려 왕조가 있었다. 고려 왕조 말에, 많은 지배자들은 권력과 부를 갖고 있었다. 그래서 많은 사람이 궁핍한 환경에서 살았다. 한편 고려는 요동지역을 정벌하려는 계획을 갖고 있었다. 그 시기에, 영향력을 가진 이성계가 있었다. 이성계는 영향력을 가진 장군이었다. 요동으로 가는 여정 중에, 그는 오히려 회군했고 가난한 백성을 지키기 위하여 고려왕조를 무너뜨렸다. 그 후, 그는 새로운 나라를 건국했다. 조선, 그 뜻은 고조선의 번영을 계승하려는 의도였다.

046

Jelaskan efek Budha Korea dan benda budaya terkait.
한국불교의 영향과 관련 문화재를 설명하세요.

Sejak zaman tiga kerajaan, Budha menjadi agama di antara banyak Negara di Korea. Zaman dahulu, agama Budha sangat berpengaruh di Korea. Itu sebabnya, ada banyak candi(kuil) di Korea. Agama Budha sering menyatukan Negara secara kehatian dengan memberi bantuan untuk membendung kekuatan asing.
Banyak peninggalan kebudayaan dibuat dari agama Budha. Candi Bulguksa, Seokguram, Dabatop dan Seokgatap dibuat untuk memperkuat kekuatan Silla. Candi Haeinsa Janggyeong Panjeon untuk mempertahankan Goryeo dari serangan Mongolia.

삼국 시대 이후, 불교는 한국의 많은 나라 속에서 종교가 되었다. 그 옛날, 불교는 한국에서 많은 영향을 끼쳤다. 그것은 한국에 절이 많은 이유다. 불교는 잦은 외세를 막기 위한 도움을 줌으로써 정신적으로 나라를 하나가 되게 했다. 많은 문화유산이 불교문화로부터 만들어졌다. 불국사, 석굴암, 다보탑 그리고 석가탑이 신라의 힘을 더 강하게 하기 위하여 만들어졌다. 해인사의 장경판전은 몽골의 침략으로부터 고려를 지키기 위한 것이었다.

047

Dimana terjadi Peristiwa Eulmi? 을미사변은 어디서 일어났습니까?

Peristiwa Eulmi terjadi di Geoncheonggung pada tahun 1895. Peristiwa Eulmi adalah peristiwa permaisuri Myeongseong dibunuh orang Jepang. Geoncheonggung terletak di belakang Gyeongbokgung. Itu istana Raja Gojong ada di dalam istana Gyeongbokgung. Dengan istana yang terpisah, dia ingin memiliki kebebasan politik dari ayahnya. Peristiwa Eulmi mengajarkan bahwa kekuatan Negara sangat penting.

을미사변은 1895년 건청궁에서 발생했다. 을미사변은 일본인이 명성황후를 암살한 사건이다. 건청궁은 경복궁의 뒤에 위치해 있었다. 그것은 경복궁 안에 있는 고종황제의 궁궐이다. 별궁에 살면서, 그는 아버지로부터 정치적 자유를 갖길 원했다. 을미사변은 국력이 매우 중요하다는 교훈을 주고 있다.

048

Memperkenalkan pahlawan dan tokoh-tokoh Korea di uang kertas (King Sejong, Yulgok Yi I, Toi-gye Yi Hwang, Shin Saimdang)

한국 지폐에 있는 한국 영웅과 주인공들을 소개하세요. (세종대왕, 이율곡, 퇴계 이황, 신사임당)

Di uang kertas Korea ada gambar orang yang dihormati dalam sejarah Korea. Di uang 1000 won, ada gambar Toi-gye, Yi Hwang. Toi-gye adalah nama penanya. Dia adalah pejabat pemerintah dan filsuf di Kerajaan Joseon. Dia menciptakan ajaran Kong hu cu yang baru. Di uang 5.000 won, ada foto Yulgok, Yi I. Yulgok adalah nama penanya. Dia adalah pejabat pemerintah dan filsuf di Kerajaan Joseon

Di uang 10.000 won, ada foto raja Sejong. Dia menemukan huruf Korea, yaitu Hangeul. Lalu, mengembangkan kemajuan (perkembangan) teknologi Joseon. Di uang 50.000 won, ada foto Shin Saimdang. Dia adalah ibu Yulgok. Shin Saimdang pelukis perempuan terkenal pada zaman Kerajaan Joseon.

한국 화폐에는 한국 역사 속에서 존경받는 사람의 그림이 있다. 천 원짜리 지폐에는 퇴계 이황의 초상화가 있다. 퇴계는 그의 호이다. 그는 정부 고위 관리였고, 조선왕조의 철학가였다. 그는 새로운 유교 철학을 창조하였다. 오천 원짜리 지폐에는, 율곡 이이의 초상화가 있다. 율곡은 그의 호다. 그는 (조선)정부의 고위 관리였고 조선왕조의 철학가이다. 만 원짜리 지폐에는, 세종대왕의 초상화가 있다. 그는 한글의 글자를 창제하였다. 그런 후, 조선의 기술향상을 증진시켰다. 오만 원짜리 지폐에는 신사임당의 초상화가 있다. 그녀는 율곡의 어머니이다. 신사임당은 조선왕조 시대에 유명한 여류 화가이다.

049

Berikan penjelasan tentang Jenderal Yi Sun-sin.
Menjelaskan tentang Jenderal Yi Sun-sin
이순신 장군에 대해서 설명하세요.

Yi Sun-sin adalah seorang pahlawan. Yi Sun-sin adalah seorang jendral pada zaman Joseon. Hampir semua orang Korea mengormati dia. Selama perang Imjin, Yi Sun-sin memenangkan banyak pertempuran melawan tentara Jepang. Jepang menyerang Joseon pada tahun 1592 dan berperang selama 7 tahun. Puncak kemenangan terjadi di Myeongryang, Hansan dan Noryang.
Buku harian Nanjung Ilgi adalah catatan perang yang ditulis oleh Jenderal Yi Sun-sin selama perang Imjin. Catatan tersebut ditetapkan sebagai World

Documentary Heritage (Warisan Catatan Dunia) pada tahun 2013. Cinta dan sayang Yi Sun-sin terhadap rakyat Joseon dapat ditemukan pada Catatan perangnya. Yi Sun-sin tewas pada perang Noryang. Sebelum tewas dia berkata "jangan umumkan kematian saya kepada musuh". Lalu dia menciptakan kapal yang disebut dengan Geobukseon.

이순신은 영웅이다. 이순신은 조선시대의 한 장군이다. 거의 모든 한국 사람이 그를 존경한다. 임진왜란 중, 이순신은 일본군과 대항하여 많은 전투를 승리로 이끌었다. 일본은 1952년에 조선을 침략했고, 7년 동안 전쟁을 했다. 승리의 절정은 명량해전, 한산, 노량해전에서 일어났다. 난중일기는 임진왜란 중에 이순신 장군이 쓴 전쟁기록이다. 그 기록은 2013년에 세계기록유산으로서 지정됐다. 조선 백성에 대한 이순신의 사랑은 전쟁기록에서 찾을 수 있다. 이순신은 노량해전에서 전사하였다. 사망하기 전, 그는 "적에게 나의 죽음을 알리지 마라."라고 말했다. 그리고 그는 거북선이라고 불리는 배를 창조하였다.

050

Jelaskan perubahan pariwisata setelah penyatuan Korea.
한국 통일 후에 관광 변화를 설명하세요.

Penyatuan Korea akan berpengaruh luar biasa pada pariwisata Korea. Pertama, orang bisa berwisata dari Korea ke Benua Asia dan Eropa dengan jalan darat. Akan dibuat jalan yang menghubungkan dari Busan, Seoul, Pyeongyang ke Negara-negara di Asia dan Eropa. Kedua, Turis asing dapat mengunjungi Korea tanpa rasa takut tentang perang. Penyatuan Korean akan memberikan rasa aman dan akan menarik banyak lebih turis dari seluruh dunia.

한국 통일은 한국 관광에 대단한 영향을 미칠 것이다. 첫 번째, 사람들은 육지로 한국으로부터 아시아 대륙과 유럽으로 여행할 수 있을 것이다. 부산, 평양, 서울에서 아시아와 유럽에 있는 나라로 연결하는 길을 만들 것이다. 두 번째, 외국 관광객은 전쟁에 대한 두려움 없이 한국을 방문할 수 있을 것이다. 한국 통일은 안전감을 줄 것이고, 전 세계로부터 더 많은 관광객을 끌어들일 것이다.